GUIDE BELLES LETTRES

Collection

dirigée

par

Jean-Noël Robert

DES CIVILISATIONS

Je dédie ce petit livre à Karine et à Nicolas, grands prêtres du dieu Mac.
Leur assistance « technique » fut des plus précieuses. Qu'ils soient remerciés
de leur efficacité et de leur toujours souriante patience.

JEAN-NOËL ROBERT

ROME

5e tirage

LES BELLES LETTRES

DANS LA MÊME COLLECTION

Rome par Jean-Noël Robert
La Chine classique par Ivan P. Kamenarović
La Grèce classique par Anne-Marie Buttin
L'Islande médiévale par Régis Boyer
L'Inde classique par Michel Angot
L'Empire ottoman, XVe-XVIIIe siècle par Frédéric Hitzel
La Mésopotamie par Jean-Jacques Glassner
L'Espagne médiévale par Adeline Rucquoi
La France au Moyen Âge par Marie-Anne Polo de Beaulieu
Les Khmers par Bruno Dagens
La Russie médiévale par Jean-Pierre Arrignon
Venise au Moyen Âge par Jean-Claude Hocquet
Le Siam par Michel Jacq-Hergoualc'h
Les Mayas par Claude-François Baudez
Les Étrusques par Jean-Noël Robert
Les Gaulois par Jean-Louis Brunaux
La Birmanie par Guy Lubeigt
L'Amérique espagnole par Oscar Mazin
Le Viêtnam ancien par Anne-Valérie Scheyer
La Perse Antique par Philip Huyse

À PARAÎTRE

Carthage
L'Iran médiéval
Le Tibet
La Mongolie de Gengis Khan
Le Japon d'Édo

© 2005, Société d'édition Les Belles Lettres
95, bd Raspail, 75006 Paris.

1re édition, 1999

ISBN : 2-251-41010-4

La civilisation romaine, plus aujourd'hui qu'hier, est menacée d'oubli. Néron grattant une lyre devant sa ville en flammes, Romulus suspendu aux mamelles d'une louve, Vercingétorix jetant ses armes aux pieds de César, des lions qui se pourlèchent les babines avant de planter leurs crocs dans la chair tendre de Blandine… Quelques clichés éculés surnagent encore à fleur de mémoire, dans la plus totale confusion chronologique. Du moins chez les plus jeunes, depuis que l'histoire de toute l'Antiquité se résume à quelques pages dans un manuel de collège. Encore trouvait-on, il y a quelques années, dans l'un de ces livres scolaires, un gros titre (révélateur des fantasmes de son auteur) pour définir l'esprit de l'Empire : « Du pain et des œufs » ! La gastronomie romaine réduite à sa plus simple expression. Même Vespasien s'est effacé des mémoires depuis qu'un publicitaire offre aux passants des édicules plus luxueux… et plus rémunérateurs. Les lycéens modernes y perdent leur latin – et plus au sens propre qu'au sens figuré. Telle cette élève de seconde, sans doute plus espiègle que naïve, qui interrogeait son professeur : « Madame, lorsque vous faisiez vos études, le latin était-il déjà une langue morte ? »…

Mon propos n'est pas, une fois encore, d'incriminer l'incurie de ceux qui ont la charge d'établir les programmes scolaires. Je leur fais l'honneur de croire qu'ils agissent en toute conscience. Je ne veux pas davantage pleurer sur le bon vieux temps où l'on avait l'intelligence de ne pas renier nos racines, puisque quatre-vingts pour cent de notre vocabulaire est hérité du latin, où l'on avait conscience d'être les maillons d'une chaîne qu'il ne fallait pas briser sous peine de craindre la vengeance des dieux. Je préfère constater, chez les adultes

COMMENT UTILISER CE GUIDE ?

Il est, certes, possible de lire ce livre en suivant, chapitre après chapitre, pour découvrir un panorama d'ensemble de la civilisation romaine ; mais il est aussi conçu pour que le lecteur puisse y trouver rapidement (et en extraire) des informations précises sur un sujet qui l'intéresse. Il est donc conseillé :
– de se reporter au sommaire : chaque chapitre est divisé en rubriques (avec des renvois internes) qui permettent de lire, dans un domaine choisi, une notice générale. En outre, les autres rubriques du chapitre complètent l'information.
Au début de chaque chapitre, une introduction situe le sujet dans une perspective différente, illustrant l'évolu-

tion de la civilisation et de la mentalité romaines.

– **d'utiliser l'index** à partir duquel, sur une notion générale, un terme technique, voire un personnage, il est possible de réunir, à travers l'ensemble du livre, plusieurs données complémentaires.

– **Une bibliographie choisie** permet, dans un premier temps, de se reporter à une centaine d'ouvrages récemment parus en langue française, pour y commencer une recherche. Tous offrent, sur le sujet qu'ils traitent, une bibliographie plus ou moins riche.

Enfin, les tableaux de synthèse, les cartes et graphiques pourront aider à visualiser et mieux retenir les informations désirées. (Cf. table des cartes, plans et tableaux en fin de sommaire)

d'aujourd'hui, un regain d'intérêt pour l'histoire, voire une curiosité pour les textes anciens que la réédition des grands auteurs, Cicéron, Sénèque… vient nourrir et justifier. Voici même une heureuse initiative : la littérature latine, texte et traduction, en livres de poche (la collection « classiques en poche », aux Belles Lettres). Comme les Romains eussent aimé pouvoir emporter Virgile dans le *sinus* de leur toge ! Outre les étudiants, chacun peut y trouver son compte : raviver ses connaissances, retrouver dans les mots latins toute la force d'une pensée que la traduction ne restituera jamais, ou se contenter de la version française qui offre quand même l'avantage de rendre d'abord la parole aux auteurs.

Cependant, lire un texte ancien est une chose, en comprendre l'esprit, les finesses en est une autre. Un auteur, dans son discours, multiplie les allusions à ce qui, pour ses contemporains, constitue la réalité quotidienne, qu'il n'a donc nul besoin de décrire. Il incombe au lecteur moderne de déchiffrer ces références pour éviter les erreurs d'interprétation. Ensuite, nous devons nous défier de notre propension à établir un peu vite des comparaisons entre les Romains et nous. Il nous semble trop facilement que rien n'a changé, que l'histoire, si elle ne recommence pas, bégaie. Or, il s'agit d'une double erreur, d'une part, parce que l'éducation, qui forme le jugement et transmet les valeurs morales, était bien différente, à Rome, de la nôtre ; d'autre part, parce que la culture, l'approche intellectuelle et sensible du monde et des autres, par voie de conséquence, se fondent sur des critères d'appréciation différents dans chaque civilisation. Pour ne citer qu'un seul exemple, il suffit de voir combien il nous est difficile de comprendre la mentalité religieuse des Romains de la République. Une religion qui exclut toute notion de foi et conçoit la relation des hommes avec les dieux d'un point de vue juridique dans le cadre d'une organisation administrative nous est totalement étrangère. Ajoutons enfin qu'une conception globale de la romanité, comme nous en avons souvent l'habitude, est une autre grave source d'erreurs puisqu'une civilisation qui a perduré douze siècles a connu, dans son histoire comme dans ses mœurs, une évolution dont les Romains eux-mêmes n'étaient pas toujours conscients au moment où ils la vivaient. Il nous faut donc à la fois prendre en compte cette évolution et restituer le contexte matériel et spirituel dont est imprégné l'auteur que nous lisons.

Telle est la modeste ambition de ce guide : donner au lecteur les clés nécessaires pour comprendre un texte antique, l'aider à déchiffrer les allusions, à en élucider les difficultés en les replaçant dans son contexte, puis susciter chez lui l'envie d'approfondir sa recherche, à la découverte d'une civilisation mère de la nôtre.

La conscience de leurs responsabilités envers les peuples conquis a permis aux Romains de maintenir en paix pendant plusieurs siècles un aussi vaste empire.

Rome fascine au cœur d'un empire dont, pourtant, elle dépend pour survivre.

III. L'ORGANISATION POLITIQUE ET SOCIALE **87**

Le pragmatisme et le respect du mos majorum *furent les meilleurs atouts de Rome pour définir les bases d'une constitution originale à l'époque républicaine.*

IV. LA VIE ÉCONOMIQUE **125**

Le développement de l'économie est cause d'une évolution des valeurs traditionnelles.

ROME

ROME

L'HOMME ROMAIN

La conscience du temps qui s'écoule marque la progression de la civilisation.

Le cheminement de la mentalité religieuse des Romains.

Le paradoxe d'une littérature écrite qui se fonde sur l'oralité.

Plaute - Térence - Varron - Cicéron - César - Lucrèce - Catulle - Salluste - Virgile - Horace - Tite-Live - Tibulle - Properce - Ovide - Sénèque - Pline l'Ancien - Quintilien - Lucain - Martial - Tacite - Juvénal - Pline le Jeune - Suétone - Apulée - Tertullien - Ammien Marcellin - Augustin.

13

SOMMAIRE

ROME

Agricola - Agrippa - Antoine - Appius Claudius Caecus - Asinius Pollion - Auguste - Aurélien - Brutus - Camille - Caracalla - Catilina - Caton l'Ancien - Caton d'Utique - César - Cicéron - Cincinnatus - Cinna - Cléopâtre - Clodius - Constantin - Corbulon - Coriolan - Crassus - Curius Dentatus - Dioclétien - Dolabella - Drusus - Élagabal - Fabius Maximus - Flaminius - Germanicus - Gracques - Hadrien - Hannibal - Jugurtha - Julien - Laelius - Lépide - Lucullus - Marc Aurèle - Marcellus - Marius - Mécène - Mithridate - Néron - Paullus - Pline le Jeune - Pompée - Pyrrhus - Régulus - Scipion l'Africain - Scipion Émilien - Séjan - Sénèque - Sertorius - Spartacus - Sylla - Théodose - Tibère - Trajan - Vercingétorix - Verrès - Vespasien - Zénobie.

CARTES, PLANS, TABLEAUX

Crédits des illustrations

F. Coarelli, *Guida archeologica di Roma*, Éditions Laterza (p. 68, 69, 70, 76, 169).

P. Gros, *L'Architecture romaine*, Éditions Picard (p. 69, 222 – D.R. : 199, 219, 223 – J.-P. Adam : 200).

L. Homo, *Rome impériale et Urbanisme dans l'Antiquité*, Éditions Albin Michel (p. 72, 76, 77).

O. Cazanove, C. Moatti, *L'Italie romaine d'Hannibal à César*, Éditions A. Colin (p. 201).

La Rocca, De Vos, *Guida archeologica di Pompei*, Éditions Mondadori (p. 204).

P. Petit, *La Paix romaine*, Éditions PUF (p. 85).

ROME

CELTES
RHÈTES
EUGANÉENS
VÉNÈTES
CARNES
LIGURES
CELTES
ILLYRIENS
Felsina
ÉTRUSQUES
PICÉNIENS
Cortone
SABINS
Vulci
ÈQUES
Tarquinii
Rome
MARSES
IAPYGES
Alalia
Caere
LATINS
VOLSQUES
SAMNITES
Olbia
Cumes
Capoue
OSQUES
SARDES
Paestum
Métaponte
Siris
Tarent
Sybaris
Croton
SICULES
Locres
ÉLYMES
Himère
Naxos
SICANES
Catane
Sélinonte
Agrigente
Géla
Carthage

18   *Peuples et villes d'Italie à l'époque historique*

I

L'HISTOIRE

L'histoire de Rome nous offre cet avantage d'être globalement lisible, et de s'articuler autour de dates précises qui nous permettent d'en apprécier les limites. La fondation, en 753 avant notre ère, la Rome royale qui s'achève dans la révolution de -509, la Rome républicaine qui se noie dans le sang de César aux Ides de Mars -44, la Rome impériale qui tombe sous les coups des barbares en 476 : de Romulus à Romulus Augustule, la boucle semble bouclée et la destinée tranchée, de façon nette. Aussi nette que l'est, toujours selon l'apparence, la volonté de puissance et de domination du Romain, sempiternel légionnaire, avide de faire résonner sous ses galoches à semelles de plomb les pavés du monde entier – ou peu s'en faut. L'esprit pratique des Romains n'est sans doute pas étranger à cette image tenace, rassurante quelque part dans sa naïve simplicité, du citoyen-soldat, toujours prêt à coiffer d'un casque son orgueil, et l'on se sent facilement justifié à citer **Virgile** : « d'autres, je n'en doute point, sauront plus délicatement faire respirer le bronze et tirer du marbre des visages vivants ; ... **toi, Romain, souviens-toi de gouverner les peuples sous ton empire** »...

C'est un peu vite lu, et c'est oublier que le poète assigne comme devoir à ses frères « d'édicter les lois de la paix, d'épargner les vaincus », et de n'user de la guerre que pour « dompter les insolents ». Car Rome n'est pas sortie, tout armée, du sillon romuléen, et son fondateur descend autant de Vénus que de Mars. L'histoire de Rome pourrait aussi se résumer à celle d'un effort acharné pour survivre et dominer sa peur. Ses héros le sont d'abord parce qu'ils sont des hommes (et parfois des femmes) dans l'acception la plus humble du terme. Lente fut la conquête de l'Italie. Chaque guerre se justifie par la nécessité de se défendre, de se protéger pour ne pas disparaître. Combien de fois la peur a-t-elle tenaillé les entrailles ? Il fallut toute la persuasion d'un Camille

19

pour éviter que les Romains, éperdus, n'abandonnent leur ville, tout le savoir-faire d'un Fabius pour les convaincre que l'on pouvait résister à Hannibal. Voire d'un Octave pour leur promettre que la capitale ne serait pas déplacée à Alexandrie. Les Romains ont souvent cru leur dernière heure arrivée et se livraient à des calculs savants, s'abandonnaient à des prédictions obscures pour s'assurer que Rome vivrait encore. Camille, comme Auguste, furent alors salués comme de nouveaux Romulus. Et on expliquera aux citoyens que le fondateur ayant observé douze vautours, leur histoire durerait autant de siècles… Ce qui, pour une fois, se révéla à peu près exact.

Certes, nous ne nierons pas que la conquête du monde méditerranéen fut plus rapide, non exempte parfois de préoccupations « impérialistes » (Caton en faisait grief à ses contemporains), et achevée pour l'essentiel à la fin de la République. Mais suffit-il de conquérir, de vaincre, d'occuper ? À ce train-là, les empires ne durent que ce que durent les guerres. Alexandre en fit l'expérience. Or l'empire de Rome dura cinq siècles. L'art militaire n'y suffit point. **La gloire de Rome est d'avoir su**, comme le demandait Virgile, **faire succéder la paix à la guerre**. Ce que la force a soumis, l'administration, l'organisation politique le consolident. Le respect des différences (linguistiques, religieuses…) lui assure la pérennité. Les Romains ont su gérer la paix. Ils ont appris à substituer l'influence culturelle à la force. Au point de susciter l'envie, chez les peuples conquis, d'imiter Rome. Même les barbares admiraient la capitale de l'empire et voulaient en reproduire quelque aspect.

La raison de cette réussite paraît simple, mais elle représente un extraordinaire effort de maturité : après quelques déboires, les grands chefs de la République, grâce à Cicéron, comprirent qu'une conquête créait des obligations aux conquérants. **Les Romains prenaient conscience de leur responsabilité, de leur devoir envers les conquis : il leur fallait garantir la paix** dans le respect mutuel. Auguste, ensuite, pratiqua une politique d'entente et d'amitié avec les États-tampons, qui protégeaient l'empire des menaces barbares. Du même coup, point n'était besoin de troupes importantes pour protéger les frontières : ce sont les clients de Rome qui s'en chargeaient pour une bonne part. Voilà pourquoi l'Empire romain ne mourut pas rongé d'un cancer interne, mais sous la pression des barbares qui crevèrent la paroi de cette bulle protégée.

Ce chapitre propose **une notice sur chacune des grandes périodes traditionnelles de l'histoire romaine** (Royauté, République, Empire), sans oublier un rappel sur les Étrusques, peuple dont l'influence fut déterminante aux origines de Rome. Puis **une chronologie essentielle** qui couvre la totalité des douze siècles de Rome. Enfin, **les notices biographiques des principaux acteurs** de l'histoire dont le nom revient le plus souvent dans les textes sont regroupées **en fin de volume.**

**LA ROYAUTÉ
(et origines de Rome)**

L'histoire des premiers temps de Rome est difficile à connaître. Les Anciens ne nous en ont laissé qu'une version légendaire, inspirée largement des mythes dont les peuples migrants d'origine indo-européenne avaient gardé le souvenir. **La tradition fixe la fondation de la Ville en -753** (elle était fêtée le 21 avril, chaque année) et rapporte que les rois se sont succédé jusqu'à la révolution de -509 qui voit l'établissement d'une République. L'archéologie confirme à peu près ces dates, même si le changement de régime semble s'être plutôt opéré vers -475 (cf. chronologie).

Distinguons donc la légende, et ce que nous pouvons connaître de la réalité.

• La légende

Après avoir quitté Troie en flammes avec son père Anchise et ses Pénates, **Énée** se lance dans un long périple méditerranéen avant d'arriver dans le Latium où il épouse Lavinia, la fille du roi Latinus. Il fonde Lavinium. Son fils fonde Albe la Longue où règnent ses douze successeurs. Vient ensuite Numitor, père de Rhéa Silvia. Amulius, frère de Numitor, s'empare du pouvoir et fait de sa nièce une vestale pour qu'elle ne puisse avoir de descendance. Mais le dieu Mars s'éprend de la jeune fille et la féconde sous la forme d'une pluie d'or. Naissent alors deux jumeaux, **Romulus et Rémus**, que l'on confie aux eaux du Tibre pour les dissimuler à Amulius. Le couffin des enfants s'échoue dans la grotte Lupercal au pied du

Palatin. D'abord nourris par une louve, ils sont ensuite recueillis par le berger Faustulus et deviennent des jeunes gens vigoureux. À la suite d'une rixe avec des adolescents d'Albe, ils sont conduits auprès de Numitor qui les reconnaît. Les jumeaux rétablissent leur grand-père sur le trône, puis reviennent à l'endroit où ils furent élevés pour y fonder une ville. Romulus s'installe sur le Palatin et Rémus sur l'Aventin pour y prendre les auspices. Chacun prétend avoir l'avantage et, à l'issue d'une querelle, Romulus tue son frère alors qu'il trace le sillon sacré autour du Palatin. Rome est née. (Ces récits se retrouvent notamment chez Virgile et Tite-Live mais il existe aussi un certain nombre de variantes).

Le premier roi de Rome doit livrer plusieurs guerres contre ses voisins, notamment contre les Sabins auxquels les Romains ont enlevé leurs filles pour s'assurer une postérité. Il est également contraint de s'associer au roi sabin Titus Tatius. Il disparaît mystérieusement au cours d'un orage, au marais de la Chèvre. Son successeur, le Sabin **Numa** organise la vie religieuse et crée les différents collèges de prêtres. Il réforme aussi le calendrier (cf. calendrier, chap. 5). Lui succède un autre Sabin, particulièrement belliqueux au point d'en devenir impie, **Tullus Hostilius**. C'est sous son règne, lors du conflit qui l'oppose à Albe, qu'a lieu le fameux combat des Horaces et des Curiaces. Vient ensuite un dernier roi sabin, **Ancus Marcius**, qui établit les règles religieuses de la guerre et fonde le port d'Ostie. À sa mort, les *Patres* s'accordent sur le nom de **Tarquin** (dit l'Ancien), un émigré venu de Tarquinia avec sa femme Tanaquil, qui s'était bien intégré et avait fait preuve des plus grandes qualités. Rome lui doit son embellissement et des travaux d'assainissement. À ce premier roi étrusque succède **Servius Tullius** dont l'origine étrangère est également dissimulée par la légende. Les Anciens lui attribuent une importante réforme constitutionnelle : la création des centuries d'après la fortune, l'institution des comices centuriates (cf. comices, chap. 3), la répartition des citoyens en tribus, et la construction d'un rempart autour des sept collines, agrandissant l'enceinte sacrée de Rome, le *pomerium*. Assassiné lors d'un complot tramé par sa fille et son gendre, il est remplacé sur le trône par ce dernier, **Tarquin le Superbe**, dont le surnom traduit toute l'arrogance tyrannique. À son actif, il faut mettre la construction du temple de Jupiter sur le Capitole. Mais lorsque son fils Sextus viole Lucrèce, une respectable Romaine, femme de Tarquin Collatin, ce dernier, aidé de Junius Brutus, mène une révolte qui permet de chasser les rois et d'instaurer la République. Les étrangers sont donc boutés hors de Rome en -509, et les deux premiers consuls élus sont Collatin et Brutus.

• **La réalité**

S'il est clair que cette « histoire » rapportée par les Anciens a été recréée dans un but politique (prouver aux Grecs à un moment où ils les dominent que les Romains ont une civilisation aussi ancienne que la leur) et nationaliste (refuser de reconnaître que l'ennemi étrusque a pu être présent à l'origine de Rome), la réalité des premiers temps de la Ville est loin d'être éclaircie. De nombreuses études (archéologie, mythologie comparée, etc.) ont permis d'établir quelques faits.

– **Le site de Rome est occupé longtemps avant la fondation de la Ville.** (On a retrouvé des sépultures du Xe s. Le Capitole fut sans doute la plus ancienne colline habitée ; certains tessons découverts au pied de la colline remontent au XVIe s. avant notre ère). Des traces de migrations en provenance d'Albe au VIIIe s. y sont décelables. Il existait alors plusieurs villages de bergers situés sur les collines. L'emplacement du Forum, entre les collines, n'est qu'un marécage insalubre infesté de moustiques, souvent inondé par les crues du Tibre. Les régions alentours sont très boisées et la terre impropre à l'agriculture. Se rencontrent sur ce site des populations variées, principalement des Latins et des Sabins, mais aussi des Étrusques qui traversent le Tibre dans un but commercial (cf. Étrusques).

– **Le site de Rome est en effet une terre de passage.** C'est aussi l'endroit où un coude du fleuve et la présence d'une île permettent une traversée plus aisée (avant même le premier pont de bois). Or, les salines qui produisent le sel si nécessaire à la vie se trouvent côté étrusque, le long du Tibre. Les peuples de la rive gauche doivent donc traverser le fleuve pour se ravitailler. **Tels sont les avantages de l'emplacement de Rome : un gué, une aire de débarquement (le *forum boarium*) et des collines qui permettent de se défendre.**

– **Comment la Ville est-elle née ?** Sans doute **à la fois par synœcisme,** c'est-à-dire rassemblement des divers villages installés sur les collines, **et par développement nucléaire** de l'un d'entre eux qui prend l'ascendant sur les autres (celui du

23

Palatin). Cette fondation dut être le résultat d'une lente formation ponctuée de guerres. Les Étrusques, intéressés par l'ouverture d'une route commerciale terrestre vers le sud, ont rapidement imposé leur autorité à ces peuples et leur ont apporté de nombreux éléments d'urbanisation (constructions, organisation politique, drainage de la plaine qui, devenue le Forum, permet à ces villageois de se réunir et de sceller géographiquement leur union…)

– **Ainsi, peut-être très tôt, les rois sont-ils étrusques**. Les cités étrusques dominantes se disputent cette nouvelle ville à l'intérêt économique évident : d'abord Tarquinia, puis Vulci (nous savons que Servius Tullius est le nom latinisé de Mastarna, lieutenant de Vibenna, de Vulci), enfin Clusium. Le retrait des Étrusques à l'intérieur de leurs frontières (de l'autre côté du Tibre) après leur défaite à Cumes en -474 marque la « libération » de Rome. C'est sans doute à cette époque que change le régime politique. Il est possible que les réformes attribuées par la légende à Servius Tullius aient été mises en place dès la fin de la royauté et aient favorisé le passage à la *res publica*.

– **Le nom même de Rome** semble avoir une origine étrusque et venir d'une divinité de l'allaitement, Ruma. On peut faire le rapprochement avec l'animal totémique de Rome, la louve, et la légende des jumeaux.

LES ÉTRUSQUES

À la différence de la plupart des autres Italiens, **les Étrusques ne sont pas un peuple d'origine indo-européenne**. Influencés par l'Orient avec qui ils commercent, ils forment, en Toscane, entre mer et Tibre, **une brillante civilisation qui atteint son apogée au VIe s. avant notre ère**. Excellents agriculteurs (très doués pour l'assainissement des sols et l'irrigation), ils sont aussi de très bons marins et commerçants. Ils parcourent la Méditerranée occidentale, établissent des comptoirs et fondent des villes hors de leur territoire (par ex. Capoue). Alors que Rome naît à peine, ils se partagent le trafic en Occident avec Carthage et les colonies grecques. Ajoutons qu'ils développent un art très riche et très vivant (influencé par l'Asie Mineure) et sont très religieux (leurs haruspices pratiquent la divination et lègueront leur science aux Romains). Malheureusement leur langue demeure pour nous quasiment incompréhensible, mais nombreux sont les emprunts que les Romains feront à leur civilisation, à commencer par l'alphabet, l'art templaire (le temple de Jupiter), l'urbanisme, la science agricole (irrigation des sols), l'hydraulique (ils construisirent le plus vieil égout de Rome, la *Cloaca Maxima*, qui fut recouvert au IIᵉ s. avant notre ère et fut utilisé jusqu'à notre seconde guerre mondiale !), nombre de rites (mortuaires avec les gladiateurs, qui à l'origine combattaient en l'honneur des morts ; le triomphe, etc.), certaines des institutions politiques (l'organisation de la royauté, le Sénat, les insignes royaux, etc.).

Politiquement, ils sont organisés en cités, avec un roi à la tête de chacune d'elles. Il existe une douzaine de cités principales dont l'importance a varié au cours des siècles. Plusieurs d'entre elles se disputèrent la domination de Rome (Tarquinia, Vulci, Clusium). Cette division en cités pourrait rappeler la Grèce ; cependant **il existe en Étrurie une forme de conscience nationale**, et chaque année lors d'une fête *(Fanum Voltumnae)*, ces douze cités élisent un roi commun dont l'autorité religieuse prévaut dans tout le pays (le *Rex Etruriae*).

Présents aux origines de Rome, les Étrusques participent à la fondation de la Ville et lui donnent son premier essor (cf. royauté). Les Romains ne le leur pardonneront pas. Ils n'auront de cesse de conquérir le territoire de ceux qu'ils considèrent comme des étrangers. **La conquête de l'Étrurie sera achevée au début du IIIᵉ s.** Entre temps, les Étrusques auront connu deux guerres cruelles contre les Grecs : Alalia en -540 (où ils gagnent, mais perdent leur flotte), et Cumes en -474 (où ils sont défaits). Après Cumes, ils doivent se replier à l'intérieur de leurs frontières primitives, et donc se retirer de Rome.

LA RÉPUBLIQUE

Le régime politique ainsi désigné s'installe progressivement à la chute de la royauté (cf. ce mot. Selon la légende : -509, plus vraisemblablement vers -475) pour s'achever avec l'instauration du principat par Auguste en -27 (cf. Empire et la chronologie). **Le mot** *res publica* désigne « la chose publique » et marque la suprématie de l'organisation d'une politique commune à tous les citoyens sur la *res privata*, la « chose privée ». La souveraineté du peuple est affirmée dans la formule qui définit le pouvoir républicain SPQR (Senatus Populus Que Romanus = le Sénat et le Peuple romain) – cf. citoyenneté, classes sociales, comices, élections, Sénat, chap. 3.

Il fallut plusieurs années pour que s'établît un mode de gouvernement dans lequel, à l'origine, dominait un préteur élu, puis deux, avant que se mît en place le pouvoir consulaire en -449 (cf. magistrats, chap. 3). La forme la plus achevée de la constitution romaine est présentée par Polybe (*Histoires* VI, 11) au IIᵉ s. avant notre ère. Cet historien grec, ami de Scipion Émilien, montre que **le pouvoir républicain repose sur trois organes essentiels et complémentaires : les magistrats, le Sénat et le peuple** (qui s'exprime dans les comices). L'idéal supposerait l'équilibre de ces trois forces. Malheureusement, à l'époque où écrit Polybe, le pouvoir de l'oligarchie sénatoriale prime celui du peuple. L'esprit républicain réclame une abnégation de la part des chefs élus, simples mandataires de leurs concitoyens. La *libertas* du peuple est à ce prix. Elle fut confisquée par quelques ambitieux dont la soif de pouvoir personnel devait conduire, au Iᵉʳ s., la République à sa ruine.

L'histoire de cette période peut se décomposer en trois phases :

– **La lente et progressive conquête de la péninsule italienne** (à l'exclusion du nord de l'Italie qui demeure territoire de la Gaule), laborieuse puisqu'elle s'achève en -272 par la prise de Tarente.

– **L'épanouissement de la domination romaine** qui s'étend d'abord à la Méditerranée occidentale à la suite des 1ʳᵉ et 2ᵉ guerres puniques, supplantant Carthage, puis, dans la foulée, à l'Orient méditerranéen dès les premières victoires sur la Macédoine et la Syrie, dans le courant du IIᵉ s. Cette période est dominée par des figures célèbres : Caton, les Scipions… (cf. ces noms).

– **Les dissensions internes** qui, au Iᵉʳ s., conduisent à des abus de pouvoir, à la violation des institutions et aux guerres civiles. Il faut noter particulièrement les affrontements entre *populares* et *optimates* (cf. partis politiques, chap. 3) et les excès d'hommes ambitieux comme Marius, Sylla, César, Pompée, Antoine,

Octave…, ainsi que la conjuration de Catilina qui mit l'État en péril en -63 sous le consulat de Cicéron (cf. tous ces noms).

L'événement le plus important de toute l'histoire de la République est sans doute **la deuxième guerre punique** (-218 / -201) qui voit l'invasion de l'Italie par les troupes du Carthaginois Hannibal (cf. ce nom). D'une part, Rome se trouve en extrême péril et eût pu disparaître ; d'autre part sa laborieuse victoire lui ouvre l'accès à la domination du monde méditerranéen et à la conquête d'un vaste empire. Ce conflit engendre d'importants bouleversements tant politiques qu'économiques, sociaux ou religieux. C'est à partir de ce moment que Rome prend son essor et que la vie des Romains s'en trouve profondément changée. L'arrivée des richesses orientales, mais aussi de nouvelles croyances, de nouvelles formes d'expression littéraires et artistiques modifient les mœurs en profondeur. **Le miracle romain réside dans le fait que ces influences étrangères sont assimilées par Rome sans qu'elle perde son identité culturelle** même si très vite, elles provoquent des excès et des déséquilibres dans la société (on le voit bien avec les lois de Tiberius et Caïus Gracchus - cf. Gracques). Enfin, à plus long terme, le système de gouvernement républicain s'avère insuffisant pour assurer l'administration d'un aussi vaste territoire. Le pouvoir augustéen devait y remédier.

C'est sous la République que se développent et brillent au mieux **les principales qualités morales** qui firent l'honneur des Romains, et en particulier au IIᵉ s., si l'on en croit les principaux philosophes et historiens de l'Antiquité comme Cicéron. La première de toute est **la *virtus*,** qui désigne la capacité à se conduire en homme *(vir)*, selon la justice et les règles de l'honneur. Elle est la marque du courage et consiste selon Lucilius, ami de Scipion Émilien, à « distinguer le juste, l'utile, l'honnête, ce qui est bien ou mal », et à « fixer borne et mesure à son désir ». Ensuite vient **la *pietas*** qui désigne l'observance du devoir de respect de l'être humain envers sa patrie et sa famille. La *pietas* exige aussi la pratique de **la *fides*,** c'est-à-dire de la loyauté entre les hommes, de la confiance mutuelle et du respect de la parole donnée. **Nous touchons là aux principaux fondements de la morale romaine,** et ces vertus avec d'autres, sont le meilleur ciment d'un peuple fier de sa grandeur et de sa liberté.

L'EMPIRE

On appelle communément Empire le régime monarchique instauré par Auguste en -27 et qui perdure jusqu'à la fin de l'histoire de Rome. Toutefois les historiens modernes préfèrent **le terme de principat pour désigner la monarchie relativement libérale des deux premiers siècles de notre ère, et celui de dominat, ensuite,** pour qualifier un pouvoir monarchique absolu placé sous l'autorité d'un empereur qui se dit *dominus* et *deus* (même si ces titres ont déjà parfois été utilisés dans les deux premiers siècles).

Auguste prétend restaurer les institutions et les valeurs morales de la République. Il reprend le terme de *princeps*, déjà utilisé par Cicéron pour désigner celui qui doit être le premier des citoyens à la tête de l'État. Mais **il en détourne le sens au profit d'un pouvoir personnel dont les bases ont été mises en place par César dont il est le fils adoptif.** Les Romains ne sont pas dupes, mais ils sont reconnaissants à Auguste d'avoir mis fin à de longues années de guerre civile et rétabli la paix intérieure. À cette date, la République, avec son équilibre entre les différents pouvoirs, a cessé d'exister depuis déjà plus de vingt ans.

L'empereur cumule donc tous les pouvoirs puisqu'il possède l'*imperium* consulaire et proconsulaire (il peut intervenir en Italie et partout dans l'empire, et commander les armées. C'est pourquoi il est *imperator* d'où le terme d'empereur), la puissance tribunicienne (grâce à laquelle il peut réunir et diriger les comices) et le grand pontificat. De surcroît, à sa mort (et, dans l'empire tardif, de son vivant) il fait l'objet d'un culte (ce qui s'inscrit dans la lignée de l'héroïsation des grands hommes et de la divinisation de César). **Le titre d'*Augustus*, pris par Octave, est d'ailleurs de nature religieuse** (cf. culte impérial, chap. 6). Théoriquement, les magistratures et le Sénat continuent de jouer leur rôle, même restreint. Dans la pratique, le prince s'entoure de conseillers et de fonctionnaires qui réduisent à peu de chose les pouvoirs des anciennes structures politiques issues de la République. En outre, l'armée, soutien du régime, joue souvent un rôle primordial dans la nomination d'un empereur et le Sénat ne peut que ratifier un choix qui lui est imposé (cf. magistrats, Sénat, armée, finances, justice, chap. 3). L'administration très hiérarchisée et puissante du Bas-Empire contribue encore à renforcer l'absolutisme et la tyrannie du pouvoir impérial. (N.B. Le terme Empire tardif est fréquemment préféré à celui de Bas-Empire, jugé dépréciatif).

La question de la succession impériale n'a jamais été facilement résolue. D'abord, dans la théorie, le pouvoir impérial n'est pas héréditaire et le choix du successeur du prince dépend du Sénat. Dans la pratique, chaque empereur souhaite pouvoir désigner son successeur et le Sénat ne peut guère s'opposer à sa volonté. Cette transition d'un homme à un autre s'accompagne souvent d'intrigues politiques, voire d'intervention de l'armée, surtout lorsque l'empereur n'a pas de descendant direct. C'est pourquoi le classement des empereurs en « dynasties » ne signifie pas qu'un prince soit le fils du précédent. Si, par exemple, ce fut bien le cas pour les Flaviens, il n'en fut rien pour les Julio-Claudiens (aucun des empereurs de cette « dynastie » n'a eu d'enfant mâle de son épouse légitime en étant sur le trône – cf. tableau généalogique), ni pour les Antonins (qui pratiquèrent **le système de l'adoption**, chaque empereur choisissant et adoptant pour successeur celui qui lui semblait le plus apte à gouverner. Cet excellent système permit à Rome, au IIe s., de connaître une période remarquée de prospérité). D'autres systèmes furent mis en place, comme la **tétrarchie** (par Dioclétien en 213) : l'empire était gouverné par deux « Augustes » (la charge était jugée trop lourde pour un seul prince), assistés de deux « Césars » choisis par eux et destinés à leur succéder comme « Augustes ». Mais cette dernière tentative échoua.

Au moment où Auguste instaure le principat, l'essentiel de l'empire territorial est constitué. Certes, d'autres provinces viendront s'ajouter aux anciennes (comme la Bretagne, la Germanie ou la Dacie), mais elles seront les premières à céder sous la pression des barbares (cf. provinces et *limes,* chap. 2). L'histoire de l'Empire comprend essentiellement deux grandes périodes : les deux premiers siècles, malgré certaines crises, sont prospères ; puis, à partir du IIIe s., une grave crise s'installe, les avancées des barbares sont plus difficilement contenues et le pouvoir romain est entrecoupé de douloureuses périodes de troubles. **Le IVe s. voit la partition de l'empire** en deux (tentée par Constantin sur son lit de mort en 337, elle sera définitive à la mort de Théodose en 395). **Au Ve s. les grandes invasions** mettent un terme à l'Empire d'Occident, avec la prise de Rome par Odoacre en 476. En Orient, l'Empire resplendit encore un millénaire, jusqu'à la prise de Constantinople par les Turcs en 1453.

CHRONOLOGIE FONDAMENTALE

(NB : sont mis entre crochets les événements survenus hors de l'Italie et, à partir du Principat, hors des frontières de l'Empire)

Avant Rome

La préhistoire italienne distingue :

- **le Néolithique** : jusqu'au IIIe millénaire.
- **le Bronze ancien** (apparition des métaux) : jusqu'au début du IIe millénaire.
  - –> Dans les premiers siècles du IIe millénaire : **arrivée en Italie de premiers groupes indo-européens** (Vénètes, Latins, Falisques, Sicules... peu à peu repoussés vers l'Italie centrale, et, pour les derniers, vers la Sicile).
- **le Bronze moyen** : XVI - XIVe s. (civilisation subapenninienne, influences mycéniennes).
- **le Bronze récent** : XIII - IXe s. (mêmes caractéristiques, + civilisation villanovienne).
  - –> vers le Xe s. : **arrivée d'autres groupes indo-européens** (Osques, Ombriens, Sabins, Volsques, Mars...).
- **l'Âge du Fer** : à partir du IXe s. Développement de la civilisation étrusque.
  - –> **milieu du VIIIe s. : fondation de Rome.** Date légendaire donnée par les Romains : 21 avril 753 (814 : Fondation de Carthage par les Phéniciens).

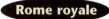

Rome royale

(chronologie suivant la tradition)

753 - 715 : Règne de **Romulus**, roi latin. Guerre contre les Sabins et association avec le roi sabin Titus Tatius. [Entre 750 et 550 : établissement des colonies grecques en Italie méridionale et en Sicile orientale]

715 - 672 : Règne de **Numa Pompilius**, roi prétendument sabin. Donne aux Romains leurs institutions religieuses.

672 - 640 : Règne de **Tullus Hostilius**, roi sabin, belliqueux. Guerre contre Albe (épisode des Horaces et des Curiaces). Soumise, la population albaine est déportée à Rome.

640 - 616 : Règne d'**Ancus Marcius**, roi sabin, petit-fils de Numa. Fondation du port d'Ostie. Construction du pont Sublicius sur le Tibre. Arrivée à Rome d'un émigré étrusque, Lucumon, futur Tarquin.

616 - 578 : Règne de **Tarquin l'Ancien**, premier roi étrusque, originaire de Tarquinia.
  • Roi bâtisseur (temple de Jupiter capitolin, Grand Cirque, assainissement de la ville - égoût *Cloaca Maxima*).
[Expansion des Étrusques vers la plaine du Pô et, au sud, vers le Latium et la Campanie. Rome, enjeu économique majeur pour les cités les plus puissantes].

578 - 534 : Règne de **Servius Tullius**, deuxième roi étrusque, en réalité Mastarna, originaire de Vulci.
  • Roi fondateur de **l'organisation politique et militaire de Rome** : réforme administrative (répartition de la population en cinq classes selon la fortune).
  • Roi créateur des quatre premières régions de la Ville, et constructeur de l'enceinte dite servienne.
[540 : Victoire navale étrusque et carthaginoise sur les Grecs devant Aleria. Apogée de la puissance maritime des Étrusques.]

534 - 509 : Règne de **Tarquin le Superbe**, supposé fils de Tarquin l'Ancien et dernier roi étrusque. Belliqueux et tyrannique. Il achève les grands travaux (temple de Jupiter, *Cloaca Maxima*...). Chassé par **Brutus**, à la suite du viol de Lucrèce.

509 : Date légendaire de **la révolution romaine**, avant l'inauguration du temple du Capitole. L'archéologie montre que la présence étrusque se fait encore sentir pendant une bonne trentaine d'années.

Rome républicaine

• JUSQU'AUX GUERRES PUNIQUES : LA CONQUÊTE DE L'ITALIE

509 : **Fondation légendaire de la République** et du consulat (celui-ci ne sera réellement créé qu'en -449). Le pouvoir est réservé aux patriciens.

[Premier traité entre Rome et Carthage reconnaissant la suprématie commerciale de celle-ci en échange de l'absence d'intervention de sa part en Italie.]

507 : Guerre contre le roi étrusque de Clusium, Porsenna, qui s'empare temporairement de Rome. (Légendes de Horatius Coclès, Mucius Scaevola et Clélie).

498 : Création de la dictature, magistrature extraordinaire (pour six mois).

496 : Rome contre les Latins ligués, vaincus au lac Régille.

494 : **Sécession de la plèbe sur l'Aventin**. Création de deux tribuns de la plèbe.

488 - 395 : Suite de conflits aux portes de Rome :
  – contre les Volsques : 488 - 486 (histoire de **Coriolan**)
  – contre les Èques : 458 - 457 (histoire de **Cincinnatus**)
  – contre Veies : 406 - 395 : siège et prise de la ville (histoire du dictateur **Camille**).

451 : Institution des Decemvirs (10 anciens consuls) qui rédigent la **Loi des XII Tables**. Ils sont expulsés en 449.

445 : Loi Canuleia qui autorise le mariage entre patriciens et plébéiens.

444 - 443 : Revendication par la plèbe de l'égalité politique. Création d'un collège de six tribuns militaires à pouvoir consulaire ouvert aux plébéiens.

421 : Accès d'un plébéien à la questure pour la première fois.

390 : **Prise de Rome par les Gaulois** (à l'exception du Capitole : histoire des oies et de Manlius Capitolinus).

367 : **Lois liciniennes** : suppression du tribunat militaire et possibilité offerte à la plèbe d'accéder au consulat. Question agraire.

366 : Un plébéien (L. Sextius) devient consul pour la première fois. De même, premier accès d'un plébéien à l'édilité (364), à la dictature (356), à la censure (351), à la préture (337). Enfin, en 321, un consul plébéien obtient le proconsulat (= à cette époque, le droit de poursuivre une guerre commencée pendant son consulat). Les plébéiens auront donc mis 45 ans avant de voir acquise leur égalité politique avec les patriciens.

343 - 341 : **Première guerre contre les Samnites**, sous le prétexte de protéger Capoue. Victoire romaine incomplète à cause du soulèvement des Latins.

340 - 338 : Guerre contre les Latins. Victoire de Rome, annexion du Latium dont les habitants reçoivent la citoyenneté romaine.

328 - 312 : **Deuxième guerre samnite**. Victoire de Rome malgré le désastre des Fourches-Caudines (321) près de Capoue.

310 - 290 : **Troisième guerre samnite**. Victoire romaine à Bovianum (304) sur les Samnites et sur leurs alliés, à Sentinum (295) en Ombrie. (*Devotio* de Decius, victoire de **Curius Dentatus**). Et victoire sur les Gaulois en Italie centrale (282).

300 : **Loi Ogulnia** ouvrant à la plèbe l'accès aux sacerdoces, et réalisant ainsi l'égalité religieuse entre plébéiens et patriciens.

287 : **Loi Hortensia** (Les comices tributes reçoivent la puissance législative).

281 - 272 : Guerre contre Tarente qui appelle **Pyrrhus**, roi d'Épire, à son aide. Pyrrhus est notamment vainqueur à Héraclée (280) et à Ausculum (279) (victoire difficile), mais est battu par Rome à Bénévent (275 – grâce à Curius Dentatus). Traité signé en 272, et **reddition de Tarente**, dernière ville grecque de la péninsule à tomber.

Avec, parallèlement, la prise de la dernière ville étrusque encore indépendante, Volsinies, en -265, **Rome assure sa domination sur l'ensemble de la péninsule italienne**, depuis l'Arno, au nord, jusqu'à Tarente. **Les Romains vont alors se retrouver confrontés à la puissance carthaginoise** (malgré les traités renouvelés en 348 et en 306) qui détient le monopole du commerce en Méditerranée occidentale, y compris en Sicile, en Sardaigne et en Corse.

• LA VICTOIRE SUR CARTHAGE ET LA SUPRÉMATIE ROMAINE EN MÉDITERRANÉE OCCIDENTALE

264 - 256 : **Début de la première guerre punique.** [Victoires en Sicile : prise de Messine (264) et d'Agrigente (262). Construction d'une flotte. Victoire de Duilius à Myles (260)

(côte nord de la Sicile), et de Régulus à Ecnome (256) (côte sud).]

256 - 249 : [Défaites romaines en Afrique. **Régulus**, qui a débarqué en Afrique, est vaincu et fait prisonnier par Xanthippe, chef des mercenaires de l'ennemi (255). (Histoire du serment de Régulus). Défaite aussi en Sicile : la flotte romaine est battue à Drépane (249) par Hamilcar.]

241 : [Victoire navale romaine en Sicile, aux îles Agates (côte ouest).] La paix conclue concède à Rome **la Sicile qui devient la première province romaine**.

240 : **Début de la littérature latine** avec les œuvres de Livius Andronicus et de Naevius.

239 - 231 : [Rome occupe la Corse et la Sardaigne] qui deviennent la deuxième province romaine.

237 : [Carthage doit faire face à la révolte de ses mercenaires qu'Hamilcar exécute au Défilé de la Hache. Puis le général carthaginois entreprend la conquête de l'Espagne. Son gendre Hasdrubal poursuit cette tâche. Son fils **Hannibal** jure à son père de venger sa patrie. (Hamilcar meurt en 229).]

219 : [Après avoir repoussé les Gaulois d'Étrurie, Rome prend Milan (222) puis soumet la Gaule cisalpine.]

219 : [Siège et prise de Sagonte (en Espagne) par Hannibal, en violation délibérée d'un traité signé avec Rome en 226.] **Début de la deuxième guerre punique**.

218 : Arrivée d'Hannibal en Italie par voie terrestre.

218 - 216 : **Les défaites romaines**, sur les bords du Tessin et de la Trébie (218). Les Gaulois soutiennent Hannibal. À **Trasimène** (juin 217), le consul **Flaminius** est tué avec une grande partie de ses hommes. Rome nomme un dictateur, **Fabius Maximus**, qui va temporiser (d'où son surnom : *Cunctator*). Hannibal descend vers le sud, et bat les Romains à **Cannes** (août 216). Le consul Paul-Émile est tué. L'autre consul, Varron, regagne Rome. Le sud de l'Italie se rallie partiellement à Hannibal.

216 - 205 : **Le redressement de Rome** : d'une part par la reconquête du sud de l'Italie où Hannibal se confine sans recevoir les renforts qu'il attend. Prise de Syracuse (212) par **Marcellus** (mort d'Archimède) et de Capoue (211). Hannibal tient Tarente qu'il a prise en 213.

[D'autre part une offensive du jeune **P. Cornélius Scipion**, 24 ans, en Espagne. Scipion prend Carthagène (210).]

Enfin, les Romains arrêtent sur le Métaure une armée carthaginoise de secours, conduite par Hasdrubal, frère d'Hannibal (207).

214 - 205 : [Rome doit aussi intervenir contre Philippe V, roi de Macédoine, qu'Hannibal a appelé à l'aide.]

204 - 201 : [**Offensive romaine en Afrique**. Scipion débarque à Utique (204) et bat le roi numide Syphax, allié de Carthage, et installe sur le trône à sa place Massinissa. Hannibal est contraint de rentrer en Afrique, où il est vaincu par Scipion, à **Zama** (202). Par le traité de 201, Carthage perd de sa puissance et son indépendance]. **Rome**, présente en Espagne et dans les îles, alliée à la Numidie, **est la seule maîtresse de la Méditerranée occidentale**.

• LA CONQUÊTE DE L'ORIENT : ROME DOMINE LE MONDE MÉDITERRANÉEN

À la suite de l'intervention manquée de Philippe V aux côtés d'Hannibal, Rome est amenée à combattre la volonté hégémonique du roi de Macédoine.

201 - 176 : Soumission définitive de la Cisalpine.

200 - 197 : [La libération de la Grèce, par **Flamininus**, qui en proclame l'indépendance aux Jeux Isthmiques (196), après sa **victoire sur Philippe V**, à **Cynoscéphales** (197)]

197 : [Début des révoltes en Espagne. Viriathe, en danger, résistera de 147 à 139.]

192 - 188 : [**Rome affronte Antiochus III, roi de Syrie**, qui convoite la Grèce. Victoire de Thermopyles (190). Puis, **pour la première fois**, avec P. Scipion et son frère Lucius, **les Romains posent le pied en Asie**. Victoire à Magnésie du Sipyle (189). Paix d'Apamée signée en 188. Pergame et la Bithynie sont les alliées de Rome.]

186 : À Rome, **scandale des Bacchanales**.

184 : **Caton** est censeur.

183 : [Mort d'Hannibal qui, après avoir conseillé Antiochus de Syrie, s'était réfugié auprès de Prusias, roi de Bithynie.]

172 - 168 : [Nouvelle guerre de Macédoine. Le fils de Philippe V (mort en 178), **Persée** soulève la Grèce. Il est **battu à Pydna (168) par Paul-Émile**, père de Scipion Émilien.]

149 - 146 : [**Troisième guerre punique** : Carthage, de nouveau prospère, inquiète Rome. Caton est partisan de sa destruction. La ville est assiégée, prise et rasée (146) par **Scipion Émilien** (consul en 147).]

149 - 146 : [Révolte de **la Macédoine** qui est conquise par le consul Metellus (148) et **devient province romaine**. Puis la Grèce se soulève. Le consul Mummius prend et rase Corinthe (146). **La Grèce devient aussi une province**, sous le nom d'Achaïe.]

135 - 132 : Première guerre servile en Sicile. Révolte dirigée par l'esclave syrien Eunous.

133 : [Le roi de Pergame, **Attale**, meurt. Il lègue son royaume en héritage à Rome. Ce sera **la première province d'Asie** (139).]

133 : [Scipion Émilien met un point final aux révoltes en Espagne en prenant et détruisant **Numance**.]

Rome, qui a maintenant solidement établi son autorité tant en Orient qu'en Occident, **va connaître**, durant le dernier siècle qui reste à la République, **une suite de conflits internes dévastateurs**.

• LA FIN DE LA RÉPUBLIQUE : LES GUERRES CIVILES

– Tibérius et Caïus Gracchus

133 : Tribunat de la plèbe de **Tibérius Sempronius Gracchus**. Proposition de **loi agraire**. Opposition des nobles (Scipion Nasica). Émeutes. Tibérius est assassiné.

125 - 118 : [Sur appel de Marseille, intervention de Rome contre les Ligures en Gaule transalpine. Fondation des colonies d'Aix (122) et Narbonne (118). Création de la province de Narbonnaise *(Provincia)*.]

123 : **Caïus Sempronius Gracchus** est tribun de la plèbe. Il reprend la loi agraire de son frère et y ajoute un ensemble de propositions de lois formant **un véritable programme politique**. Nouvelle émeute provoquée par les nobles (soutenus par le consul de 121 L. Opimius). Caïus trouve la mort (121).

– Marius et Sylla

111 - 105 : [**Guerre contre Jugurtha** qui a éliminé ses cousins pour s'emparer du trône de Numidie. Rome prend vraiment l'avantage en 108, avec le consul Q. Caecilius Métellus. Son

lieutenant, **Marius, est élu consul** en 107 et lui succède. Il prend Cirta en 106, et le roi Bocchus de Mauritanie livre Jugurtha à son questeur, Sylla (105).]

107 : Marius met en place une importante **réforme de l'armée**.

104 - 101 : Marius est élu consul pendant 4 années consécutives. [Il intervient victorieusement dans le sud de la Gaule contre les Teutons (vaincus à Aix en 102) et contre les Cimbres (vaincus à Verceil en 101).]

102 - 100 : **Troubles politiques à Rome**. Bien que chef des *populares,* Marius doit réprimer dans le sang les tentatives de Saturninus et Glaucia (100).

91 - 88 : L'assassinat du tribun de la plèbe, **Livius Drusus** (91), qui voulait reprendre les lois gracchiennes, déclenche la **guerre Sociale** (contre les peuples alliés de Rome qui réclament le droit de citoyenneté). **Sylla** va rétablir l'ordre en Italie. **La loi Plautia-Papiria accorde les droits de cité aux alliés** (89).

88 : **Consulat de Sylla**.
[**Mithridate**, roi du Pont, veut chasser les Romains d'Orient (massacre de 100 000 Romains en Asie Mineure).] Intrigue des *populares* : Marius se fait attribuer le commandement de la guerre. Le consul Sylla *(optimates)* reprend son pouvoir par les armes en marchant sur Rome. Fuite de Marius en Afrique.

87 - 85 : [Guerre contre Mithridate (qui occupe aussi la Grèce). Sylla libère la Grèce (86) et soumet Mithridate en lui imposant la paix de Dardanos (85).]

87 - 84 : Sylla parti, **les *populares* prennent le pouvoir à Rome**. Retour de Marius (qui meurt en 86), consulats de **Cinna**, **Carbo**… Période de terreur.

83 - 82 : **Retour de Sylla** qui marche sur Rome. **Guerre civile**. Sylla vainqueur entre dans la ville (1ᵉʳ nov. 82) et dresse 3 listes de **proscriptions**.

82 - 79 : **Dictature de Sylla** (81) puis consulat (79). **Importantes réformes** des institutions, de la justice, de la morale, etc. Sylla abdique fin 79. Il meurt en 78.

– *Pompée et César*

79 - 72 : Révolte du consul Lépidus qui menace Rome. Il est vaincu par **Pompée** (77). [En Espagne **Sertorius s'insurge**. Pompée part le combattre, difficilement. Sertorius est finalement assassiné par son lieutenant, Perpenna, qui est capturé.]

74 - 63 : [**Guerre contre Mithridate** qui occupe la Bithynie. Battu par **Lucullus** (72), il soulève l'Arménie. Il est battu ainsi que le roi d'Arménie, son gendre, Tigrane (69). Mais révolte des légions. Lucullus est appelé à Rome (66). **Pompée** prend le commandement. La **lex Gabinia** (67) lui donne le pouvoir de nettoyer la Méditerranée des **pirates**, favorables à Mithridate. La lex Manilia (66) lui permet de soumettre Tigrane et de poursuivre Mithridate qui se fait égorger par un esclave (63). **Le Pont est intégré à la province de Bithynie.** Pompée conquiert aussi la Syrie, et prend Jérusalem (63). **Il crée la province de Syrie et de Judée.** Pompée est très puissant, et l'empire s'est accru de douze millions de sujets.]

73 - 71 : Lutte contre **les esclaves révoltés** et menés par le gladiateur thrace **Spartacus**. **Crassus**, préteur, le vainc, aidé à la fin par Pompée qui rentre d'Espagne et s'attribue ce succès.

70 : **Pompée et Crassus sont consuls** pour la première fois. Ils abolissent les lois de Sylla et rendent aux tribuns de la plèbe leur ancienne autorité.

63 : **Consulat d'un « homme nouveau »**, **Cicéron**, qui doit combattre **la conjuration de Catilina**, à l'origine un patricien ruiné devenu chef populaire. Catilina est défait et tué avec son armée en Étrurie, à Pistoia (4 janv. 62).

62 : Pompée rentre d'Orient et entame une lutte contre les *optimates*, conduits par Caton, pour faire reconnaître ses victoires.

En décembre, scandale pendant les Mystères de la Bonne Déesse, provoqué par **Clodius** chez le Grand Pontife, César.

60 : Entente entre **Pompée, Crassus et César** pour soutenir ce dernier pendant son consulat (**premier triumvirat**). Pompée épousera Julie, fille de César.

59 : **Consulat de César** qui, pour gouverner, doit lutter contre l'opposition de l'autre consul, Bibulus (gendre de Caton), et des *optimates*.

César se fait attribuer le gouvernement des Gaules pour 5 ans, et une armée.

58 - 52 : **Période de troubles à Rome.** Climat de terreur provoqué par **Clodius**, tribun du parti populaire (58) et **Milon**, tribun du parti conservateur (57), qui entretiennent des bandes armées. Clodius fait exiler Cicéron et envoyer Caton en mission à Chypre (58). Cicéron est rappelé, grâce à Pompée, en 57.

56 : Renouvellement du triumvirat aux **accords de Lucques**, grâce auxquels Pompée et Crassus sont consuls en 55 et obtiennent, le premier l'Espagne pour 5 ans (mais il reste en Italie avec son armée), et le second la Syrie (il trouve la mort chez les Parthes devant Carrhae en juin 53). César, lui, obtient une prolongation de son proconsulat de 5 ans.

Mais en 52, Crassus mort, le triumvirat a vécu. Le 18 janvier 52, **Clodius est assassiné par Milon**. **Pompée** devient **consul unique** avec les pleins pouvoirs pour rétablir l'ordre. Il est désormais **l'adversaire de César**.

58 - 51 : [Parallèlement, César mène la **guerre des Gaules**. Il repousse les Helvètes et le chef germain Arioviste. Puis il soumet les Belges (57), les Vénètes (à l'ouest) et les Aquitains (56). Expéditions en Germanie (55) et en Bretagne (55 - 54). Révolte d'Ambiorix (Gaule du Nord) réprimée en 53. Soulèvement général de **Vercingétorix** (52) : Gergovie, Alésia… Fin de la conquête en 51.]

Vercingétorix, enfermé à Rome, y attend le triomphe de César jusqu'en en 46, au soir duquel il est étranglé au fond du Tullianum.

50 : César souhaite un second consulat pour 49. Pompée veut le désarmer et le faire venir à Rome, seul.

49 - 45 : **Guerre civile** : le 12 janvier 49, **César franchit le Rubicon** qui forme la frontière entre l'Italie et la Gaule cisalpine. En deux mois, il est maître de l'Italie. Pompée, en mars, fuit en Grèce, et César impose sa dictature le 1er avril.

[Avant de poursuivre Pompée, **César** assure ses arrières par une campagne en Espagne (avril à août 49). Puis, il **bat Pompée en Thessalie, à Pharsale**, le 9 août 48. Pompée fuit en Égypte où il est tué par le roi Ptolémée XIV (fin sept). César soumet l'Égypte (oct. 48 à mai 47), dont **Cléopâtre** devient reine. Il bat Pharnace, fils de Mithridate qui a envahi l'Asie Mineure (à Zéla, août 47).

Il lui reste à **réduire l'opposition pompéienne : en Afrique** (victoire de Thapsus, avril 46, sur Labienus - **Suicide de Caton à Utique**), et **en Espagne** (victoire sur les fils de Pompée, Cnaeus et Sextus, en mars 45).]

45 - 44 : **César** est nommé **dictateur** pour un an (45), puis **à vie** (fév. 44). Il entreprend de nombreuses réformes qui affaiblissent les institutions républicaines. Grands travaux. Il envisage une expédition contre les Parthes pour avril 44. Un complot, dirigé par **Cassius** et **Brutus** (neveu de Caton) est à l'origine de **son**

assassinat, dans la Curie de Pompée, sur le Champ de Mars, **le 15 mars 44**.

– Antoine et Octave

44 - 43 : **Antoine**, lieutenant de César, et **Octave**, neveu et fils adoptif du dictateur (arrivé à Rome en mai 44) **se disputent la succession**.

Antoine veut prendre la Cisalpine à Décimus Brutus, son gouverneur, à Modène. Le Sénat y envoie Octave avec les consuls pour combattre Antoine. Octave est vainqueur (avril 43) et obtient le consulat par la force.

Mais les deux adversaires, avec **Lépide**, autre lieutenant de César, s'entendent pour se partager le pouvoir et venger César. C'est **le second triumvirat** (accords de Bologne, nov. 43). S'ensuivent des **proscriptions** (Cicéron est parmi les victimes désignées par Antoine).

42 : Les Républicains, partis en Macédoine, sont vaincus par les triumvirs à Philippes (nov. 42). Cassius et Brutus se suicident.

41 - 40 : Antoine est en Orient. Octave s'attaque en Italie au frère d'Antoine, et le bat à Pérouse (début 40). Antoine rentre à Brindes (automne) mais Mécène conduit les négociations : **partage du monde romain : à Octave l'Occident, à Antoine l'Orient, à Lépide l'Afrique**.

40 - 36 : Octave doit lutter contre Sextus Pompée qui s'est emparé de la Sicile et de la Sardaigne, riches en blé. Son lieutenant **Agrippa** bat Sextus à Nauloque (août 36).

À l'automne, suite à un soulèvement en Sicile, Lépide est dépossédé de l'Afrique, que s'approprie Octave.

36 - 32 : **Antoine épouse Cléopâtre**, mène à Alexandrie, « la vie inimitable », et épuise ses forces dans quelques expéditions militaires malheureuses, notamment contre les Parthes. Il apparaît comme un tyran oriental. **Octave et le Sénat déclarent la guerre à Cléopâtre**.

31 : [À **Actium**, la flotte d'Agrippa met en fuite celle d'Antoine et de Cléopâtre (2 sept. 31).] **Octave est le seul maître du monde**.

30 : [Octave s'empare d'Alexandrie. Antoine se donne la mort, suivi peu après par Cléopâtre, et **l'Égypte devient province romaine**.]

29 - 27 : Octave rentre à Rome et fait fermer les portes du temple de Janus en signe de paix.

L'HISTOIRE

Le 16 janvier 27, le Sénat lui accorde le surnom d'Auguste (= l'inviolable) qui le met au-dessus des autres hommes. Il concentre tous les pouvoirs civils et religieux. La République a vécu. **Le principat est fondé.**

Rome impériale

• LES JULIO-CLAUDIENS

Auguste : -27/+14	**Tibère** : 14 - 37	**Caligula** : 37 - 41
Claude : 41 - 54	**Néron** : 54 - 68	

27 : Auguste, qui détient **le pouvoir consulaire** depuis 28, devient le *princeps*. Il est nommé **proconsul** à vie. En 23, il est revêtu de **la puissance tribunicienne** : il gouverne Rome, l'Italie et les provinces. Il est **le chef des armées**. En 19, il devient **préfet des mœurs** (= censeur. Il recrute donc les sénateurs), et en 10 **Grand Pontife** (= chef de la religion).

27 - 25 : Réorganisation de l'Espagne (Agrippa achève la conquête de l'Espagne de 26 à 19, avec l'occupation des Cantabres), et de la Gaule. [Le roi de Galatie lègue à Rome son royaume qui devient province.]

20 : [Accord avec Phraate IV, roi des Parthes. Celui-ci remet à Auguste les enseignes prises à Crassus (à Carrhae en -53) et à Antoine, en échange d'une promesse de non-intervention de la part des Romains.] **Voyage triomphal d'Auguste en Orient qui a lavé l'affront fait par les Parthes à Rome.** À Samos, il rencontre aussi une ambassade venue d'Inde.

18 : **Lois juliennes sur les mœurs.**

15 : [**Drusus** et **Tibère** font campagne jusqu'au Danube : constitution de trois nouvelles provinces : la Rhétie, la Norique et la Mésie.]

12/+9 : [Guerre en **Germanie** : Drusus et Tibère sont vainqueurs jusqu'à l'Elbe. Mais révolte du chef chérusque Arminius et **désastre de Varus** (+9 – trois légions perdues en Pannonie dans la forêt de Teutobourg). La frontière est fixée au Rhin.]

12 : Mort d'Agrippa.

9 : **Consécration de l'Autel de la Paix.**

6 - 2 : Exil volontaire de Tibère à Rhodes.

+2 et +4 : Mort des petits-fils d'Auguste, Lucius et Caïus César. Tibère est adopté par Auguste.

4 : La conspiration de Cinna (petit-fils de Pompée) est déjouée. Auguste fait preuve de clémence.

8 : Création d'un préfet de l'annone (chargé de l'approvisionnement en blé à Rome).

14 : Auguste meurt à 76 ans. Tibère (56 ans) lui succède.

14 - 17 : [Guerre en Germanie. Révoltes des légions, en Germanie (réprimée par Germanicus) et en Pannonie (matée par Drusus, le fils de Tibère). **Germanicus** n'arrive pas à venger totalement Varus et Tibère renonce à la conquête de la Germanie qui coûte trop cher.]

17 : **Séjan** devient le seul **préfet du prétoire**, très influent. Ses intrigues pour prendre la succession de Tibère (il va jusqu'à empoisonner Drusus en 23) sont démasquées. Il sera exécuté en 31.

19 : [Tibère envoie Germanicus en Asie. Mort de Germanicus en Syrie.] La rumeur accuse Tibère de l'avoir fait empoisonner.

26 : **Tibère se retire à Capri** et laisse Séjan agir à Rome avec cruauté (nombreuses exécutions). L'empereur est stigmatisé pour la dépravation de ses mœurs.

37 : Tibère meurt à 78 ans. **Caligula**, fils de Germanicus, a 24 ans et est désigné pour lui succéder. Il se distingue par sa cruauté. Le principat d'Auguste devient une royauté hellénistico-orientale dans laquelle l'empereur est dieu.
En 41, à 29 ans, Caligula est assassiné par Chaerea et Cassius.

41 : **Claude**, frère de Germanicus, est désigné par les prétoriens pour lui succéder. Retour à la tradition d'Auguste, avec cependant **une forte influence des affranchis et des femmes de son entourage** (Messaline, Agrippine).

41 - 42 : [Suétonius Paulinus soumet la Mauritanie insurgée qui devient province romaine.]

43 - 47 : [**Guerre en Bretagne** (conquête du Sud d'où les druides alimentent l'agitation en Gaule).]

46 : Création de la province de Thrace.

47 - 50 : [Guerre en Germanie. Victoires de **Corbulon**. Fondation d'une colonie en pays ubien, où est née Agrippine (Cologne).]

48 : Exécution de Messaline (4e femme de Claude) qui conspirait contre l'empereur.

49 : **Claude épouse Agrippine** (sa nièce) qui a déjà un fils, Néron.

Il adopte Néron, alors qu'il a lui-même un fils, **Britannicus**, né de Messaline. Et Néron épouse Octavie, fille de Claude.

54 : Agrippine fait empoisonner Claude (63 ans). **Néron**, 17 ans, **formé par Burrhus et par Sénèque, monte sur le trône.**

55 : **Néron fait empoisonner Britannicus**, son rival.

58 - 63 : [Guerre en Orient : Corbulon reconquiert l'Arménie convoitée par les Parthes. Ceux-ci signent la paix avec Rome et acceptent un protectorat.]

59 : **Néron fait périr sa mère**, Agrippine.

60 - 61 : [Révolte en Bretagne, réprimée par Suétonius Paulinus.]

62 : Néron, épris de **Poppée**, répudie Octavie, l'exile et lui ordonne de s'ouvrir les veines. Burrhus meurt, et Sénèque tombe en disgrâce.

64 : **Incendie de Rome**. Néron n'en est sans doute pas l'auteur, mais il accuse **les chrétiens**. C'est l'occasion des premières persécutions. Cet incendie va servir **les ambitions architecturales de l'empereur.**

65 : **Complot de Pison contre Néron**, qui est découvert. Répression : trouvent la mort Pison, Sénèque, Lucain, Pétrone… [Révolte de C. Julius Vindex (qui se tue en 68) en Gaule.]

66 : [Révolte en Judée, réprimée par Vespasien (futur empereur).]

68 : Mort pathétique de Néron, à 31 ans, poussé au suicide par la condamnation du Sénat.

Après la mort de Néron, suit **une année d'anarchie** où se succèdent sur le trône quatre empereurs.

Galba, 73 ans, gouverneur de Tarraconaise, en Espagne, proclamé empereur par ses soldats, de juin 68 à janvier 69. Il est assassiné au Forum le 15 janvier par les partisans d'Othon.

Othon, 37 ans, de janvier à avril (il se suicide).

Vitellius, chef de l'armée du Rhin, proclamé empereur par ses soldats, qui bat Othon près de Crémone le 14 avril. Il a 54 ans et règne d'avril à décembre. **L'armée d'Orient a proclamé empereur son chef, Vespasien.** L'armée du Danube le soutient également. Il arrive en Italie, bat Vitellius le 29 octobre à Crémone et pénètre à Rome le 22 décembre. Le peuple assassine Vitellius.

• **LES FLAVIENS**

Vespasien : 69 - 79	Titus : 79 -81	Domitien : 81 - 96

Avec les Flaviens, il est possible de parler de dynastie puisque Titus et Domitien sont les fils de Vespasien.

69 : Vespasien monte sur le trône à 60 ans et y restera jusqu'à sa mort, en juin 79. [Il est en train de dompter **une révolte des Juifs** commencée en 66 en Orient. Son fils Titus achève cette guerre le 8 septembre 70 par **la prise de Jérusalem** qui est rasée. Le temple est détruit par le feu.]

69 - 70 : [Révolte des Bataves (sous la conduite de Civilis) et des Gaulois (leur chef est Sabinus). Cérialis et neuf légions en viennent à bout]

78 - 83 : [**Agricola** mène la conquête de **la Bretagne** jusqu'à la Calédonie (Écosse).]

79 : À 40 ans, Titus succède à son père, en juin.

24 août : Éruption du Vésuve qui ensevelit Pompéi, Herculanum et Stabies.

80 : Incendie de Rome (3 jours et 3 nuits. Champ de Mars et Capitole détruits).
Inauguration du Colisée (50 000 spectateurs). La fête dure 100 jours.

81 : Titus meurt et Domitien, 30 ans, accède au pouvoir.

93 - 96 : Domitien meurt en 96, assassiné dans sa chambre. La fin de son règne est particulièrement cruelle, marquée par **les répressions contre les stoïciens, les persécutions des chrétiens et des juifs.** Le « Néron chauve » (*dixit* Juvénal) fait régner la terreur.

• LES ANTONINS

Nerva : 96 -98	**Trajan** : 98 -117	**Hadrien** : 117 - 138
Antonin : 138 - 161	**Marc-Aurèle** : 161 - 180	
	(et **L. Vérus** : 161 - 169)	
Commode : 180 - 192		

Le principe dynastique est devenu **l'adoption.** Seul Commode, fils de Marc-Aurèle, succède à son père.

96 : Nerva est proclamé empereur par le Sénat à 70 ans. Il s'emploie à réparer les fautes de Domitien.

97 : **Nerva** s'associe le commandant de l'armée du Rhin, **Trajan**, et l'adopte. Il sera son héritier. (Il est né en Espagne et sera **le premier empereur issu d'une province**).

L'HISTOIRE

98 : En janvier Trajan apprend, en Germanie, la mort de Nerva et lui succède, à 45 ans.

101 - 107 : [**Trajan soumet les Daces, sur le Danube.** La Dacie devient province romaine]. La conquête est montrée en bas-reliefs sur une colonne érigée à Rome.

113 - 117 : [**Guerre contre les Parthes.** Trajan occupe l'Arménie, l'Arabie et la Mésopotamie, prend Babylone et Ctésiphon, capitale des Parthes, mais doit abandonner devant le soulèvement des ennemis.]

117 : Trajan meurt en Cilicie, sur la route du retour. Son petit-neveu, **Hadrien**, qu'il a adopté, lui succède à 41 ans. Il est légat en Syrie. Il rentre à Rome en août 118.

121 - 125 : **Voyage d'inspection des provinces de l'Empire** (Gaule, Germanie, Bretagne, Afrique, Asie Mineure, Grèce) et **fortification des frontières** (*limes*) en Bretagne, sur le Rhin, le Danube, l'Euphrate.

128 - 134 : Second voyage (Grèce, Asie Mineure, Arabie, Égypte, Thrace, Mésie, Macédoine).

132 - 135 : [Les Juifs se révoltent contre Hadrien qui veut reconstruire Jérusalem en changeant son nom (Ælia Capitolina). Répression impitoyable et dispersion du peuple juif.]

134 - 136 : **Grands travaux** dont le Panthéon à Rome et la villa Hadriana à Tibur. Hadrien est un lettré et un artiste.

138 : Mort d'Hadrien. Antonin, qu'il a adopté, lui succède, à 52 ans.

138 - 161 : **Antonin**, surnommé le Pieux, est un homme bon, pacifique et mesuré. Il poursuit l'œuvre d'Hadrien, renforce l'armée et le *limes* (nouveau mur, plus au nord, en Bretagne). **Il est le symbole de la *pax romana***, et donne son nom à cette « dynastie ». Il adopte Marc-Aurèle, sur les conseils d'Hadrien, et en fait son gendre.

161 : À 40 ans, **Marc-Aurèle**, philosophe stoïcien, succède à Antonin. Ce prince pacifique **va être contraint de passer dix-sept années de son règne sur les champs de bataille**. Il règne jusqu'en 169 avec son frère d'adoption, Lucius Vérus (double principat).

161 - 166 : [Guerre contre les Parthes qui envahissent la Syrie. Marc-Aurèle les repousse victorieusement et prend Ctésiphon, leur capitale.]

Une peste (petite vérole ?) venue de Parthie **se répand dans tout l'Empire**. L'épidémie fera un million de morts en 20 ans.

166 - 180 : [Guerre en Germanie : **Les Barbares** (Quades et Marcomans) venus du nord, **franchissent** *le limes* et parviennent jusqu'à la Méditerranée. L. Vérus (jusqu'à sa mort en 169) et Marc-Aurèle les repoussent, non sans difficultés.]

177 : Persécution contre les chrétiens de Lyon.

180 : L'empereur meurt pendant une campagne, près de Vienne, touché par l'épidémie. Son fils **Commode**, 19 ans, lui succède. Il se croit une réincarnation d'Hercule et de Mithra. **Son règne est une suite de cruautés**, de folies et d'indignités. Lui-même combat 735 fois dans l'arène !

181 : Commode abandonne les territoires conquis par son père et signe une paix honteuse avec les Marcomans.

191 : Incendie de Rome. L'empereur est soupçonné d'avoir repris le dessein prêté à Néron.

192 : Marcia, sa favorite, fomente **un complot contre l'empereur** pour mettre un terme à la terreur ambiante et aux cruautés. Le 31 décembre, Commode meurt étranglé dans son bain par un homme à la solde de Marcia.

Avec la mort de Commode s'ouvre une nouvelle année d'anarchie, où le pouvoir est au plus offrant. Pertinax, préfet de la ville, est proclamé empereur par les prétoriens (en janv. 193) qui le tuent en mars, 87 jours plus tard. Didius Julianus, riche sénateur achète alors l'empire aux prétoriens. **Septime Sévère**, proclamé empereur par son armée de Pannonie, l'égorge en juin. Entré à Rome le 9 juin, il doit affronter deux rivaux, Pescennius Niger, gouverneur de Syrie, et Clodius Albinus, légat impérial en Bretagne. Le premier est décapité alors qu'il tente de gagner la Parthie, le second est tué à Lyon avec son entourage le 19 février 197.

• **LES SÉVÈRES**

Septime Sévère : 193 -211	**Caracalla + Geta** : 211 - 212
Caracalla : 212 - 217	**Macrin** : 217 - 218
Élagabal : 218 - 222	**Alexandre Sévère** : 222 - 235

193 : Septime Sévère, né en Afrique, cherche à légitimer son pouvoir en se prétendant frère de Commode, fils adoptif du divin Marc-Aurèle. (Il a 47 ans).

195 - 198 : [Campagne victorieuse contre les Parthes. Septime Sévère stabilise l'Orient, favorise la Syrie (essor de Palmyre) et l'Afrique (croissance importante de Carthage).]

202 : **Édit interdisant le prosélytisme juif et chrétien.**

208 - 211 : [Campagne **en Bretagne**. Septime Sévère refoule les Calédoniens. Il est accompagné de Caracalla (co-empereur depuis 198) et Géta (co-empereur en 209), ses deux fils.] Face à l'autorité de cet empereur-soldat, **décadence du Sénat**. Rome et l'Italie perdent leurs privilèges.

Il meurt en 211 à Eburacum (York).

211 : Caracalla prend le pouvoir avec son frère Géta, qu'il fait assassiner en décembre avec la plupart de ses partisans.

212 : **Caracalla unifie l'empire** : la constitution antoninienne attribue **la pleine citoyenneté romaine à tous les provinciaux libres.**

217 : Après avoir combattu sur le Rhin contre les Alamans, et marché contre les Parthes, il est assassiné à 29 ans par son préfet du prétoire, Macrin qui prend sa place. Cependant, **Macrin n'est pas reconnu par le Sénat.**

218 : Après avoir acheté la paix avec les Parthes, Macrin est assassiné par ses soldats. Lui succède un prêtre du dieu syrien Mithra, neveu de Caracalla : **Élagabal** (ou Héliogabale), 14 ans, originaire d'Émèse. De tempérament veule et débauché, **il laisse gouverner à l'orientale** (cruauté et violence) **les femmes de son entourage**, notamment sa grand-mère Julia Maesa.

222 : Assassiné, ainsi que sa mère, par ses soldats, il laisse le trône à son cousin, **Alexandre Sévère**, 13 ans, qui **prend Marc-Aurèle pour modèle**. Le nouvel empereur en réfère au Sénat pour chaque décision, mais subit l'influence de sa mère Julia Mammaea.

224 : [Fondation en Perse de la dynastie sassanide par **Ardachir** (qui attaque l'Empire romain en 230).]

233 : [Alexandre Sévère repousse, non sans peine, les Perses de Syrie.]

235 : [Sur le Rhin, il achète la paix aux Germains, avant d'être tué par ses soldats avec sa mère à Mayence.]

• PÉRIODE D'ANARCHIE MILITAIRE

Après Alexandre Sévère se succèdent à la tête de l'Empire **des généraux issus des provinces et élus des armées** qui rivalisent avec les élus du Sénat.

Maximin Ier : 235 - 238	Gordien Ier : 238	Gordien II : 238
Gordien III : 238 - 244	Philippe l'Arabe : 244 - 249	
Dèce : 249 - 251	Gallus : 251 - 253	Émilien : 253
Valérien et Gallien : 253 - 260		
Les trente Tyrans (proclamés dans les provinces) : 260 - 268		

235 : **Maximin** est d'origine barbare (goth). Son règne marque **le début de la décomposition de l'empire**, son morcellement et la création d'empires autonomes dans les provinces (comme celui de Postumus en Gaule). **Les invasions barbares prennent une nouvelle ampleur.**
[Maximin triomphe des Alamans, tandis que les Perses pénètrent en Mésopotamie (237).]

242 : [Gordien III vainc les Perses de Sapor Ier (241 - 272) à Resaina, et les chasse de Mésopotamie.]

247 : **Philippe l'Arabe célèbre le millénaire de Rome.**

250 : Menace des Francs sur le Rhin. **Dèce** veut réformer la religion. Il prend un **édit contre les chrétiens** et déclenche une persécution générale. Il meurt au cours d'un combat contre les Goths. C'est Gallus qui conclut la paix avec eux.

253 : Valérien nomme son fils Gallien pour diriger l'Occident. Il se réserve l'Orient. [Attaques des **Goths**, **Quades** et **Sarmates** (254), des **Parthes** (Sapor prend Antioche en 256). Les **Francs** et les **Alamans** franchissent le *limes*. Les **Maures** se pressent aux frontières de l'Afrique du Nord.]

260 : [Valérien est fait prisonnier par Sapor à Édesse]. **Édit de tolérance contre les chrétiens.** L'empereur meurt en captivité.
Gallien réforme l'armée (création de réserves pour intervenir plus rapidement sur les frontières menacées).

263 : [Les Goths pillent Éphèse.]

• LES EMPEREURS ILLYRIENS

Ils sont issus de l'armée et vont rétablir l'unité de l'Empire.

Claude II : 268 - 270	Aurélien : 270 - 275
Tacitus : 275 - 276	Probus : 276 - 282
Carus : 282 - 283	Numérien et Carin : 283 - 284

268 : [Victoire de Claude II sur les Alamans, et, en 269, sur les Goths en Mésie.]

271 : [**Aurélien** est **vainqueur des Alamans** à Pavie.]

272 : [Il combat et **vainc Zénobie**, reine de Palmyre. La ville est détruite. En 273, il soumet l'empire autonome des Gaules constitué en 260.]

274 : Il prend le titre de *Dominus et Deus* et introduit le culte du Soleil d'Emèse *(Sol invictus)* comme religion d'État (avec le culte de l'empereur).

275 : [Invasion des Francs et des Goths en Occident, maîtrisée par Probus en 282.]

284 : Après sa victoire sur les Perses, Carus est assassiné avec ses fils, Carin et Numérien. **Le chef des gardes, Dioclétien, est proclamé empereur** à 39 ans.

• LA TÉTRARCHIE

Dioclétien instaure **la tétrarchie** pour décentraliser le pouvoir impérial. Il choisit un co-empereur (il y a donc deux Augustes) en 285 et chacun s'adjoint un César en 293 pour leur succéder. (cf. Empire).

> **Dioclétien** : 284 - 305 avec **Maximien** : 285 - 305
> Ils choisissent **Galère** et **Constance Chlore** : 293 - 306. Les deux Augustes abdiquent en 305. Les deux Césars deviennent Augustes et s'adjoignent **Sévère** et **Maximin Daia**.

285 : Répartition des pouvoirs, même si Dioclétien reste le premier empereur.
Le Sénat perd toute autorité :

En Occident : **l'Auguste**, Maximien, réside à **Milan** (Italie - Afrique)
le César, Constance, à **Trèves**, chargé de l'Espagne, de la Gaule et de la Bretagne.

En Orient : **l'Auguste**, Dioclétien, réside à **Nicomédie**.
le César, Galère, à **Sirmium** (Illyrie, Macédoine, Grèce).

297 : **Division de l'Empire en 12 diocèses** (districts administratifs) gouvernés par des vicaires, et en 101 provinces.

Le pouvoir devient absolu (dominat), l'empereur un dieu. Les paysans sont liés à la Glèbe (colons), les artisans doivent être inscrits au sein de corporations. **Les citoyens deviennent des « sujets ».**

297 - 298 : [Campagne victorieuse contre les Perses (paix de Nisibis).]

301 : **Édit du maximum** (prix imposés pour limiter l'augmentation des prix).

302 - 304 : Persécution contre les chrétiens.

305 : Abdication de Dioclétien (qui se retire en Dalmatie (à Salone) où il se suicide à 68 ans, en 313) et de Maximien.

• LES CONSTANTINIENS

Le IVe siècle voit **l'arrivée au pouvoir du christianisme.**

> **Constantin** : 306 - 337. Ses fils **Constantin II, Constance II** et **Constant** se partagent le pouvoir : 337 - 351.
> **Constance** reste seul empereur : 351 - 361.
> **Julien** (dit l'Apostat) : 361 - 363. Puis **Jovien** : 363 - 364.

306 : À la mort de Constance Chlore, son fils Constantin est proclamé Auguste des Gaules. Il se dispute **l'Occident** avec Maxence, fils de Maximien, qui est proclamé à Rome par les prétoriens.

311 : **En Orient,** Licinius, fils adoptif de Galère qui vient de mourir, dispute le pouvoir à Maximin Daia.
Avant de mourir, Galère a pris un **Édit de tolérance envers les chrétiens.** Il sera étendu à l'ensemble de l'Empire en 313.

312 : **Constantin bat Maxence au pont Mulvius.** Il devient seul maître de l'Occident.

313 : **Par l'Édit de Milan, Constantin accorde la liberté de tous les cultes,** notamment chrétien et se dit protecteur de l'Église.

324 : Constantin bat Licinius, devient **maître de l'Orient** et **réunifie l'Empire** sous sa seule autorité. La tétrarchie est abandonnée. Il consacre le site de **Constantinople** qui sera inaugurée comme **capitale en 330.**

325 : **Concile de Nicée** qui fixe la règle de la foi chrétienne (et condamne comme hérétique Arius qui niait la divinité du Christ).

330 : Byzance prend le nom de Constantinople et devient capitale de l'Empire.

337 : Mort de Constantin, à Nicomédie, à 63 ans. **L'empereur reçoit le baptême sur son lit de mort**. L'Empire est partagé entre ses fils.

337 - 340 : Constantin II règne sur les Gaules, l'Espagne et la Bretagne. Il est battu par Constant qui domine alors l'Occident (340).

337 - 350 : Constant règne sur l'Illyrie, l'Afrique et l'Italie, puis sur tout l'Occident (340).

337 - 361 : Constance domine la Thrace et l'Orient. En 350, Constant se suicide sur l'ordre de son officier Magnence. Mais **Constance** bat Magnence en Pannonie et, **en 351, reste le seul maître de l'Empire**.

355 - 357 : [Les Alamans franchissent le Rhin. **Julien**, cousin de Constantin, les vainc près de Strasbourg.]

356 : **Les sacrifices païens sont interdits**.

358 - 360 : [Le roi de Perse, Sapor, veut l'Arménie et la Mésopotamie. Constance est victorieux à Edesse et Nisibis, mais perd Amida.] Lorsqu'il quitte l'Asie (360), il apprend que Julien a été proclamé Auguste par ses soldats.

361 : Constance meurt en Cilicie après avoir été baptisé. **Julien** (30 ans) est proclamé empereur par tout l'Empire.

362 : **Julien restaure le paganisme**. Il écarte les chrétiens des fonctions administratives et organise un clergé païen.

363 : [Guerre contre les Perses. Julien est blessé, et meurt à Maronga.]

363 - 364 : **Jovien**, chef des gardes du corps de Julien, est proclamé empereur.

Il conclut une paix honteuse avec Sapor, le roi des Perses. **Il rétablit la liberté de culte**. Il meurt en Bithynie, alors qu'il regagne Constantinople.

• LES VALENTINIENS ET LA FIN DE L'EMPIRE D'OCCIDENT

Valentinien I : 364 - 375 et **Valens** : 364 - 378
Gratien : 375 - 383   **Valentinien II** : 375 - 392
Théodose : 379 - 395
Les empereurs d'Occident : **Honorius** : 395 - 423
Valentinien III : 425 - 455   **Pétrone Maxime** : 455 (mars à mai)
Avitus : 455 - 456   **Majorien** : 457 - 461   **Sévère** : 461 - 465
Anthemius : 467 - 472 **Olybrius** : 472 (oct. à déc.)

Glycerius : 473 - 474	Nepos : 474 - 475
Romulus Augustule : 475 - 476	

364 : Le général Valentinien est proclamé empereur par l'armée d'Asie. Il s'associe à son frère Valens à qui il confie le gouvernement de l'Orient, se réservant l'Occident.

Il demeure fidèle aux principes de l'Édit de Milan sur la liberté des cultes (313).

368 : [Les Alamans sont repoussés.]

369 : [Reconquête de la Bretagne.]

373 : **Valens rompt avec les décisions du Concile de Nicée** (325). Il revient à l'arianisme et installe un patriarche arien à Alexandrie.

375 : [Reconquête de la Mauritanie. Victoires sur le Danube.]

Mort de Valentinien. **L'Empire d'Occident est partagé entre ses deux fils** : Gratien (à qui reviennent les Gaules, l'Espagne et la Bretagne), et Valentinien II (qui garde l'Italie, l'Illyrie et l'Afrique).

376 : [Valens laisse les Wisigoths (poursuivis par les Huns) s'installer en Thrace. Puis il les combat et meurt dans la bataille (378).]

379 : Gratien donne l'Empire d'Orient à **Théodose**, fils de Valentinien Ier. Théodose, d'origine espagnole, a 34 ans. Il est **baptisé en 380**.

381 : L'empereur décrète **l'interdiction du paganisme** (concile de Constantinople) : les sacrifices païens sont interdits et leurs auteurs punis de mort. Ainsi que ceux qui entrent dans les temples païens (384).

382 : [**Théodose soumet les Wisigoths**. Il leur permet de s'installer en Thrace et en Mésie. En contrepartie, ils promettent de garder la frontière du Danube.]

383 : Gratien est assassiné par Maxime.

388 : **Théodose bat Maxime** et devient également empereur d'Occident.

392 : Eugène succède à Valentinien II.

394 : **Théodose bat Eugène et rétablit l'unité de l'Empire.**
Le christianisme est déclaré seule religion officielle.

395 : **À la mort de Théodose** (50 ans) à Milan, **l'Empire est (définitivement) partagé** entre ses deux fils selon sa volonté : Arcadius a l'Orient, Honorius l'Occident.

L'Empire d'Orient suivra désormais sa propre destinée pendant encore un bon millénaire **jusqu'à la prise de Constantinople** par les Turcs en 1453.

En 404, **Ravenne devient la capitale** de l'Empire d'Occident.

Le ve siècle est celui des invasions barbares.

406 : [Invasion de la Gaule. **Suèves**, **Vandales**, **Alains** et **Burgondes** franchissent le Rhin. Les Vandales descendent jusqu'en Espagne où ils s'établissent en 409.

Les Burgondes s'établissent sur le Rhône et la Saône où ils fondent un royaume (443).]

410 : **Rome est prise et pillée par Alaric, le roi des Wisigoths**. Son successeur fonde un royaume à Toulouse.

455 : **Genséric, roi des Vandales, prend Rome par la mer**. Aucune destruction des monuments (les papes s'en chargeront en vendant les pierres afin de garnir leur cassette personnelle), mais pillage systématique.

[**Les Huns** (venus de Chine d'où ils avaient été chassés vers -35, et après avoir soumis les Ostrogoths des steppes de la Russie du Sud ainsi que les peuples germaniques), dirigés par **Attila, ravagent la Gaule**. Attila meurt en 453.]

476 : **Odoacre**, chef skire (ou hun) est **proclamé roi** par des mercenaires germains et dépose Romulus Augustule. Puis **il renvoie à Zénon**, l'empereur d'Orient, **les ornements impériaux**. Ce geste marque la fin de l'Empire d'Occident.

N. B. : Le lecteur trouvera en fin de volume les NOTICES BIOGRAPHIQUES des principaux hommes politiques qui ont fait l'histoire de Rome.

Les Julio-Claudiens
(généalogie simplifiée)

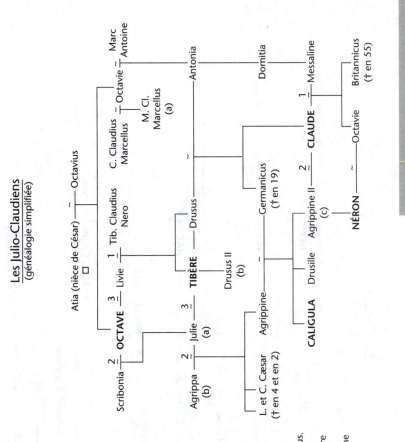

(a) En premières noces, Julie épousa M. Claudius Marcellus.
(b) Drusus II est le fils de Tibère né d'un premier mariage avec une fille qu'Agrippa avait eu lui-même de sa première épouse (avant d'épouser Julie).
(c) Néron est le fils né d'un précédent mariage d'Agrippine avec L. Domitius Ahenobarbus.

Les Antonins

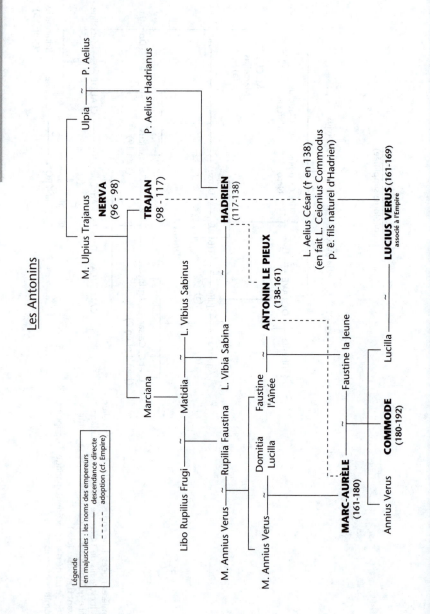

II
LA VILLE ET SON EMPIRE

Rome fascine. Elle symbolise véritablement le centre du monde pour des millions d'hommes. De la Bretagne (Angleterre) à l'Euphrate, de l'embouchure du Rhin aux sables du Sahara, l'empire entier vit pour Rome. Vers elle convergent l'étain de Cassitéride, l'ambre de la Baltique ou les parfums de l'Arabie, la soie de Chine retravaillée à Alexandrie, le fer fondu en Thrace ou le garum du Pont... jusqu'au blé d'Égypte ou d'Afrique sans lequel elle ne saurait assez nourrir ses habitants. Et ce n'est pas un moindre paradoxe que de constater ceci : **la ville qui règle l'activité universelle dépend de son empire pour survivre.** « Déesse des continents et des nations, Ô Rome, que rien n'égale et rien n'approche. » La Ville engendre le rêve de Martial (XII, 8) comme elle a nourri celui de nombreux poètes. Ovide a aimé cette Rome « resplendissante d'or » qui « possède les immenses richesses du monde qu'elle a dompté » (*Art d'Aimer*, III, 121-122), et l'exil auquel l'a condamné Auguste lui fait encore sentir plus cruellement ce que l'éloignement a de douloureux. À l'extrémité de l'empire, son esprit vagabonde et « revoit tout : voici les places, voici les temples, voici les théâtres revêtus de marbre, voici les portiques au sol bien ratissé, voici les gazons du Champ de Mars tourné vers les beaux jardins, les étangs et les canaux et les eaux de la Vierge... » (*Pontiques*, I, 8, 29, sq.). Rome attire les étrangers qui s'en font une nouvelle patrie. Et à l'heure même où sonne inexorablement son déclin, le préfet de la Ville, le Gaulois Rutilius Namatianus, sur le point de regagner son pays natal, verse les larmes d'Ovide exilé et retrouve les mots du poète pour chanter à son tour cette « reine si belle d'un monde qui t'appartient, Ô

Rome, admise parmi les astres du ciel… Mère des hommes, mère des dieux… » (*Sur son Retour*, I).

Ce sentiment d'admiration profonde, ces cris d'amour ont une raison que la raison romaine n'ignore pas : **Rome est un foyer de civilisation**. Là, par un acte fondateur et mythique, les hommes sont passés du chaos à l'ordre, ils ont appris à quitter leur *rusticitas* pour se parer *d'urbanitas*. C'est du moins ce dont étaient persuadés les citoyens de la Ville bien avant que le chantent les poètes augustéens. Et cette métamorphose fut le fruit du courage et de l'opiniâtreté, si l'on en juge par le peu d'atouts qu'offraient aux hommes ces vallées bourbeuses et incultes au pied de collines boisées.

Rome s'est imposée dans l'Empire par les armes, **elle s'est implantée par l'urbanisation dans les provinces**. Partout, les villes se voulaient le reflet de la capitale. Mais l'image traditionnelle de la fondation des villes est trop stéréotypée. S'il est vrai que, sous l'influence étrusque d'une part, et sous celle des colonies grecques d'autre part (par ex. le plan conçu par Hippodamos pour Milet dès le Ve s. avant notre ère) les villes romaines cherchent à calquer le plan en damier du camp militaire, où tout s'ordonne de part et d'autre de deux axes principaux (le *cardo*, axe Nord-Sud, et le *decumanus*, axe Est-Ouest) à l'intérieur d'une enceinte carrée ou rectangulaire, l'important est ailleurs. Et d'abord parce que le terrain permet rarement la réalisation d'une telle perfection géométrique.

Fonder une ville est un acte sacré. Seul pouvait l'accomplir, à l'origine, le roi. C'est-à-dire celui qui incarnait à la fois l'autorité religieuse et le pouvoir politique. Cette fondation résulte d'une double orientation : horizontale et verticale. Horizontale en raison de l'identification des points cardinaux (à l'aide d'un instrument appelé *groma*) pour tracer *cardo* et *decumanus* ; verticale parce que le roi-prêtre établit une communication entre les puissances célestes et le monde des morts. En traçant un sillon symbolique (avec un araire tiré par un taureau et une génisse blancs) sur tout le pourtour de la cité, il crée une ligne de protection magique et rend le site délimité religieusement infranchissable. C'est pourquoi il prend soin de soulever le soc de l'araire à l'emplacement de chaque porte (quatre en théorie) pour permettre le passage. Puis, au cœur de la ville, sur le forum, où se croisent les deux axes principaux, il creuse une fosse *(mundus)* pour permettre la communication avec les divinités souterraines. C'est dans ce *mundus* que l'on viendra leur présenter des offrandes. Enfin, sur le lieu le plus élevé (le Capitole), il fait ériger un temple aux divinités d'En-Haut, qui protègeront la ville (La triade capitoline. Cf. dieux, chap. 6). **Ainsi la ville se trouve-t-elle à l'intersection de ces deux plans, horizontal et vertical, comme au centre de l'Univers.** C'est ce rituel que suivit Romulus pour fonder Rome, et c'est la haute sacralité de ces actes qui garantit la protection de la Ville par les dieux et légitime son statut de maîtresse du monde.

Ce chapitre présente les caractères principaux de **Rome**, de **l'Italie** et de **l'empire**.

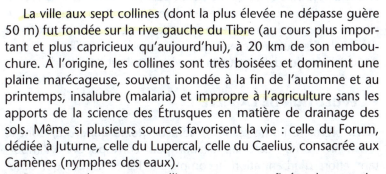

ROME

La ville aux sept collines (dont la plus élevée ne dépasse guère 50 m) fut fondée sur la rive gauche du Tibre (au cours plus important et plus capricieux qu'aujourd'hui), à 20 km de son embouchure. À l'origine, les collines sont très boisées et dominent une plaine marécageuse, souvent inondée à la fin de l'automne et au printemps, insalubre (malaria) et impropre à l'agriculture sans les apports de la science des Étrusques en matière de drainage des sols. Même si plusieurs sources favorisent la vie : celle du Forum, dédiée à Juturne, celle du Lupercal, celle du Caelius, consacrée aux Camènes (nymphes des eaux).

Pourtant, c'est sur ces collines que se sont fixées des populations qui, pour l'essentiel, **proviennent des différentes vagues de l'immigration indo-européennes**. Ces nomades sont des bergers. Ils vivent dans des cabanes rectangulaires de quelques mètres carrés faites de claies en branchages recouvertes de torchis, fixées entre des piliers de bois enfoncés dans le sol. Telles furent les premières « maisons » de la future Rome. Les raisons de cette sédentarisation : le fleuve, plus facile à traverser à cet endroit où un coude tempère sa force et où une île facilite le passage (juste en aval sera construit le premier pont de bois, le pont Sublicius), et aussi le sel, si nécessaire à la vie. Le sel provient de l'autre rive du Tibre, en aval, et traverse le fleuve ici pour approvisionner les populations de Sabine et du Latium. L'emplacement de Rome est donc un carrefour économique. Le premier état pré-urbain dut donc se concrétiser par **une entente fédérale entre les villages** (principalement

ROME

latins et sabins) : le ***Septimontium***, que les Romains célébraient le 11 décembre. Les Anciens croyaient (ainsi que les historiens modernes, pendant longtemps) que le *Septimontium* résultait d'un rassemblement des habitants des sept collines de Rome après la fondation de la ville. Il semble aujourd'hui que le terme désigne plutôt les *Saeptimontes* (et non les *septem montes*), c'est-à-dire les villages enclos de palissades. De cette ligue primitive se trouvent exclus le Capitole, le Quirinal ou le Viminal. L'archéologie récente, confirmant la légende, a montré que dans la dernière moitié du VIIIe s., s'est élevé un mur qui dut former le premier rempart de Rome réunissant les villages de la ligue (avec d'autres ?). De surcroît, à une quinzaine de mètres du mur furent retrouvées les traces d'une palissade de bois dans une configuration proche de ce que Tite-Live décrit à propos du ***pomerium***, **l'enceinte sacrée de Rome**. Cela signifierait qu'une limite claire fut définie entre ce qui constituait la Ville et ce qui ne l'était pas, affirmant par là la reconnaissance d'une communauté qui s'identifie en tant que telle et se protège de ses ennemis. Cette prise de conscience, à un moment donné de l'évolution des villages qui peuplent les collines, correspond à l'acte fondateur que la légende attribue à Romulus.

• L'ÉVOLUTION DE LA VILLE

La première Rome reçoit le nom de **Roma quadrata**, dont le sens reste obscur. Cette appellation peut correspondre à l'important effort d'urbanisation accompli par les Étrusques qui occupèrent la ville pendant plus d'un siècle. Ils divisèrent Rome en quatre régions (**les quatre tribus : Palatina, Collina, Esquilina, Suburana**), asséchèrent les marais (creusant la *Cloaca Maxima*) et permirent ainsi la construction du Forum et du *Circus Maximus*. Le mur d'enceinte, attribué à Servius Tullius, enfermait une superficie de 426 ha.

L'influence grecque se fait également sentir dès l'origine par la présence de commerçants et d'artistes venus de Grande-Grèce (i.e. les colonies fondées par les Grecs dans le sud de l'Italie) . Dès le Ve s., et plus encore au IVe, les œuvres d'art grecques ornent la ville. De ce temps datent les premières statues de bronze (Pythagore, Alcibiade au *Comitium*) et c'est en -296 qu'un quadrige de bronze remplace le quadrige de terre cuite étrusque au faîte du temple de Jupiter Capitolin.

Au gré des événements de son histoire, Rome vit des heures

fastes et des revers. Le départ des Étrusques (vers -474) nécessite une reprise en mains. Le Vᵉ s. connaît des crises sociales (plébéiens contre patriciens) et le début du IVᵉ s. souffre de l'invasion gauloise qui nécessite une reconstruction qui se fait de façon anarchique. C'est surtout **après la deuxième guerre punique** que **le développement économique et les conquêtes permettent un embellissement de la Ville**. De nombreux monuments sont édifiés, notamment au Forum, puis au Champ de Mars (basiliques, entrepôts, portiques… Le premier temple de marbre date de -146). Sans compter les demeures individuelles qui subissent aussi l'influence gréco-orientale. Le *pomerium* (enceinte sacrée de Rome bordée d'une bande de terrain dépourvue de constructions où l'on prend les auspices) devient trop étroit. Déjà étendu par Servius Tullius, il l'est aussi par Sylla (et le sera encore par Claude, Néron, Vespasien, Trajan et Aurélien). L'importance de l'exode rural et de l'émigration conduit à l'édification d'immeubles de rapport *(insulae)*. César, puis Auguste, sont de grands bâtisseurs (Auguste a pu dire : « Cette Rome que j'ai reçue de briques, je vous la laisse de marbre »). César voulait même modifier la configuration du Champ de Mars en détournant le cours du Tibre. **Auguste**, lui, **divise la ville agrandie en 14 régions** (cf. plan). Le Forum, sous le Principat, n'est plus le cœur de la vie politique. Il devient un centre monumental et tous les empereurs y adjoindront leur propre forum (César l'a déjà fait). Auguste choisit le Champ de Mars pour concevoir un espace monumental qui reflète son ambition dynastique (son tombeau, l'*Horologium* et l'autel de la Paix). C'est également à partir de César que se déterminent plus nettement les quartiers, populaires, commerçants et artisans par spécialités.

Cependant, et jusqu'au début de l'Empire, Rome n'est pas encore cette cité splendide qui fait l'admiration de tous les visiteurs à partir du IIᵉ s. de notre ère. Rares sont les quartiers percés de larges rues qui offrent au regard de riches monuments de marbre et de vastes espaces bordés de portiques. Le plus souvent une population plus ou moins miséreuse s'entasse dans des immeubles sordides serrés les uns contre les autres tout au long de rues étroites, tortueuses, sans trottoirs (ils apparaissent au temps de César). Pline prétendait que la longueur totale de toutes ces venelles atteignait 90 km ! Et il n'est pas rare que l'on puisse se serrer la main de deux balcons situés en vis-à-vis. **Sous Auguste, le nombre d'habitants avoisine le million**. On imagine ce que cela suppose de bruit, de promiscuité, d'insécurité. L'air est irrespirable,

61

non seulement en raison d'une hygiène défaillante dans les bas quartiers, mais aussi à cause du climat qui, l'été surtout, est porteur de miasmes et provoque des épidémies. Horace, comme tous ceux qui en ont les moyens, préfère fuir « l'Auster au souffle de plomb », « le dangereux automne, pourvoyeur de la cruelle Libitine » (déesse de la Mort. *Satires* II, 6, 18-19). **La circulation** est très difficile dans les rues, même si les lourds chariots de livraisons ont été interdits dans la journée dès l'époque de César. Du coup, leur passage sur les pavés, la nuit, empêche les habitants de dormir. Partout règne **la violence**, verbale ou physique. La nuit, l'absence d'éclairage dans les rues autorise tous les forfaits et même les jeunes gens des bonnes familles ne dédaignent pas s'encanailler en attaquant les passants dans la pénombre. Que dire alors de tous les mendiants, tous les miséreux qui dorment dehors, dans le renfoncement d'une porte ou sous un escalier, ignorés de tous, mais craints parce qu'ils n'ont pas de quoi payer un loyer ? Il en meurt quotidiennement sur le pavé, au mépris de tous, si ce n'est des chiens errants, dont les cadavres anonymes sont jetés dans les fosses communes de l'Esquilin où ils se mêlent aux détritus et aux excréments. La Rome d'Auguste est cela aussi.

Il faut attendre **l'incendie de Rome sous Néron, en 64,** pour que **de réels projets d'urbanisme de grande envergure permettent à la capitale du monde de porter son titre de reine des villes.** Les incendies ont toujours été fréquents, et généralement ravageurs vu l'étroitesse des rues, le manque de moyens opérationnels et les matériaux de construction utilisés (beaucoup de bois). Après la catastrophe gauloise en -390, on compte ceux de -213, de -192... En -31 brûlent le Grand Cirque, le Forum Holitorium et une partie du Champ de Mars. Et encore en -23, -16, -14 (le Forum), -12, -9, puis en +3, en +6 (une grande partie de la ville), en 16, 21, 27, 31, 36, 38, 41, 54, 62... pour ne citer que les principaux. Le temple de Jupiter, le Capitole, a brûlé plusieurs fois. Et après Néron, on peut encore citer ceux de 69, 70, 80, 104, 111, 191 (tout l'Est de la ville est détruit), 217, 237, 283, etc. Mais en 64, sur les quatorze régions, trois sont totalement réduites en cendres, sept sont en ruines et seulement quatre sont sauves. C'est dire l'importance des constructions et des projets urbanistiques qui sont rendus possibles. Ainsi, c'est **au IIe s. de notre ère** que **Rome atteint son expansion maximale,** tant géographique (près de **1 800 ha,** un périmètre de 22 km) que démographique (un million et demi, certains disent deux millions d'habitants).

À partir du IIIe s, avec la crise économique et sociale, l'activité urbanistique décroît. **En 271, Aurélien ordonne la construction d'une nouvelle enceinte fortifiée** qui trahit la faiblesse de l'Empire et la crainte des attaques barbares. Celle-ci enclôt plus des trois quarts de la ville (environ 1 500 ha) et comprend dix-neuf portes (cf. tableau). Par la suite, la reprise de l'activité est ponctuelle et est la conséquence de courtes périodes fastes, sous Dioclétien (thermes), Maxence ou Constantin (thermes). Vers le milieu du IVe s. sont publiées deux notices qui dressent une liste quasi exhaustive de tous les monuments de Rome, région par région, d'où l'appellation commune de Régionnaires (cf. tableau). Mais déjà l'intérêt des empereurs se tourne vers la nouvelle capitale, Constantinople. À Rome, on se contente d'entretenir et restaurer les monuments et équipements existants… jusqu'à ce que le sort les voue à l'abandon ou que la Rome chrétienne détruise ce qu'elle juge inutile ou contraire à ses croyances.

• TOPOGRAPHIE DE LA VILLE : LES SEPT COLLINES, LE FORUM, LE CHAMP DE MARS

Les sept collines, entrecoupées de vallées, sont disposées sur deux lignes du nord au sud. Tout d'abord, une ligne proche du Tibre où se succèdent, en partant du nord, **le Capitole** (comprenant deux sommets : l'*Arx*, c'est-à-dire la citadelle, à l'est, et le *Capitolium*, à l'ouest. Un seul accès à l'*Arx* depuis la prison mamertine : les *Scalae Gemoniae*, escalier où l'on exposait les corps des condamnés exécutés ; au sud-ouest du Capitole, on trouve la Roche Tarpéienne d'où l'on précipitait les hommes libres condamnés pour haute trahison), **le Palatin** (au pied duquel se situe le *Lupercal*, grotte où les jumeaux auraient été déposés par le Tibre. Siège de la Rome primitive, quartier aristocratique, le Palatin devient le lieu où s'érigent les palais impériaux) **et l'Aventin** (quartier traditionnellement populaire, où la plèbe fit sécession en -494). Une autre ligne de collines, plus éloignée du Tibre, présente, du nord au sud, **le Quirinal** (occupé à l'origine par les Étrusques), **le Viminal** (dont le nom prouve qu'il fut couvert de saules), **l'Esquilin** (qui comprenait, sous la République, des jardins et des cimetières. Ces derniers cessèrent d'être en usage sous l'Empire, et la colline devint un parc impérial) et **le Caelius** (nom donné par Servius Tullius, alors Mastarna de Vulci, général

63

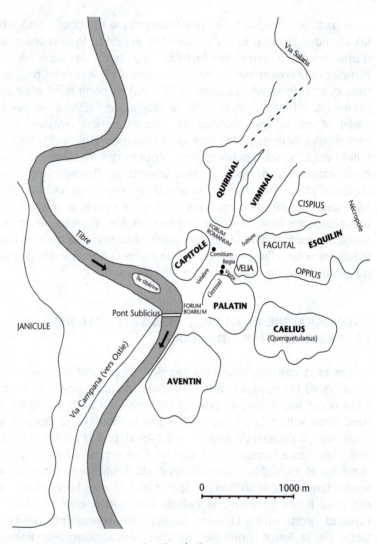

Le site de Rome

étrusque, en l'honneur de son chef Caelius Vibenna. Quartier résidentiel. Entre le Palatin et l'Aventin s'étend la Vallée Murcia (où le *Circus Maximus* allonge, sous l'Empire, ses 600 m de long pour 250 000 spectateurs sous Auguste), entre le Palatin et le Capitole, le Vélabre (quartier commerçant, avec le *forum boarium*), au pied du Quirinal, du Viminal et de l'Esquilin, l'Argilète (quartier commerçant, beaucoup de libraires) et Subure (quartier populeux et mal famé, célèbre pour ses tavernes louches et ses lupanars crasseux) ; sur l'Esquilin, les Carènes (quartier aristocratique).

Enfin, au cœur de la cité, le Forum, centre de la vie politique avec la Curie, le *Comitium* (esplanade devant la Curie), le *Tabularium* (dépôt des archives de l'État), le *Tullianum* (la prison mamertine), les Rostres (tribune aux harangues, haute de 3 m), et centre religieux avec la *Regia* (ancien palais de Numa, demeure du grand Pontife), l'*Atrium* des Vestales, l'*Umbilicus* (centre de la cité) et divers temples (de la Concorde, de Saturne, de Castor, de Vesta, etc.). Même si plusieurs empereurs font construire des *fora* adjacents, le Forum reste le cœur de Rome. Auguste y place le Milliaire d'or, km 0, centre de l'Empire. Cette petite place rectangulaire de 250 m de long sur environ 60 m de large comprend également un fouillis de statues, colonnes votives, arbres sacrés… qui soulignent son caractère hautement symbolique. S'y trouvent encore plusieurs basiliques – émilienne, construite en -179 ; julienne, voulue par César… (édifice d'origine grecque destiné au commerce et aux réunions à l'abri, où se rend aussi la justice). Le Forum est traversé par la *Via Sacra* qui descend du Capitole et sur laquelle donnent quelques rues célèbres, généralement commerçantes comme le *clivus Argentarius*, le *vicus Tuscus* (vers le Tibre), le *vicus Jugarius* (vers le *forum boarium*), le *clivus Capitolinus*…

Le Champ de Mars, hors de l'enceinte sacrée jusqu'à Aurélien, ancien domaine royal confisqué par la République, prévu pour l'exercice militaire, accueille les réunions du peuple en armes (comices centuriates). Le Sénat y reçoit les ambassadeurs étrangers. Cette plaine de près de 2 km² se couvre peu à peu de monuments. Pompée y fait édifier une curie et le premier théâtre en pierre de la ville (-55). Les grands de la fin de la République s'y font construire de splendides demeures, comme César. Ils y disposent de plus de place que dans les quartiers déjà surpeuplés situés à l'intérieur du *pomerium*. Le Champ de Mars devient le quartier des commerces de luxe (avec notamment les *Saepta Julia* commencés sous César sur l'emplacement réservé jadis à la réunion des comices, et achevés par Agrippa en -27) et un lieu prisé de promenade. Là se trouvent 15 des 25 portiques de Rome (le portique est une galerie couverte réservée aux piétons pour flâner à l'abri du soleil – ou de la pluie –, et qui se déroule généralement autour d'un jardin, d'un monument ou d'une place).

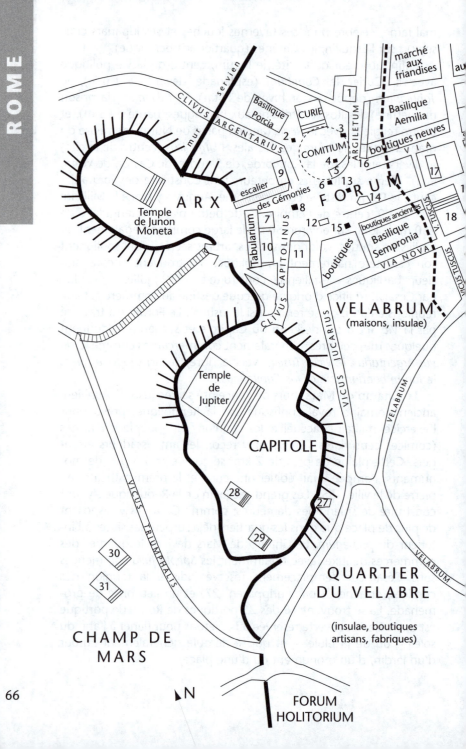

marché aux friandises

Basilique Porcia

CURIE

Basilique Aemilia

boutiques neuves

CLIVUS ARGENTARIUS

mur servien

ARGILETUM

VIA

COMITIUM

1

2

3

4

5

6

9

escalier des Gémonies

FORUM

13

14

16

17

8

Temple de Junon Moneta

ARX

Tabularium

CLIVUS CAPITOLINUS

7

10

11

12

15

boutiques anciennes

Basilique Sempronia

boutiques

VIA NOVA

18

VICUS TUSCUS

VELABRUM
(maisons, insulae)

Temple de Jupiter

CAPITOLE

VICUS JUCARIUS

VELABRUM

28

27

29

VICUS TRIUMPHALIS

QUARTIER DU VELABRE

(insulae, boutiques artisans, fabriques)

30

31

CHAMP DE MARS

N

FORUM HOLITORIUM

**Le cœur de Rome :
Forum, Capitole,
Palatin et Vélabre.**
(au dernier siècle de la
République, avant -58)

Légende :

1. Arc de Janus
2. Statue et puits d'Attus Navius
3. Statue d'Horatius Coclès
4. Statue d'Hercule
5. Rostres (tribune aux harangues)
6. Lapis niger (pierre noire)
7. Temple de la Concorde
8. Volcanal
9. Tullianum (prison)
10. Basilique Opimia
11. Temple de Saturne
12. Lacus Servilius
13. Statue de Marsyas et arbres sacrés
14. Lacus Curtius
15. Pila Horatia
16. Temple de Janus (?)
17. Tribunal du préteur
18. Temple des Castors
19. Fontaine de Juturne
20. Regia (maison royale)
21. Temple de Vesta
22. Maison publique
23. Statue de Romulus
24. Temple de Jupiter Stator
25. Emplacement de la maison de César
26. Emplacement de la maison de Catilina
27. Roche tarpéienne
28. Temple de Ops
29. Temple de Fides
30. Temple de Bellone
31. Temple d'Apollon Sosianus
32. Grotte Lupercal

■ ■ ■ trajet de la Cloaca Maxima

0   100 m

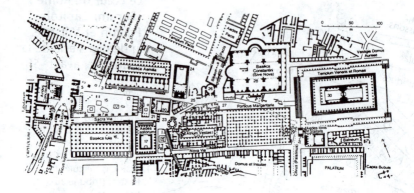

Forum romain sous l'empire

1. Basilique Émilienne. – 2. Chapelle de Vénus Cloacine. – 3. Temple de Janus ? – 4. *Comitium.* – 5. *Lapis Niger.* – 6. Curie. – 7. Monuments de l'aire centrale du Forum. – 8. Arc de Septime Sévère. – 9. Rostres impériaux. – 10. – Temple de Saturne. – 11. Portique des *Dii Consentes.* 12. Temple de Vespasien et de Titus. – 13. Temple de la Concorde. – 14. Prison. – 15. Aire centrale du Forum. – 16. Basilique Julienne. – 17. Temple de Castor et Pollux. – 18. Fontaine de Juturne. – 19. Vestibule de Domitien. – 20. Temple de Jules César divinisé. – 21. Arc d'Auguste. – 22. *Regia.* – 23. Temple de Vesta et maison des Vestales. – 24. Temple d'Antonin et de Faustine. – 25. Nécropole archaïque. – 26. Temple dit « de Romulus ». – 27. Petit temple de Dionysos ? – 28. Basilique de Maxence et de Constantin. – 29. Arc de Titus. – 30. Temple de Vénus et de Rome.

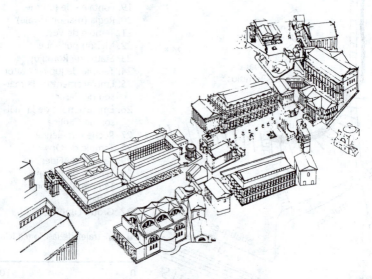

Forum romain (reconstitution)

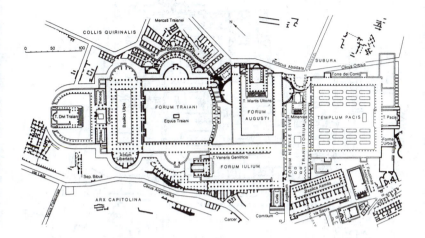

Forums impériaux

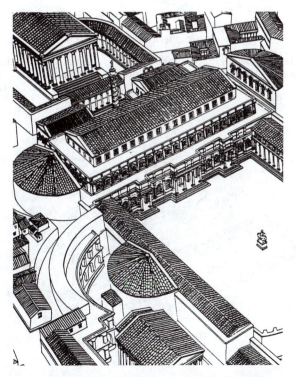

*Restitution du Forum de Trajan, avec vue vers la basilique Ulpia,
la colonne trajane et le Temple de Trajan divinisé*

ROME

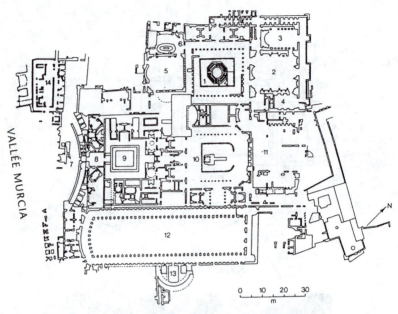

Partie orientale du Palatin

1. Péristyle. – 2. Aula Regia.– 3. « Basilique ». – 4. « Laraire ». – 5. Triclinium. – 6. Nymphée. – 7. Entrée de la Domus Augustana. – 8. Atrium. – 9. Cour. – 10. Péristyle. – 11. Troisième péristyle. – 12. Stade. – 13. Tribune. – 14. Paedagogium.

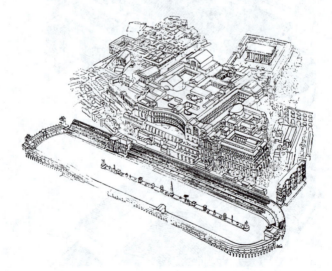

La Palatin (avec les palais impériaux)
et le Circus Maximus dans la vallée Murcia (reconstitution)

• LES JARDINS

C'est un autre paradoxe de la capitale du monde : bien que sur-peuplée, elle garde une place importante pour **les espaces verts qui couvrent plus du quart de sa superficie.** La nature a toujours tenu une place importante dans la mentalité romaine. Le Romain est, généralement, d'origine campagnarde et, même pauvre, il se plaît à orner la fenêtre de son *insula* de quelques plantes en pots, au mépris des passants les jours de grand vent. Mais les jardins ne reproduisent pas la nature dans son aspect désordonné, voire désinvolte. Le Romain aime un jardin savamment ordonné, orga-nisé, avec des plantes ou des arbres choisis, souvent plantés pour exprimer un langage symbolique.

On imagine que les jardins sont peu nombreux et d'une super-ficie limitée dans le centre de Rome. Ils existent pourtant. Il s'agit le plus souvent de quelques bois sacrés, de parterres entourés de portiques (l'un des premiers fut le portique de Pompée), principa-lement au Champ de Mars, ou encore d'espaces verts aménagés à l'intérieur des thermes (par exemple dans ceux d'Agrippa ou ceux de Néron, également au Champ de Mars). Mais les grands parcs sont privés et installés sur les collines circonvoisines. Sous l'Empire, ils forment une ample couronne verte au centre de la Ville. C'est principalement à la fin de la République que les richesses accumu-lées par certains leur permettent de se créer un véritable « para-dis » à la mode des souverains orientaux dans l'enclos de leur villa. Les plus célèbres sont les jardins de César, au pied du Janicule, que le dictateur légua au peuple, ceux de Lucullus ou, surtout, ceux de Salluste, sur les pentes du Quirinal. Sous l'Empire, tous les grands rivalisent d'éclat en aménageant des propriétés somptueuses à grand frais. Mécène fait combler les fosses de l'Esquilin et rehaus-ser le sol de plusieurs mètres pour y installer ses jardins. On pour-rait citer une trentaine de propriétaires de ces parcelles de nature en pleine ville. Au fil des règnes, les empereurs rachetèrent ou confisquèrent ces parcs (parfois ils en héritèrent) pour former une ceinture de parcs impériaux qui devaient totaliser une centaine d'hectares.

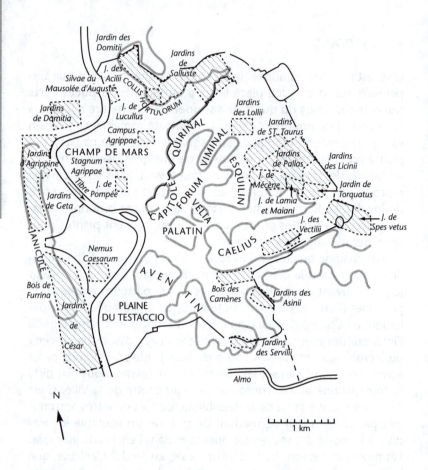

• L'EAU

Le site de Rome n'est pas dépourvu d'eau. On y compte plusieurs sources au Forum et sur les collines. Plusieurs ruisseaux en dévalaient les pentes pour venir se perdre dans les zones marécageuses, et l'on a vu l'effort accompli par les Étrusques pour assainir le sol et drainer ces eaux par des égoûts jusqu'au Tibre. Cependant, avec l'expansion de la ville, ces réserves s'avérèrent insuffisantes dès le IVᵉ s. avant notre ère. Dès Appius Claudius (censeur en -312), il fallut construire des **aqueducs** (4 sous la République, puis 6 sous les Julio-Claudiens, puis d'autres jusqu'au nombre de 11 + 8 dérivations au IVᵉ s.). Ces ouvrages, qui barrent la campagne, amènent l'eau des collines plus ou moins éloignées (le plus long, l'Aqua Marcia, totalise 91 km). Le nombre de fontaines publiques, petites ou grandes, est impressionnant ; il croît remarquablement au début de l'Empire (notamment l'année où Agrippa fut édile : -33) et les calculs montrent que les habitants de Rome disposaient d'une plus grande quantité d'eau par jour et par personne qu'aujourd'hui ! La plupart possédaient des réservoirs ; les propriétaires de demeures privées *(domus)* bénéficiaient d'un branchement direct autorisé… ou clandestin. Il fallait en outre alimenter les nombreux établissements de bains et, plus encore, les grands thermes, sans oublier les quelques 260 latrines. Soit **une consommation moyenne quotidienne d'un million de mètres cubes sous l'Empire.**

Les services administratifs chargés des eaux occupaient, par conséquent, une place de premier plan au sein de l'administration municipale. Sous l'Empire, ils étaient dirigés par un curateur (telle était la fonction de Frontin, dans le courant du Ier siècle, qui nous a laissé un ouvrage *Sur les Eaux de la Ville*), assisté d'un procurateur (plus tard fut même créé un titre de consul des eaux) et comprenaient sept cents employés (principalement des esclaves et des affranchis). Tous les corps de métiers y étaient représentés, de l'ingénieur au plombier, en passant par les inspecteurs, fontainiers… et même les paveurs dont le rôle consistait à enlever les dalles des rues pour permettre la pose ou la réparation des canalisations.

L'eau tenait un rôle si important que le déclin réel de Rome commença au VIe s. après que des barbares qui assiégeaient la ville eurent détruit les aqueducs qui l'alimentaient.

• LES PRINCIPALES PORTES DE ROME ET LES VOIES QUI EN PARTENT

La physionomie de Rome est originale. Son accroissement dès la fin de la République est tel que la ville est presque plus étendue à l'extérieur des murailles serviennes qu'à l'intérieur. Les quartiers compris à l'intérieur des remparts forment une ville dans la ville. Au IIIe s., avec la muraille aurélienne, ce sont deux villes qui semblent insérées l'une dans l'autre, avec l'inconvénient de créer des embouteillages tant aux portes intérieures qu'à celles qui ouvrent sur la banlieue, et, en contrepartie, des zones peu peuplées (et donc mal famées – le *Summemmium*) le long des remparts, souvent abandonnées aux plus miséreux. (Voir tableau pages 74-75)

	Porte servienne	voie interne	porte aurélienne	voie romaine
a	P. Flumentana	vers le Champ de Mars		
b	P. Carmentalis	et le Circus Flaminius		
c	P. Ratumena	via Lata via Flaminia		via Flaminia
d	P. Fontinalis	via Lata Champ de Mars	1 P. Flaminia	
e	P. Sanqualis	via Lata		
f	P. Salutaris	via Flaminia Pincius	1 P. Flaminia 2 P. Pinciana	via Flaminia vers via Salaria
g	P. Collina	via Salaria ou via Nomentana	3 P. Salaria 4 P. Nomentana	via Salaria (Sabine) via Nomentana
h	P. Viminalis		5 P. Clausa	via Tiburtina Vetus
i	Esquilina	via Tiburtina via Labicana	6 P Tiburtina 7 P. Praenestina 8 P. Labicana	via Tiburtina via Praenestina via Labicana

j	P. Caelemontana	via Asinaria	9 P. Asinaria	via Asinaria (Tusculum)
k	P. Querquetulana		10 P. Metrovia	
l	P. Capena	via Appia ou via Latina	11 P. Latina	via Latina (Brindes)
			12 P. Appia	via Appia (Tarente)
m	P. Naevia	via Ardeatina	13 P. Ardeatina	via Ardeatina
n	P. Raudusculana	via Ostiensis	14 P. Ostiensis	via Ostiensis (Ostie)
o	P. Lavernalis	via Ostiensis	14 P. Ostiensis	via Ostiensis
p	P. Trigemina	vers via Ostiensis	15 P. Portuensis	via Portuensis
q	P. Aurelia	Pont Aemulius et Pont Sublicius	16 P. Aurelia	via Aurelia
	(P. Flumentana)	Pont d'Agrippa	17 P. Septimania	(vers la Gaule)

N.B. les lettres et numéros renvoient au plan.

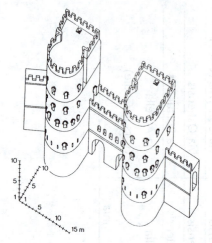

*Porta Appia.
Reconstitution de la
deuxième phase de
construction.*

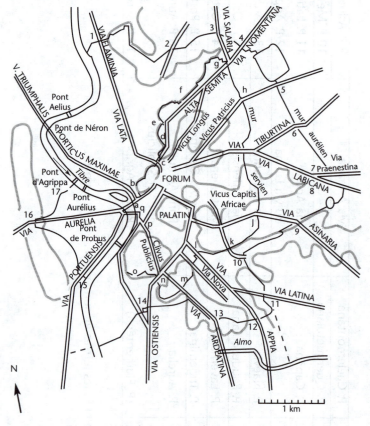

Les portes de Rome et le réseau des rues

• LES XIV RÉGIONS CONSTITUÉES PAR AUGUSTE.

La division de Rome en XIV Régions ou arrondissements (de superficies inégales : de 240 à 4 000 ha) eut lieu en -7. Neuf d'entre elles se situent à l'extérieur du *pomerium*. Des bornes en marquaient probablement les limites. Auguste leur attribuera des numéros. Par la suite, chacune reçut un nom.

Région	I	:	Porta Capena	VIII	:	Forum Romanum
	II	:	Mons Caelius	IX	:	Circus Flaminius
	III	:	Isis et Serapis	X	:	Palatium
	IV	:	Templum Pacis	XI	:	Circus Maximus
	V	:	Esquiliae	XII	:	Piscina publica
	VI	:	Alta Semita	XIII	:	Aventinus
	VII	:	Via Lata	XIV	:	Trans Tiberim.

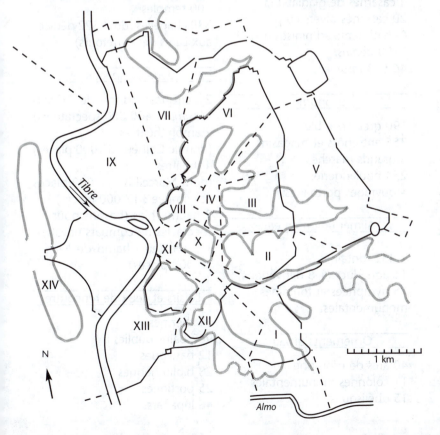

R O M E

• LA ROME DE CONSTANTIN EN QUELQUES CHIFFRES
(d'après les Régionnaires - milieu du IVe s.)

Structure urbaine

37 portes
14 régions
423 quartiers
29 grandes rues
(+ rues secondaires)
322 carrefours
25 grandes voies suburbaines
9 ponts
12 *fora*
12 esplanades (+ des places)
4 casernes de gladiateurs
20 casernes divers corps
(+ bâtiments administratifs)
1790 *domus*
46 603 *insulae*

Économie

190 greniers à blé
355 entrepôts et magasins
3 grands marchés
254 boulangeries
+ ouvrages portuaires.

Alimentation en eau

1 352 fontaines
11 aqueducs (+ 8 dérivations)
15 nymphées et fontaines
monumentales.

Ornements urbains

40 arcs de triomphe
11 colonnes monumentales
15 obélisques

25 statues équestres
164 statues de dieux
(dorées ou ivoire)
3 785 statues d'hommes
célèbres (bronze).

Jardins

jardins et espaces verts sur
environ 25% de la superficie.

Religion

100 temples
330 chapelles (dont 322 dédiées
aux Lares des carrefours).

Lieux de spectacles

2 cirques (dont le *Circus
Maximus* : 400 000 spectateurs)
2 amphithéâtres
(dont le Colisée : 87 000 places)
4 théâtres
(dont Marcellus : 20 000 places
et Pompée : 17 000 places)
2 naumachies (bassins pour les
spectacles de combats navals)
1 stade (au Champ de Mars :
30 000 places)

Loisirs et lieux de rencontre

11 thermes
967 bains publics
12 basiliques
28 bibliothèques
25 portiques
46 lupanars.

ITALIE

Les Anciens croyaient (à tort) que le mot Italie venait de *Vitulus* (= le veau) et pendant la guerre Sociale (- 90 / - 88) les alliés unis contre Rome ont battu leur propre monnaie avec pour emblème un taureau : l'animal totémique de l'Italie contre celui de Rome, la louve.

a) Dès le début du IIe millénaire avant notre ère, plusieurs groupes d'origine indo-européenne envahissent l'Italie et assimilent plusieurs cultures préexistantes à leur arrivée. D'autres peuples non indo-européens résistent à l'invasion et développent leur culture propre, d'origine méditerranéenne, comme les Étrusques (cf. ce mot, chap. 1). Dès le VIIIe s., la Sicile et le Sud de la botte sont colonisés par des peuples grecs qui introduisent une civilisation plus orientalisée et raffinée. Ces divers mouvements de populations font de l'Italie de l'âge de fer (jusqu'en - 600) une mosaïque de races, de langues et de cultures qui, souvent, sont difficilement conciliables (cf. carte page 18).

La progressive et lente hégémonie de Rome, qui commence sous les rois, **permet**, dans un premier temps, sinon d'unifier la péninsule, du moins **d'harmoniser cet ensemble disparate** dont beaucoup d'éléments, comme les Samnites et les Étrusques, opposent une résistance farouche (cf. République, chap. 1). Ce n'est qu'en -272, avec la prise de Tarente, que se conclut la conquête de l'Italie, c'est-à-dire d'un territoire qui s'étend de l'Arno au nord à la pointe de la botte, non compris la plaine du Pô (= Gaule Cisalpine) ni la Sicile. La Cisalpine n'est réunie à l'Italie qu'en - 42.

b) **Cependant Rome ne traite pas tous les peuples conquis de la même manière** et ne leur accorde pas systématiquement le droit de cité. À l'issue de la conquête, au IIIe s. avant notre ère, il faut distinguer :

- **les municipes** *cum suffragio*, territoires bénéficiant du droit complet de citoyenneté, dont les habitants s'administrent eux-mêmes sous le contrôle des consuls. Les municipes sont donc des cités conquises qui ont accepté l'autorité de Rome. (Le terme est à l'origine de notre « municipal »).
- **les municipes de droit latin** dont les habitants jouissent des droits civils du citoyen, non des droits politiques. Certains de

ces municipes *sine suffragio* sont appelés « préfectures » car Rome y envoie un préfet pour rendre la justice.

– **les territoires des alliés** *(socii)* où se situent les cités *foedera-tae*, liées à Rome par un traité *(foedus)* qui les réduit à l'état de vassales. Leurs habitants conservent, certes, leur langue, leurs lois, leur administration, mais ont perdu toute indépendance. Ils ne jouissent ni du *jus conubii* ni du *jus commercii* (droit de mariage selon la loi et droit de propriété reconnu par l'État. Cf. Citoyenneté romaine, chap. 3) ; ils doivent en revanche fournir à Rome des troupes et certaines prestations (vivres, etc.)

– **les cités deditices** qui ont signé une reddition à merci *(deditio)* et payent à Rome un impôt en nature ou en argent. Elles n'ont que l'usufruit de leur sol puisque la propriété appartient au peuple romain. Cette dernière catégorie disparaît rapidement.

Il est intéressant de noter que **les territoires de droit romain sont situés dans le centre de l'Italie et forment une barrière en travers de la péninsule,** que les cités de droit latin sont une poussière de petits territoires qui ont pour but la mise en valeur du sol et la romanisation ainsi que la surveillance, principalement aux abords des régions les moins sûres (comme le pays samnite), et que les alliés représentent la majorité des occupants de l'Italie en superficie et en habitants. On comprend alors la difficulté des Romains pour y étendre leur pouvoir, leur réticence à accorder le droit de cité car ils n'auraient plus été maîtres chez eux, et la pression que représentent des peuples qui se sentent majoritaires mais doivent fournir des soldats et des biens à Rome sans en retirer le moindre avantage juridique en échange. De surcroît, après la deuxième guerre punique, ces alliés doivent supporter de très lourdes confiscations de terres (cf. *ager publicus,* chap. 4). La guerre sociale est pour ces peuples alliés l'occasion d'obtenir le droit de citoyenneté (en -89), **mais il faudra en pratique attendre -49 pour que la quasi-totalité des hommes libres d'Italie soient régis par les institutions de Rome**, avec leurs obligations et leurs privilèges. En -45, la *lex Julia municipalis* de Jules César remanie toutes les constitutions des villes en les dotant, comme Rome, de comices, de sénateurs et de magistrats.

Sous l'Empire, Auguste divise l'Italie en 11 régions ; au IIe s. Hadrien et Marc-Aurèle y déterminent 4 districts (Italie du Sud,

Ombrie, Étrurie + Ligurie, et Transpadane), chacun étant administré par un *juridicus*. Puis d'autres mesures de réorganisation tendent à conférer à l'Italie le même traitement que les autres provinces de l'Empire, Rome exceptée.

L'Italie après la 2ᵉ guerre punique (carte simplifiée)

Tableau de la population de l'Italie :

Au IIe s. avant notre ère, projection d'après les chiffres donnés par Polybe (qui ne concernent que les citoyens : hommes adultes)

	Mâles adultes	Population civique	Territoire en km²
Romains	300 000	923 000	25 615
Latins	134 000	431 000	10 630
Alliés	441 600	1 398 000	71 545
Total	875 600	2 752 000	107 790

(estimation de P. Brunt, *Italian Manpower*, Oxford 1971, p. 54).

N.B. : 1. L'Italie, à cette époque, ne comprend pas la Cisalpine.
2. Le nombre d'esclaves, difficile à évaluer, est estimé environ à 1/3 de la population libre.
3. Ces chiffres ne comprennent pas non plus les Italiens de l'Extrême-Sud (environ 210 000 – population civique).

À l'époque d'Auguste, alors que l'Italie comprend la Cisalpine, on estime la population à 7 500 000 habitants dont 3 millions d'esclaves. Environ 40 % de la population habite dans les 434 petits et grands centres urbains.

PROVINCES

Le mot *provincia* a d'abord désigné « une fonction », « une mission » confiée à un magistrat. À partir de -227, il désigne les régions situées hors d'Italie et gouvernées par ce magistrat.

Un général vainqueur, sur sénatus-consulte (cf. Sénat, chap. 3), fixe l'organisation d'un nouveau territoire conquis et, avec 10 sénateurs, en définit la charte *(lex provinciae)*. Il veille à la diversité des statuts juridiques des villes afin de mieux conserver la main mise sur la conquête (cités fédérées, cités libres, droit romain, droit des cités déditices… toutes les cités dépendent de Rome, mais avec plus ou moins d'autonomie, et avec le bénéfice de certaines faveurs). **Sous la République, les provinces sont administrées par des magistrats ou des promagistrats.** Seuls ces derniers exercent ce pouvoir à partir de -81 (propréteurs et proconsuls). Ils sont désignés par le Sénat et tirent au sort la province qui leur échoit à l'issue de leur magistrature, généralement pour 5 ans.

Les gouverneurs partent avec un questeur, des légats et des administratifs. Possédant l'*imperium*, ils commandent les troupes, lèvent les contributions et exercent la justice civile et criminelle. Les provinciaux sont soumis à l'impôt (*vectigal, stipendium*, droits de douane) et accablés de charges diverses que le promagistrat fixe un peu à sa guise. La charge de gouverneur est, en effet, gratuite (on ne lui règle que ses frais de voyage), mais s'avère lucrative, et certains, malgré les lois contre la concussion, se conduisent en despotes, comme Verrès en Sicile. Les recours sont difficiles ; Rome est loin. Les limites ne sont pas clairement définies et c'est à chacun de savoir jusqu'à quel point il peut s'enrichir sans aller trop loin.

Sous l'Empire, les provinces sont plus heureuses, surtout celles qui passent sous l'administration de l'empereur. Elles jouissent d'une grande prospérité, et peuvent faire parvenir leurs doléances au prince. Elles votent chaque année un ordre du jour de félicitations ou de blâmes à l'adresse du gouverneur, et le portent à Rome. Les impôts sont aussi levés selon des règles plus strictes.

Il faut distinguer, à partir d'Auguste, les provinces sénatoriales, les plus calmes, où il n'y a pas besoin de troupes et qui sont administrées par des proconsuls (bien qu'on nomme certaines consulaires et d'autres prétoriennes), **et les provinces impériales**, plus récentes, où une armée est nécessaire, qui sont sous l'autorité de l'empereur. Celui-ci y gouverne par légats interposés (soit un consulaire, soit un prétorien, soit un curateur, c'est-à-dire « un intendant »). Ils sont tous des administrateurs et reçoivent un traitement de l'État.

À partir du IIIᵉ s. (Édit de Caracalla en 212) toutes les provinces sont rattachées à l'empereur et tous les provinciaux sont citoyens romains. Dioclétien, à la fin du même siècle, divise l'Empire en 4 préfectures (Italie, Gaule, Illyrie, et Orient) partagées en 12 diocèses, dirigés chacun par un vicaire, qui regroupent 96 provinces. Mais cette réorganisation n'empêche pas les troubles de s'intensifier aux frontières sous la pression des barbares (cf. *limes*).

ROME

Tableau des provinces romaines, avec leur date de création et leur classification en notant que :

1 – certaines ont pu changer de statut au cours des Ier et IIe siècles de notre ère.

2 – certaines organisées sous la République ont été divisées sous l'Empire en plusieurs provinces.

3 – l'Égypte est demeurée domaine réservé à l'empereur, dirigée par un préfet.

av. J.-C.	date	statut	ap. J.-C.	date	statut
1. Sicile	241	2	23. Belgique	16	4
2. Sardaigne / Corse	231	2	24. Rhétie	15	5
3. Espagne citérieure (Tarraconnaise)	197	2	25. Norique	15	5
4. Espagne ultérieure (Bétique)	197	2	26. Alpes maritimes	14	5
5. Illyrie (et Dalmatie)	167 à 45	3	27. Pannonie	10	3
6. Macédoine / Achaïe	146	2	28. Cappadoce	17	3
7. Afrique (possessions de Carthage)	146	1	29. Germanie supérieure	17	3
8. Asie (royaume de Pergame)	133	1	30. Germanie inférieure	17	3
9. Gaule Narbonnaise	120	2	31. Mauritanie tingitane	40	5
10. Gaule Cisalpine	~ 81	-	32. Mauritanie césarienne	40	5
11. Bythinie	74	2	33. Pamphylie / Lycie	43	4
12. Cyrénaïque / Crète	74-67	2	34. Bretagne	43	3
13. Cilicie / Chypre	64-58	4	35. Thrace	46	5
14. Syrie	64	3	36. Alpes cottiennes	*	5
ap. J.-C.			37. Épire	**	5
15. Égypte	30	-	38. Arabie	105	4
16. Mésie	~29	3	39. Dacie	107	3
17. Lusitanie	~27	4	40. Arménie	115	4
18. Achaïe	27	2	41. Mésopotamie	115	4
19. Galatie	25	4	42. Assyrie	115	4
20. Chypre	22	2	43. Alpes pennines	IIe s.	5
21. Aquitaine	16	4	44. Numidie	IIIe s.	4
22. Lyonnaise	16	4			

* Sous Néron   ** Sous Vespasien

Statut sous l'Empire : (Ier et IIe s)

Provinces sénatoriales :
 consulaires : 1
 prétoriennes : 2

Provinces impériales :
 consulaires : 3
 prétoriennes : 4
 procuratoriennes : 5

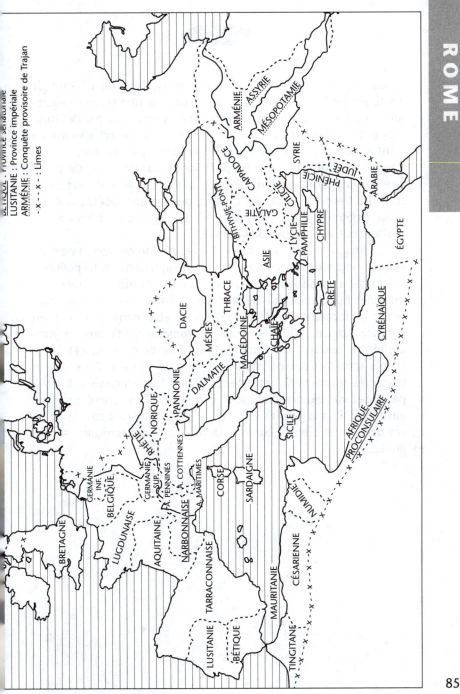

BÉTIQUE : Province sénatoriale
LUSITANIE : Province impériale
ARMÉNIE : Conquête provisoire de Trajan
- x - - x - : Limes

BRETAGNE

GERMANIE INF.
BELGIQUE
LUGDUNAISE
GERMANIE SUP.
RHÉTIE
A. PENNINES
A. COTTIENNES
AQUITAINE
NARBONNAISE
A. MARITIMES
NORIQUE
PANNONIE
DALMATIE
DACIE
MÉSIES
THRACE
MACÉDOINE
ACHAÏE
CORSE
SARDAIGNE
SICILE
CRÈTE
LUSITANIE
TARRACONNAISE
BÉTIQUE
MAURITANIE
TINGITANE
CÉSARIENNE
NUMIDIE
AFRIQUE PROCONSULAIRE
CYRÉNAÏQUE
ÉGYPTE

BITHYNIE-PONT
CAPPADOCE
GALATIE
ASIE
LYCIE
PAMPHILIE
CILICIE
CHYPRE
SYRIE
PHÉNICIE
JUDÉE
ARABIE
ARMÉNIE
ASSYRIE
MÉSOPOTAMIE

ROME

LIMES

Ce terme désigne, sous l'Empire, le système de défense de Rome sur ses frontières extérieures. Il suppose une savante organisation de fortins (avec des garnisons) reliés entre eux par des fortifications ou des barrières naturelles (fleuve, le désert en Orient). Dans plusieurs parties de l'Empire (en Bretagne, en Afrique…) il s'agit d'un mur ou d'un terre-plein longé par un fossé, destiné à arrêter toute tentative d'invasion des barbares. Les postes de garde sont reliés entre eux par un système de signaux codés, placés en relais, (même la nuit, avec des feux). Les légions sont ainsi réparties sur tout le pourtour de l'Empire.

On imagine cependant que cette répartition des forces ne pouvait permettre de résister à une forte pression barbare. La politique d'Auguste a consisté à traiter avec un certain nombre de royaumes qui, en échange de l'aide de Rome, assurent la protection de l'empire : ils forment des États-tampons. **Cette organisation bien comprise permit d'instaurer la** *pax romana* qui favorisa la prospérité des peuples de l'empire. Mais à partir du IIe s., ces États-clients sont totalement intégrés à l'empire romain. Du coup les frontières se trouvent nettement définies… et fragilisées. Il n'y a pas assez de légionnaires pour défendre efficacement un *limes* aussi long. Dès la fin du siècle, des brèches s'ouvrent sous la poussée barbare, et bientôt Rome va devoir céder des territoires sur ses limites.

III

L'ORGANISATION POLITIQUE ET SOCIALE

Rome n'a rien inventé, ni la cité, ni la démocratie. Elle n'a développé que très tard une réflexion politique propre. Et c'est pourtant vers elle que, pendant deux millénaires, vont se tourner les esprits les plus éminents en quête de justice et d'égalité ou, plus simplement, d'efficacité politique. Tite-Live, Salluste ou Cicéron ont nourri les écrits de Machiavel ou de Montesquieu, et inspiré nos grands sentiments révolutionnaires. Pourquoi ?

La réponse est complexe. Pourtant deux mots pourraient résumer l'essentiel : **expérience et adaptation**. On a souvent reproché aux Romains de ne pas être des penseurs, des philosophes. Telle fut probablement leur force. Ils ne se sont jamais enfermés dans un système de pensée, une théorie qui négligeât l'application pratique. Rebutés par le système monarchique qu'ils prirent durablement en horreur, ils développèrent une organisation politique qui tint compte des composantes sociales. Ce ne fut pas sans douleurs parfois, mais ils s'adaptèrent aux situations. Ils élaborèrent au fil des siècles **une véritable science juridique** qui permit au droit de fixer les règles précises de la vie politique et sociale en combattant l'arbitraire. Au fur et à mesure que la conquête progressait, Rome se sentit investie d'une mission universelle et travailla à adapter ses lois pour que leur application correspondît aux réalités d'un empire grandissant. Par cette ouverture responsable sur le monde, elle assit une domination durable.

Polybe, en théoricien grec, étudia avec une certaine perplexité ce qu'il nomme la constitution romaine (cf. *Histoires*, VI, 11 - 18). Otage amené à Rome après la victoire de Paul Émile sur Persée en -168, logé dans la demeure même du vainqueur et ami de ses deux fils, conseiller du second (Scipion Émilien), il eut tout le loisir d'examiner cette bizarrerie qu'il appelle **une constitution mixte**. Dans le pouvoir important des consuls, il lui semble voir un reflet de la monarchie, avec le Sénat il retrouve les aspects du gouvernement oligarchique, et le fonctionnement des comices lui paraît ressembler à celui d'une démocratie. Mais le plus étonnant pour lui, c'est l'interdépendance de ces trois pouvoirs. Aucun ne peut s'exercer seul et chacun a besoin des deux autres, selon des règles précises et dans des domaines bien définis, pour permettre à une loi d'aboutir, ou à une élection d'avoir lieu. Là encore, Polybe ne peut s'empêcher de théoriser, et il est le seul à parler de constitution. Car si le fonctionnement de la République répond à peu près à la description qu'en fait Polybe, jamais il n'a été pensé et voulu tout d'un bloc comme on le ferait d'une constitution. **Pour les Romains, il ne s'agit que d'un ensemble de règles fondées sur le *mos majorum* (la coutume des ancêtres), sur la tradition et sur l'expérience**, et mises au clair au fur et à mesure du temps par des textes de lois affichés dans les lieux publics, puis archivés au *Tabularium*. Il faut attendre Cicéron pour voir s'élaborer une philosophie politique romaine.

S'agit-il d'une démocratie ? Certainement pas au sens où nous l'entendons, ni au sens où le comprenaient les philosophes grecs. Il suffit de voir quels rapports régissent les citoyens entre eux et d'examiner le déroulement des élections pour s'apercevoir que, dès le IIe s. avant notre ère, tout repose sur l'argent et le népotisme. Faire carrière, ou, plus simplement, s'exprimer dans le cadre des institutions n'est réservé qu'à un petit nombre. Toutefois, il ne faut pas mésestimer **le rôle de la parole**. Le Romain est un bavard, et il est sensible aux discours. Nul ne fait carrière s'il n'est d'abord **un orateur**. Les plus riches ont besoin d'un public. La vie politique revêt ainsi un caractère théâtral. Les acteurs sont en perpétuelle représentation, tant au Forum que chez eux lorsqu'ils reçoivent leurs clients dans leur atrium. Et cette parole peut se prolonger dans les gestes de la révolte. Depuis leur sécession de -494, les plébéiens sont même représentés par des tribuns qui bénéficient de la sacrosainteté et peuvent user de leur droit de veto. Imagine-t-on le danger d'une pareille opposition dans nos démocraties modernes ?

Pour de multiples raisons, les institutions furent souvent mises à mal à la fin de la République, rendant l'État ingouvernable. La plus importante de ces raisons réside probablement dans l'évolution des valeurs traditionnelles qui soutenaient le régime et, corollairement, dans la montée des ambitions personnelles. Les Romains durent se résigner à voir un individu confisquer le pouvoir. Plusieurs s'y essayèrent jusqu'à ce qu'Octave réussît. Personne ne fut dupe : son « principat » consacrait le retour de la monarchie honnie. Mais la paix était à ce prix. L'empire entier était las des guerres civiles. Interdite au Forum, la parole fut confisquée. Mais comme on ne fait pas taire les Romains, elle rentra dans les écoles pour y poursuivre une carrière qui ne portât point ombrage au prince.

Les rubriques de ce chapitre couvrent cinq domaines :
– Les différentes classes sociales.
– Les institutions et l'exercice du pouvoir.
– La justice.
– Les finances.
– Le pouvoir militaire.

• LES CLASSES SOCIALES

CLASSES SOCIALES

À chaque époque, les Romains ont eu une conscience aiguë des classes qui composent leur société. **Chacun était considéré en fonction de deux critères essentiels : sa naissance et sa richesse.** Un homme est d'abord défini comme libre ou esclave, mais les hommes libres se subdivisent en affranchis (qui portent toujours la marque de leur origine servile. Cf. affranchi), pérégrins (libres mais étrangers. Cf. pérégrin) et, surtout, citoyens romains (Cf. citoyenneté).

Toutefois cette dernière catégorie comprend encore quatre classes : les patriciens, les plébéiens, les nobles et les chevaliers.

a) **Les patriciens** sont tous les citoyens qui appartiennent à une *gens*, c'est-à-dire qui se réclament d'un ancêtre commun dont ils portent le nom et à qui ils rendent un culte commun. Ce sont les plus anciennes familles de Rome, et les plus célèbres : par exemple la *gens Cornelia* (d'où sont issus tous les Scipions), la *gens Æmilia* (Paul Émile, Scipion Émilien), la *gens Julia* (celle à laquelle appartient César. Cf. noms romains, chap. 10). Une *gens* comprend plusieurs branches, familles, avec à leur tête un *pater familias* qui règne en maître absolu sur tous les membres de la *familia* (femme, enfants, serviteurs. Cf. famille, chap. 10).

b) **Les plébéiens** ont une origine très discutée. Ils n'ont, dans les premiers temps, aucun droit et semblent avoir formé une classe inférieure soumise aux patriciens. Leur histoire est celle d'une longue lutte pour obtenir l'égalité avec eux (qui commence par la célèbre sécession sur l'Aventin en -494 à la suite de laquelle ils obtiennent le droit d'être représentés par des tribuns – cf. magistrats). Dès le ve s. certaines *gentes* plébéiennes se forment à côté des *gentes* patriciennes, et aussi quelques *gentes* mixtes. **Au IIIe s., l'égalité des droits est théoriquement acquise** ; en fait elle s'accompagne d'une modification des rapports sociaux, et il se crée peu à peu une aristocratie, moins fondée sur l'origine que sur la richesse (qui permet d'accéder au pouvoir).

c) **Les nobles**, à partir du IIe s. avant notre ère, ne sont plus seulement les patriciens de vieille souche, mais regroupent tous ceux, plébéiens y compris, dont un membre de la famille a accompli une magistrature curule (cf. magistrats). Celui qui, le premier de sa famille, parvient à cet honneur est appelé « homme nouveau » *(homo novus)*. Ces nobles forment le noyau du mouvement conservateur *(optimates)* qui s'oppose au mouvement populaire *(populares)* (cf. parti politique). Les nobles portent l'anneau d'or et ont le « droit des images » *(jus imaginum)*, c'est-à-dire qu'ils ont le droit de posséder dans leur *atrium* les bustes, peintures, masques de cire de leurs ancêtres.

d) **Les chevaliers** sont, à l'origine, ceux qui ont reçu de l'État un « cheval public », c'est-à-dire de quoi acheter un cheval pour servir dans la cavalerie. Par la suite, ce sont ceux qui, à partir du IIe s., ont été choisis par les censeurs pour faire partie de l'ordre équestre parce qu'ils ont une bonne moralité et un cens minimum de 400 000 sesterces. On y rencontre de riches propriétaires et des hommes d'affaires, des avocats. Généralement regroupés en associations, ils sont aussi les fermiers de l'État (à qui ils prêtent des capitaux). On les appelle **les publicains**. Ils ont obtenu d'occuper depuis Caïus Gracchus, en -123, des fonctions de juges (fonctions rendues par Sylla aux sénateurs). Mais ils ne peuvent être sénateurs depuis qu'une loi, en -218, interdit à ceux-ci de faire du commerce. Ils portent l'anneau d'or et la tunique à bande pourpre étroite, (angusticlave), et depuis la loi Roscia (-67) bénéficient de places spéciales réservées au théâtre.

Avec cette structure hiérarchisée de la société cosubsiste une autre hiérarchie, celle de l'argent, bien illustrée par les rapports clientélistes qui unissent les riches aux pauvres. À l'origine, les clients sont ceux qui sont attachés aux *gentes* par des liens de dépendance. Les patrons assurent la protection et la subsistance de leurs clients (par la sportule, don quotidien en nature, puis en argent accordé lors de la visite matinale au patron, la *salutatio*). Ceux-ci sont liés à leur patron par la *fides* qui suppose respect, obéissance et assistance en toutes circonstances (cf. République, chap. 1). Les clients ont besoin des patrons pour vivre, et être le client d'un homme puissant valorise. La réciproque est vraie : un patron est d'autant plus important que sa clientèle est nombreuse et de qualité. Mais la vulgarisation du clientélisme sous la République a créé un important jeu de réseaux d'influence qui ont conféré à la société un caractère « mafieux » (favoritisme dans les carrières, corruption des tribunaux, illégalités dans les élections, etc.)

L'Empire a accentué la structuration hiérarchique de la société, avec un nouvel ordre, l'ordre sénatorial réservé aux plus fortunés avec des privilèges. L'ordre équestre fournit les postes de l'administration impériale. La différence s'accentue entre les plus riches et le petit peuple. **Rome n'a jamais véritablement connu de classes moyennes.** Au Bas-Empire, la société est nettement tranchée entre les *honestiores*, les puissants qui participent au pouvoir, et les *humiliores*, la plèbe urbaine et rurale. Toutefois, il faut noter que jamais ces catégories sociales ne furent totalement hermétiques, et un changement de fortune pouvait permettre de passer d'une catégorie à une autre.

CITOYENNETÉ ROMAINE

Avant les esclaves, les affranchis et les pérégrins (cf. ces mots), les citoyens *(civis)* forment la principale composante de la société romaine. Ils sont généralement appelés *Quirites* par les orateurs,

91

mot pluriel à l'origine incertaine qui semble désigner les citoyens dans leurs fonctions civiles, par opposition à *Romani* qui les caractérise dans leur rôle militaire.

Cette qualité de *civis* est l'honneur du nom romain et ne concerne que les hommes puisque les femmes ne jouissent d'aucun droit politique. La citoyenneté *(civitas)* s'acquiert par la naissance de parents citoyens légalement mariés, la naturalisation ou l'affranchissement. Elle peut aussi se perdre, en même temps que la liberté si le citoyen est fait prisonnier d'une puissance ennemie, ou volontairement s'il part s'installer dans une colonie qui ne jouit pas de la *civitas* (il la recouvre alors s'il revient à Rome), ou encore s'il n'accomplit pas ses devoirs de citoyen.

Sous la République, seule une part assez limitée du territoire de l'Italie bénéficie du droit de citoyenneté. Les alliés de Rome le revendiquent longtemps avant de l'obtenir à l'issue de la guerre Sociale par la *lex Plautia-Papiria* de -89. Dès -88 le droit de cité est donc étendu à l'ensemble des Italiens (cf. Italie, chap. 2), et, en 212, l'empereur Caracalla l'étend à tous les hommes libres de l'Empire.

Il faut distinguer les citoyens qui jouissent de tous les droits *(cives optimo jure)* et ceux qui ne bénéficient que des droits privés *(cives minuto jure)*.

a) cives optimo jure : Ils portent le costume du citoyen : la toge blanche (cf. costume, chap. 10) et le bonnet *(pileus)*.

Ils ont des droits publics :

– droit de vote dans les comices *(jus suffragii)* – cf. comices et élections ;
– droit d'éligibilité aux magistratures *(jus honorum)* – cf. magistrats ;
– droit de prendre les auspices et de revêtir les sacerdoces *(jus sacrorum)* – cf. divination, prêtres, chap. 6 ;
– droit de faire appel au peuple dans les procès criminels *(jus provocationis)*. À noter : sous l'Empire, le *jus suffragii* disparaît et le *jus honorum* est rattaché au cens.

Ils ont aussi des droits privés :

– droit de contracter un mariage reconnu par la loi *(jus conubii* : Les mariages entre patriciens et plébéiens sont admis depuis -445, mais ceux qui unissent personnes libres et affranchis ne sont reconnus qu'à partir de -18. (Cf. rites de passage, chap. 6).

– droit de propriété reconnu et protégé par l'État *(jus commercii)*. Ce droit permet au citoyen de prêter à usure. À l'origine le créancier pouvait se saisir de la personne d'un débiteur insolvable et en faire son esclave. Plusieurs lois, notamment en -326 et -287, permirent d'assouplir ce régime rigoureux et de garantir au citoyen le respect de sa liberté.

– droit de faire valoir ses droits en justice *(jus legis actionis)* – cf. justice.

Le citoyen a également des devoirs :

– devoir de se présenter au recensement effectué par le censeur (cf. magistrats) ;

– devoir d'accomplir un service armé (cf. soldat) ;

– devoir de payer l'impôt *(tributum)* – supprimé en -167, (cf. finances).

b) cives minuto jure : Il s'agit des affranchis (qui n'ont pas le *jus honorum*), des habitants des municipes italiens (dépourvus du *jus suffragii*. cf. Italie, chap. 2) et des provinciaux.

PÉRÉGRINS

Sont désignés par ce nom les hommes libres qui vivent sur le territoire romain mais ne jouissent ni du droit de citoyenneté romaine ni du droit latin. Ils sont issus de cités qui vivent sous leurs propres lois quoique liées à Rome par des statuts différents. À partir de -241, un préteur pérégrin est chargé de régler les problèmes de droit posés par leur présence sur le sol romain lorsque intervient un conflit avec un citoyen. Sous l'Empire, la plupart des pérégrins acquièrent le droit de cité. (cf. Italie, chap. 2).

AFFRANCHI

L'affranchi est un esclave à qui son maître a rendu la liberté. Il devient un homme libre, mais non un citoyen à part entière. Il ne jouit ni du *jus conubii*, du moins jusqu'à -18 (son mariage est un *contubernium*), ni du *jus honorum*, ni du *jus sacrorum* (cf. citoyen-

ROME

neté romaine et esclave). Il ne peut pas servir dans la légion. Mais il est inscrit dans une des tribus urbaines et peut donc participer aux votes. D'autre part **cet état d'affranchi est transitoire puisque ses enfants jouissent de tous les droits du citoyen**.

L'affranchi prend le nom et le prénom de son ancien maître, qui devient son patron. Seul le surnom rappelle son état d'esclave (cf. classes sociales). Il travaille généralement pour son ancien maître à qui il doit respect et assistance.

Il peut se livrer à des activités lucratives grâce auxquelles certains amassent une grosse fortune et acquièrent une grande influence. Sous l'Empire quelques intrigants occupent même d'importantes fonctions administratives et sont les conseillers du prince, comme Pallas ou Narcisse. Certains se font aussi un nom dans les arts. Livius Andronicus ou Térence sont des affranchis, comme, plus tard, le père d'Horace.

L'affranchissement a lieu de trois façons : par le cens, lorsque les censeurs inscrivent l'esclave avec le consentement du maître, par la *vindicta*, sorte de procès fictif devant le préteur (la liberté étant revendiquée, le maître frappe symboliquement l'esclave avec une baguette, signe de son autorité, avant de lui serrer la main droite, en reconnaissance d'égalité, et de le laisser partir libre), et par testament. Ce dernier procédé est très utilisé et une loi d'Auguste doit même limiter à 100 le nombre d'affranchis par testament afin d'éviter une arrivée trop massive d'étrangers parmi les citoyens.

ESCLAVE

L'esclave *(servus)* n'est pas une personne juridique. Il appartient à son maître qui peut en disposer comme de n'importe lequel de ses biens et a le droit de vie et de mort sur lui (du moins jusqu'à Antonin). **Il ne jouit donc ni de droits privés ni de droits politiques**. Son maître peut lui accorder de vivre en concubinage avec un (ou une) esclave, mais il ne s'agit pas de mariage. (C'est donc un *contubernium*, non un *conubium*). On le laisse généralement jouir d'un petit pécule, mais ce qu'il possède appartient en réalité à son maître.

La condition d'esclave se transmet héréditairement, mais une personne née libre peut aussi devenir esclave s'il s'agit d'un citoyen déchu de ses droits, s'il a été exposé (= abandonné) par ses parents à la naissance et recueilli par quelqu'un qui en a fait sa chose (car à Rome rien n'est jamais acquis pour l'enfant avant la reconnaissance par son père, même s'il est issu d'une bonne famille, cf. rites de passage, chap. 6), s'il a été enlevé par des pirates qui le revendront ensuite comme esclave à l'autre bout de l'empire ; ou surtout s'il s'agit d'un prisonnier de guerre. Cette dernière condition a alimenté considérablement l'Italie en esclaves, surtout pendant les deux derniers siècles de la République. On estime à plus de 250 000 le nombre de prisonniers faits entre -200 et -150, à près d'un million celui des Gaulois emmenés en Italie avec la guerre des Gaules… **La population servile à la fin de la République dépassait sûrement le tiers de la population totale**. Strabon précise que le marché aux esclaves de Délos pouvait traiter 10 000 esclaves par jour.

Il faut distinguer les esclaves publics, qui appartiennent à l'État ou aux villes, occupés dans les bureaux, les temples, etc., **et les esclaves privés** qui remplissent toutes les fonctions utiles à l'entretien des propriétés du maître, tous les métiers qui assurent son prestige (médecin, architecte, poète, précepteur…) et qui font tourner les ateliers ou entreprises, source de revenus du maître. C'est sur eux que, dans l'Antiquité, repose la presque totalité de l'industrie. Les occupations sont donc multiples et requièrent des compétences variées, du laboureur au professeur, du cuisinier à l'intendant. À Rome, le citoyen n'est pas censé travailler ; ce sont donc les esclaves qui accomplissent toutes les tâches. Le travail manuel est considéré comme moralement dégradant.

Le traitement des esclaves dépend exclusivement du caractère du maître. La condition est plus dure à la campagne et dans les grandes maisons où la foule des serviteurs a surtout affaire à un intendant, lui-même esclave. Les châtiments peuvent être lourds et sévères (fouet, chaînes, privations diverses…). La condition servile est meilleure à la ville, dans les petites maisons où le maître veille sur sa *familia* (= ensemble de ceux qui vivent sous le même toit). **Dès la fin de la République, le traitement des esclaves s'améliore** et sous l'Empire, le mot de Sénèque traduit une nouvelle prise de conscience : « C'est un esclave. Certes, mais c'est un homme ».

Les révoltes serviles ont surtout été importantes dans les deux derniers siècles de la République, et ont quasiment disparu ensuite. Les plus célèbres, celles qui ont fait trembler l'Italie et ont nécessité une armée et plusieurs années pour les mater, se déroulèrent en Sicile (-139/ -132, avec le Syrien Eunous proclamé roi par

ROME

les siens ; et -104/ -100), et en Italie, sous la conduite du gladiateur Spartacus (-73/ -71) (cf. Spartacus).

Le seul moyen pour l'esclave de sortir de sa condition est l'affranchissement (cf. affranchi).

• LES INSTITUTIONS ET L'EXERCICE DU POUVOIR

MAGISTRATS

À l'époque royale, le roi assure le commandement suprême. Il est à la fois prêtre, chef militaire et juge, et est assisté dans chacune de ses fonctions. Les magistratures apparaissent avec la République.

Sous la République : Les magistratures sont annuelles, électives et hiérarchisées. Elles sont de surcroît gratuites (ce sont des honneurs) et s'exercent collégialement afin d'éviter, fût-ce au plus haut niveau, que le pouvoir soit accaparé par un seul homme. Chaque année ont lieu les élections au sein des comices pour désigner ceux qui vont gérer les affaires romaines. Ainsi personne ne peut conserver le pouvoir plus d'un an, et il faut attendre plusieurs années avant de se présenter à l'échelon supérieur. Car le candidat doit suivre « une carrière des honneurs » *(cursus honorum)* qui peut le conduire des fonctions les plus humbles au pouvoir suprême par un chemin qui se rétrécit d'étape en étape. **Tout est donc fait pour prévenir toute velléité de pouvoir personnel.** À Rome le magistrat, élu du peuple, n'est que son représentant pour gérer en son nom et doit souvent rendre des comptes à sa sortie de charge. Enfin, pour espérer suivre le *cursus honorum*, il faut être citoyen, sans infirmités physiques (jugées de mauvaise augure), avoir servi dix ans dans l'armée et ne pas avoir été condamné en justice.

Les échelons de ce *cursus* sont la questure, l'édilité, la préture, puis le consulat. Pour s'y préparer, le candidat accomplissait au préalable quelques petites charges comme le tribunat militaire, et devait faire campagne (cf. élections). En dehors du *cursus honorum*, seul un ancien consul peut espérer devenir censeur, ou, en cas de crise grave, dictateur. Cette dernière fonction n'est pas élective. Le dictateur est nommé par un des consuls sur décision du Sénat.

Il n'est choisi que dans les situations graves et n'exerce que six mois. Il se choisit en outre un second, appelé maître de cavalerie. Il assume tous les pouvoirs et les autres magistrats lui sont subordonnés. D'autre part enfin, à condition d'être plébéien, un citoyen peut briguer le tribunat de la plèbe.

Les élections ont lieu généralement en juillet et l'entrée en charge le 1er janvier de l'année suivante, sauf les questeurs qui s'installent le 5 décembre et les tribuns de la plèbe le 10 du même mois. Durant leur mandat, les magistrats jouissent d'une certaine immunité et tous les citoyens leur doivent le respect car ils incarnent la souveraineté du peuple romain *(majestas)*. Chacun doit donc se lever et se découvrir en leur présence, et, s'il est cavalier, descendre de cheval sous peine d'une accusation de lèse-majesté.

Les magistratures et leurs principales caractéristiques
(Cf. tableau p. 98-99)

a) Toutes les magistratures sont régulières, donc ordinaires, sauf la dictature et la maîtrise de cavalerie. Cependant les censeurs ne sont élus que tous les cinq ans pour une durée de dix-huit mois. Ils quittent alors leur charge au cours d'une cérémonie (le *lustrum*), et il faut attendre trois ans et demi pour de nouvelles élections au censorat.

b) Certaines magistratures possèdent l'*imperium*, d'autres non. L'*imperium* permet de lever et de commander une armée, confère certains droits administratifs et judiciaires (pouvoir faire arrêter, exécuter un coupable), autorise à convoquer les comices centuriates (cf. comices). Le magistrat *cum imperio* se reconnaît à ses licteurs qui portent les faisceaux sur l'épaule gauche (verges de bouleau ou d'orme au milieu desquelles se trouve le manche d'une hache dont le fer passe au-dehors) et qui lui ouvrent le passage.

c) Certains magistrats ont droit à la chaise curule (en ivoire, les pieds en X - les autres se contentent d'un petit banc, le *subsellium*), portent la toge prétexte, et la toge de pourpre les jours de fête.

d) Certains magistrats ont le droit religieux de prendre les auspices partout où ils se trouvent, c'est le *jus auspiciorum majorum*. Les autres ne peuvent les prendre qu'à Rome (auspices mineurs).

e) Seuls les magistrats plébéiens sont créés *inauspicato* (sans qu'on ait pris les auspices avant leur élection), ce qui explique qu'ils entrent en fonction à la date prévue. Les autres sont créés *auspicato*. Si pour des raisons religieuses ou autres, les élections

ROME

Magistrature	ordinaire	extraordinaire	*cum imperio*	*sine imperio*	curule	non curule	auspices majeurs	auspices mineurs	*auspicato*	*inauspicato*
questure	x			x		x		x	x	
édilité a - plèbe	x			x		x		(x)		x
édilité b - curule	x			x	x			x	x	
préture	x	x		x			x		x	
consulat	x	x		x			x		x	
censure	x			x	x		x		x	
dictature		x	x		x		x		x	
maîtrise de la cavalerie		x	x		x		x		x	
tribunat de la plèbe	x			x		x		x		x

Cursus honorum

Les magistratures et

Élu par	Âge minimum	Nombre	Licteurs
comices tributes	en -180 : 28 ans en -80 : 30 ans	10 en -80 : 20 en -45 : 40	
comices tributes	en -180 : 31 ans en -80 : 36 ans	2 2 (+2 sous César)	
comices centuriates	en -180 : 34 ans en -80 : 40 ans	de 2 à 6 en -80 : 8 16 sous César	2 (6)
comices centuriates	en -180 : 37 ans en -80 : 43 ans	2	12
comices centuriates	44 ans au moins	2	
sur ordre du Sénat (consul ou interroi)	avoir été consul	1	24
désigné par le dictateur		1	6
comices tributes	27 ans au moins (?)	10	

...eurs principales caractéristiques

n'ont pu avoir lieu et que l'année commence sans consuls, un « interroi » est désigné parmi les sénateurs (parmi les anciens consuls), mais ne peut rester en fonction que cinq jours et doit se désigner un successeur pour le même laps de temps.

Pouvoirs communs à l'ensemble des magistrats

Il s'agit de pouvoirs administratifs *(potestas)* : convoquer les comices ou les dissoudre si les auspices sont contraires, convoquer le Sénat (pour les magistrats supérieurs), publier des édits, infliger des amendes…

Un magistrat peut aussi user de son droit de veto à l'encontre d'une décision d'un magistrat inférieur *(intercessio)*, ou proclamer les auspices défavorables pour empêcher un magistrat supérieur de tenir les comices *(obnuntiatio)*.

Pouvoirs spécifiques par fonction

a) **Les questeurs** : essentiellement un rôle de trésorier (garder le trésor, encaisser les impôts, vérifier les comptes…) et assister les gouverneurs des provinces dans leur comptabilité.

b) **Les édiles** s'occupent principalement de surveiller les marchés et de veiller à l'approvisionnement en blé (l'annone) ; ils ont une mission de police de la ville, ils organisent les jeux publics, et surveillent les archives.

c) **Les préteurs** ont un rôle judiciaire, organisant les procès et protégeant les étrangers (préteur pérégrin), présidant les tribunaux… Ils peuvent aussi commander une armée, convoquer le Sénat, les comices, proposer des lois et gouverner une province (propréteurs).

d) **Les deux consuls** sont les héritiers des prérogatives royales. À ce titre, ils sont responsables de l'ensemble de la politique, convoquent et président le Sénat et les comices centuriates, font exécuter les décisions du Sénat et du peuple. Ils recrutent l'armée et commandent les opérations militaires.

Un consul doit attendre dix ans avant de pouvoir se représenter au consulat. À sa sortie de charge, il rejoint une province où il exerce, comme gouverneur, un proconsulat de cinq ans. En outre les consuls donnent leurs noms à l'année (cf. calendrier, chap. 5).

e) **La dictature** a été abandonnée après la deuxième guerre punique ; lorsqu'elle sera attribuée (à Sylla ou César), elle le sera hors des règles anciennes. En cas de crise, le Sénat préfère charger un des consuls de pouvoirs élargis par un *senatus consultum ultimum*.

f) **Les censeurs** ont d'abord pour mission d'effectuer le recensement des citoyens, de dresser l'état des fortunes et de répartir les électeurs sur les listes des tribus et des centuries. Ils procèdent aussi au recrutement des sénateurs dont ils tiennent à jour la liste *(album)*. Ils surveillent les dépenses de l'État et s'occupent des adjudications pour cinq ans (relayés dans cette tâche par les consuls quand il n'y a plus de censeurs en fonction). Ils ont enfin en charge les mœurs publiques et privées, et distribuent des blâmes qui peuvent provoquer l'exclusion du Sénat ou de l'ordre équestre.

g) **Le tribunat de la plèbe** est né de la célèbre sécession de -494 (cf. classes sociales). Les tribuns ne sont pas de véritables magistrats à l'origine. Ils défendent les intérêts des plébéiens. Ils ne peuvent quitter Rome, sont inviolables et jouissent du droit d'intercession *(jus intercessionis)*, sauf à l'égard des décisions des censeurs. Ils peuvent faire arrêter et mettre en prison tous les magistrats, sauf le dictateur. Ils convoquent et président les assemblées du peuple et les comices tributes. Sylla a essayé de limiter leurs pouvoirs, mais ceux-ci leur furent rendus ensuite. Ils constituent donc une menace permanente de censure pour le gouvernement et un risque pour la stabilité de l'État. Cicéron disait que le tribunat « était né de la sédition pour la sédition ».

Sous l'Empire : Même si la terminologie républicaine est conservée, le *princeps*, l'empereur, exerce seul le pouvoir. Il possède l'*imperium* sur l'ensemble de l'Empire. Il est revêtu de la puissance des censeurs qu'il cumule avec la puissance tribunicienne. En tant que chef des armées, il jouit aussi du pouvoir des consuls et est grand pontife.

L'empereur augmente le nombre des magistrats tout en diminuant leur pouvoir. Ceux-là sont d'ailleurs nommés par le prince.

Il crée le conseil du prince, formé d'amis choisis par ses soins, plusieurs bureaux tenus par des affranchis (puis par des chevaliers à partir d'Hadrien) pour s'occuper de la correspondance *(ab epistulis)*, des requêtes *(a libellis)*, des finances *(a rationibus)*, des dénonciations *(a cognitionibus)*, etc.

Il instaure de nouveaux magistrats qui dépendent directement de son autorité :

– les deux préfets du prétoire qui commandent la garde prétorienne et les troupes cantonnées à Rome et en Italie, et dont l'influence politique et juridique fut grandissante.

– le préfet de la ville, sénateur consulaire (= ancien consul), chargé de la sécurité et du calme à Rome, détenteur de la juridiction capitale.

– le préfet de l'annone, un chevalier à qui incombe l'approvisionnement de Rome.

– le préfet des vigiles, un chevalier à la tête de 7 cohortes de 1000 hommes chacune (esclaves et affranchis) pour lutter contre les incendies et assurer la police urbaine la nuit.

SÉNAT

Sous la royauté

À l'origine, le premier Sénat réunit 100 chefs de famille *(Patres)* choisis par Romulus pour former le conseil du roi. Sous Tarquin, les sénateurs sont 300. Le roi consulte les *Patres* sur toutes les affaires politiques et religieuses. Ils assurent l'interrègne à la mort du roi (cf. magistrats), et jouissent déjà d'une autorité morale *(auctoritas)* (cf. Royauté).

Sous la République

a) ***Nature du Sénat*** : il est l'un des trois organes du gouvernement avec les magistrats et le peuple réuni en comices (cf. République). L'assemblée des sénateurs n'a pouvoir ni exécutif ni législatif. Le Sénat est seulement un organe consultatif qui ne se réunit que lorsqu'il est convoqué par un magistrat. Cependant sa consultation est nécessaire et ignorer ses avis peut conduire à bloquer le fonctionnement du gouvernement.

b) ***Composition du Sénat*** : à l'origine formé de patriciens, il accueille, dès le IVᵉ s., des plébéiens riches qui sont inscrits avec les *Patres*, d'où le nom de *Patres conscripti*. En -179, sur les 304 membres, 88 seulement sont patriciens. Sylla porte leur nombre à 600 en y introduisant des chevaliers, et César à 900. Les Sénateurs sont recrutés par les censeurs (depuis -318, auparavant par les consuls) qui en tiennent la liste (l'*album*). Ce sont principalement les anciens magistrats, mais le choix des censeurs relève d'un certain arbitraire puisque la fonction n'est ni élective ni héréditaire, et qu'il y a plus de 300 aristocrates possédant le cens minimum nécessaire à son exercice (on note cependant que l'appartenance au Sénat tend à devenir héréditaire à la fin de la République). L'âge requis, 46 ans, passe à 30 ans sous Sylla. Les sénateurs sont inscrits par ordre hiérarchique en commençant par le plus ancien des anciens censeurs ou dictateurs, puis les anciens consuls, préteurs, etc., le premier de l'*album* étant le *princeps senatus*. Ils ont droit à la tunique laticlave (à large bande pourpre), à la toge prétexte, à l'anneau d'or et à des chaussures spéciales (en cuir rouge pour les curules et en cuir noir pour les autres) ornées d'un croissant (cf. magistrats). Depuis -218, il est interdit aux sénateurs de se livrer à une activité commerciale. Ceci suppose qu'ils jouissent d'une importante fortune foncière. Ils sont donc issus des plus anciennes et des plus riches familles et constituent une véritable oligarchie.

c) **Les séances du Sénat** se déroulent généralement dans la Curie, prévue à cet effet, mais peuvent se tenir dans tout lieu « inauguré » (un temple par ex.), et aux mêmes conditions que les comices (cf. ce mot). Elles sont interdites au public, même si elles se tiennent souvent les portes ouvertes. Elles s'ouvrent par un sacrifice, avec consultation des auspices et prières. Le magistrat qui les a convoqués expose alors aux Sénateurs les propositions de lois ou les sujets sur lesquels il sollicite leur avis. Il peut y avoir délibération. Chaque sénateur est ensuite interrogé suivant l'ordre hiérarchique de son inscription sur l'*album*, et personne ne peut interrompre celui qui parle (et qui peut garder la parole toute la journée comme Caton d'Utique !). On peut aussi décider de passer immédiatement au vote. L'avis du Sénat *(sententia)* est consigné : c'est un sénatus-consulte. Si le sujet soumis aux sénateurs est frappé d'*intercessio* par un magistrat, le sénatus-consulte est archivé sans suite immédiate. Ce n'est qu'une *senatus auctoritas*.

Au dernier siècle de la République, dans les moments de crise, au lieu de nommer un dictateur, le Sénat confie à un consul la mission de redresser la situation par un arrêté appelé *senatus consultum ultimum*.

d) **Les compétences du Sénat** sont multiples.
Principalement, il :
– contrôle les magistrats (qui rendent des comptes) et accorde les triomphes.
– approuve les lois votées par les comices (jusqu'en -257), accueille et donne son avis sur les projets de lois avant soumission au vote des comices.
– vote (sur proposition d'un magistrat) la levée des troupes, le

montant du *tributum* pour la solde et répartit les commandements.

– surveille les biens du peuple romain dont il est le dépositaire. Jusqu'en -167, Il décide du *tributum* (l'impôt) et des recettes à tirer des provinces, fixe les dépenses (cf. finances).

– veille au maintien du culte traditionnel et fixe certaines dépenses religieuses.

– arbitre les questions de citoyenneté (problèmes des alliés. Cf. Italie, chap. 2), et nomme des commissions pour juger les exactions des magistrats dans les provinces.

– dirige les affaires étrangères, reçoit les ambassadeurs (le mois de février leur est réservé), signe les traités, envoie des commissions de dix membres en inspection dans les provinces.

Sous l'Empire

Auguste ramène le nombre de sénateurs à 600. Ils sont nommés par l'empereur, choisis parmi les anciens magistrats de l'ordre sénatorial (ceux qui ont un cens minimum d'un million de sesterces). L'empereur préside les séances.

Le Sénat voit, en théorie, ses attributions augmentées :

– il élit les magistrats (à partir de 14), mais parmi les candidats désignés par l'empereur.

– il est censé élire l'empereur (cf. Empire, chap. 1).

– ses sénatus-consultes ont force de loi.

– il acquiert des attributions judiciaires (cour d'appel au civil et jury criminel dans certains cas).

En réalité, son autorité décroît. Il est un instrument dans la main de l'empereur. De nombreux provinciaux y entrent et quand Dioclétien eut réorganisé l'Empire, il n'est plus que le conseil municipal de Rome.

COMICES

Les comices *(comitia)* sont les assemblées populaires au sein desquelles vote le citoyen romain. Ils forment avec le Sénat et les magistrats le troisième pôle de la vie politique sous la République (cf. chap. 1). S'y retrouvent donc ceux qui jouissent de leurs droits de citoyen ainsi que les affranchis (qui possèdent le droit de vote. Cf. citoyenneté et affranchi). **On distingue les comices curiates,**

les comices centuriates et les comices tributes. Leur histoire se confond avec celle de la République, c'est-à-dire l'époque où **le peuple romain est un acteur de la politique**. Seuls les comices curiates datent de l'époque royale. Il s'agissait, alors de réunir les 30 curies de patriciens (10 pour chacune des 3 tribus primitives fondées par Romulus). Leur rôle consistait à proclamer le roi et à voter des lois (vote par curie et d'abord, dans chaque curie, par tête). Mais sous la République les comices curiates perdent leur pouvoir au profit des deux autres assemblées. Ils ne sont plus guère réunis que pour conférer l'*imperium* aux magistrats élus par les centuries.

Quant au pouvoir monarchique de l'Empereur, il enlève aux comices toutes leurs prérogatives. Tibère confie au Sénat le droit d'élire les magistrats et ne soumet plus de lois à l'approbation du peuple. Le peuple ne se réunira plus que pour acclamer le nouvel empereur ou apprendre le nom des magistrats choisis par le Sénat (cf. Sénat).

L'exercice du métier de citoyen (cf. aussi élections)

Le citoyen romain n'a pas la possibilité de s'exprimer en tant qu'individu. Sa voix ne sera entendue qu'au sein d'un groupe. Il fait partie d'une famille, il appartient à la cité. Il est, politiquement, membre d'une centurie et d'une tribu.

a) **Les centuries** : c'est à Servius Tullius que l'on attribue **la répartition des citoyens en cinq classes censitaires** (en fait cette réforme date probablement du IVe s. et connut des aménagements, notamment au IIIe s. avant notre ère). Cette répartition selon le cens privilégie les plus fortunés lors des élections des magistrats puisque les citoyens de la première classe ajoutés aux centuries équestres ont quasiment la majorité aux comices centuriates (cf. élections). Cette apparente iniquité est compensée par le fait que seuls les plus riches participent aux campagnes militaires, du moins jusqu'à la réforme de Marius (cf. armée).

On compte en effet, outre les 18 centuries équestres :

– 80 centuries (ramenées à 70 entre -241 et -220) dont les citoyens possèdent un minimum de 100 000 as (1re classe).

– 20 centuries pour la 2e classe (75 000 as), 20 pour la 3e classe (50 000 as), 20 pour la 4e classe (25 000 as) et 30 pour la 5e classe (11 000 as abaissés à 4 000 as pendant la deuxième guerre punique).

Le reste des citoyens (moins fortunés – les *capite censi*, ceux que l'on ne recense que par leur tête), s'entasse dans une centurie. S'y ajoutent une centurie d'ouvriers et une de musiciens. Soit au total 193 centuries, chacune divisée en *juniores* (les moins de 46 ans) et les *seniores* (entre 46 et 60 ans, âge à partir duquel on est dispensé des devoirs civils et militaires. Les sénateurs, après 60 ans, ne sont plus tenus d'assister aux délibérations mais la République peut encore faire appel à la sagesse des Anciens les plus influents. Cf. Caton).

b) **Les tribus marquent une division géographique.** Les trois tribus primitives de Romulus (où l'on décèle la double influence étrusque et indo-européenne) soulignaient la répartition sur le sol de Rome des composantes ethniques de la ville : les *Ramnes* sur la Palatin (= Latins), les *Tities* sur le Quirinal (= Sabins) et les *Luceres* sur le Caelius et l'Esquilin (comprenant des Étrusques). Elles laissent la place à une division de la ville en quatre secteurs à l'époque de Servius Tullius, selon la légende (et en réalité un bon siècle plus tard). À ces 4 tribus urbaines sont adjointes 17 tribus rustiques. À la fin de la conquête de l'Italie (milieu IIIe s.), le nombre de tribus rustiques atteint 31. Il ne variera plus. À la fin de la République, les citoyens sont inscrits par les censeurs dans une tribu sans tenir compte de leur origine géographique.

La réunion des comices

Les comices se réunissent en des lieux différents suivant leur nature : les comices curiates au *comitium*, devant la Curie, parce qu'il s'agit d'un *templum* et qu'ils sont fondés sur une division religieuse ; les centuriates au Champ de Mars parce qu'il s'agit d'une réunion du peuple en armes et qu'elle ne peut se tenir à l'intérieur de l'enceinte sacrée de Rome *(pomerium)* ; les tributes sur le *Forum*.

Ils ne peuvent se tenir que sur convocation d'un magistrat et seulement certains jours (192 jours comitiaux. Cf. calendrier, chap. 5). Les citoyens sont prévenus par voie d'affiches trois nundines à l'avance (= de 17 jours à 25 jours) et sont informés des projets de lois sur lesquels ils auront à se prononcer.

La réunion se tient dans la journée et se clôt avant le coucher du soleil. Elle est annulée si les auspices sont contraires ou si un signe défavorable l'interrompt (coup de tonnerre, crise d'épilepsie d'un citoyen – appelée *comitialis morbus* !). Elle débute par une prière. S'ensuivent discussion et lecture finale du projet de loi. Puis le vote (sauf intercession d'un tribun. Cf. magistrats). Le président proclame le résultat et dissout les comices.

Pour le vote, cf. élections.

Les compétences des différents comices

a) **Comices centuriates**
  – élisent les magistrats *cum imperio* et les censeurs.
  – votent les lois (mais ce rôle est peu à peu accaparé par les comices tributes sauf en ce qui concerne les déclarations de guerre et les traités de paix).
  – jouent le rôle de cour d'appel si un citoyen use de son *jus provocationis*.

b) **Comices tributes**
Peut-être issus des *concilia plebis* qu'ils auraient remplacés en -449 et qui nommaient les magistrats de la plèbe ou adoptaient les décisions concernant la plèbe.
  – élisent les magistrats inférieurs (édiles, questeurs) et les tribuns de la plèbe.
  – votent lois proposées par un magistrat.
  – jugent certains délits.

Même si les comices tributes perdent peu à peu leur caractère territorial, ils sont plus populaires que les comices centuriates car tous les citoyens peuvent s'y exprimer, quelle que soit leur fortune (cf. élections).

ÉLECTIONS

Elles ne jouent leur rôle que pendant la période républicaine où se tiennent les comices. **Elles permettent alors à chaque citoyen de remplir son devoir** (cf. citoyenneté, magistrats, comices).

Candidature des magistrats

Les élections se déroulent en automne – en juillet à partir de Sylla – **les élus entrent en fonction le 1er janvier suivant** (en décembre pour les questeurs et les tribuns de la plèbe). Entre le moment où ils sont élus et celui où ils prennent leurs fonctions, ils sont dits « désignés » *(designati)*. Le Sénat annonce la date des élections au moins trois nundines à l'avance (entre 17 et 25 jours). Débute alors **la campagne officielle**. Les candidats viennent au

Forum déposer leur candidature, revêtent une toge blanchie à la craie *(candida)* qui les distingue des autres citoyens, et se font accompagner d'un esclave qui connaît les électeurs par leur nom *(nomenclator)* afin de mieux briguer leurs suffrages. Mais depuis déjà longtemps, ils ont tissé un réseau de relations à travers l'Italie, distribué des cadeaux et offert des banquets (malgré les lois contre la brigue), voire fait de la publicité sur les murs ou le long des voies !

Déroulement du vote

À Rome, **le système, théoriquement démocratique, ne permet pas, dans sa pratique, à chaque citoyen de s'exprimer.** Le vote s'effectue en effet en deux temps : tout d'abord une majorité est dégagée au sein de chaque centurie ou de chaque tribu, puis au moment du vote des comices, chaque centurie ou chaque tribu ne possède qu'une seule voix. Et le vote est clos dès que la majorité est atteinte, même si tous les représentants des centuries ou des tribus ne se sont pas exprimés.

Or aux comices centuriates, les centuries sont interrogées par classe, en commençant par les centuries équestres et celles de la 1re classe, c'est-à-dire celles des plus riches. De plus, dans la 1re classe, on interroge d'abord une centurie désignée par le sort (c'est-à-dire par les dieux !) *(praerogativa)* et l'on annonce son choix avant d'interroger les autres. La superstition ou la crainte de déplaire aux plus puissants fait généralement que celui qui est choisi par la *praerogativa* a toutes les chances d'être élu par la 1re classe, puis par la 2e classe. La majorité une fois atteinte, le vote est arrêté. Les autres classes, et particulièrement celles des plus démunis, n'ont donc jamais l'occasion de s'exprimer.

Les relations entre les patrons et les clients font aussi que les premiers influencent les seconds qui ont trop besoin de leurs protecteurs pour voter autrement qu'eux (cf. classes sociales). **Le vote à bulletin secret n'apparaît qu'en -139.**

Dans les comices tributes, on compte également une voix par tribu, et ceux qui peuvent venir à Rome pour voter (seul lieu des votes) ne sont pas les plus démunis. De surcroît, si une tribu rustique n'a pas de représentant, le magistrat qui préside le vote peut désigner un remplaçant qu'il choisit lui-même !

Les votants sont enfermés dans des enclos entourés de cordes, un enclos par centurie. Pour l'élection des magistrats, le nom choisi est inscrit sur une tablette *(tabella)*. Pour les votes législatifs, les votants reçoivent deux bulletins, l'un marqué d'un V (pour *uti rogas* = oui) l'autre d'un A (*antiquo* = non), et pour les consultations judiciaires de deux bulletins portant l'un un L (= je libère) et l'autre un D ou un C (je condamne). Les votants passent sur un pont pour aller déposer leur bulletin dans l'urne. Avant Marius, ces ponts étaient assez larges pour qu'y stationnent des partisans « influents ». Marius les fit donc rétrécir ! Mais l'usage du pont demeura car il permettait un contrôle pour éviter qu'un citoyen ne vote deux fois.

PARTIS POLITIQUES

Il n'a pas existé, à Rome, de partis politiques au sens où nous l'entendons. Cependant, sous la République, nous pouvons distinguer **deux grands mouvements d'opinions**, d'une part **les** *optimates* (= les meilleurs), regroupant des aristocrates (mais pas tous les nobles) et qui sont les tenants du conservatisme en politique, et d'autre part **les** *populares* (= les populaires), hostiles au Sénat, comprenant ceux qui s'appuient sur la plèbe pour gouverner.

Les *populares* apparaissent au IIIᵉ s. avant notre ère, au moment où des hommes issus de la plèbe parviennent aux premiers cercles du pouvoir. Ils développent des théories nourries de la philosophie grecque, mais aussi de la tradition romaine et se réfèrent volontiers à un mythique âge d'or où « la sainte pauvreté des origines » ne permettait pas à quelques-uns d'opprimer les autres. Ils prônent les distributions gratuites au peuple et proposent des lois sociales (par ex. les lois agraires des frères Gracques – cf. ce nom). Mais ces idées sont aussi le moyen pour certains hommes ambitieux de bâtir une carrière politique (Flaminius, Marius, Cinna, Catilina, Pompée, Crassus, César sont les plus célèbres).

En fait, **il faut plutôt parler de factions** qui sont toutes dévouées à leur chef (la faction de Marius, ou celle de César), **et ces factions se regroupent en** *partes*. Cela est dû à la nature des liens qui unissent les hommes entre eux, aux réseaux tissés par le clientélisme politique que soude la *fides* entre des clients et leur patron (cf. République, chap. 1 ; classes sociales).

• LA JUSTICE

DROIT

Les Romains sont demeurés célèbres pour leur droit qui, jusqu'à nos jours, a servi de référence aux civilisations qui leur ont succédé. Pourtant, son élaboration savante a demandé plusieurs siècles. **Privilège royal à l'origine, le droit est d'abord élaboré et exercé par les Pontifes qui règlent l'essentiel de la vie de la cité, à commencer par l'organisation du temps** (cf. calendrier, chap. 5). D'abord empirique et oral, il s'applique aux patriciens et s'appuie sur la coutume (le *mos majorum*). La première formulation écrite remonte légendairement au milieu du Ve s. avant notre ère, quand les plébéiens réclament que leurs droits soient reconnus par une loi écrite. Dix anciens consuls (les Decemvirs) auraient alors été réunis en commission pour rédiger ce code qui fut affiché au *Forum*. Il s'agit de **la Loi des XII tables**. Le texte originel fut brûlé dans l'incendie de Rome en -390 (lors de l'invasion gauloise). Nous savons qu'il proclamait l'égalité des plébéiens et des patriciens et fixait un certain nombre de règles de droit privé et public, définissait des procédures, prévoyait des sanctions et affirmait que la loi serait faite par le peuple.

Le droit est donc sécularisé et les lois ont pour origine les votes des comices (cf. ce mot), les sénatus-consultes (cf. Sénat), les plébiscites et les édits des magistrats qui, à leur entrée en charge, arrêtent des dispositions pour la durée de leur mandat sur les matières relevant de leur compétence. Sous la République, toutes ces lois viennent compléter la Loi des XII tables que chaque Romain connaît par cœur. Sous l'Empire, le droit tire surtout sa source des édits des empereurs, de leurs instructions aux fonctionnaires (*mandata*), de leurs décrets sur des points particuliers et de leurs rescrits (réponses aux questions des particuliers ou des magistrats).

La laïcisation du droit dès le IVe s. avant notre ère permet à des spécialistes, les jurisconsultes, de le faire évoluer de l'application de la coutume vers la recherche de l'équité, sous l'influence des philosophes grecs, notamment des stoïciens. Parmi les plus célèbres de ces jurisconsultes, il faut citer Caton l'Ancien, P. Mucius

Scaevola (consul en -133) ; son fils, Quintus Mucius Scaevola, qui ouvrit la première école de droit, eut pour élève Cicéron, et publia pour la première fois un *jus civile* (droit civil) en 18 livres. Sous l'Empire, à la fin du Ier s., deux écoles rivalisent, celle des Proculiens (fondée par Proculus et Labeo) et celle, plus traditionaliste, des Sabiniens (fondée par Capito et Sabinus). Aux IIe et IIIe s., Gaïus, Papinien, Paul et Ulpien ont laissé une œuvre considérable. Enfin, le code justinien (Justinien fut empereur d'Orient de 527 à 565) rassemble l'essentiel des connaissances juridiques.

JUSTICE

L'organisation de la justice à Rome est particulièrement complexe. Deux remarques préalables :

1 - Il faut distinguer **la justice civile** (*judicia privata*) qui traite des conflits (commerciaux, successoraux, etc.) entre personnes, de certains délits, comme le vol ou l'atteinte à la dignité d'une personne libre (*injuria*), et **la justice criminelle** (*judicia publica*) qui traite de crimes bien définis.

2 - La justice romaine s'opère toujours en deux temps : un magistrat décide de l'instance compétente et désigne le juge qui, lui, conduira le procès et prononcera la sentence.

Sous la République

La justice civile

La première phase se déroule devant un magistrat : généralement le préteur (les édiles curules pour les affaires commerciales ; le censeur, le consul ou le questeur si le conflit oppose un particulier à l'État ; le grand pontife si le délit est d'ordre religieux). Le magistrat désigne un juge-arbitre qui est un particulier, choisi sur une liste dressée par le préteur. Pour être juge, il faut avoir plus de 30 ans et être connu pour sa haute moralité. Jusqu'en -123, les juges sont pris parmi les sénateurs ; de -123 à -81 parmi les chevaliers ; de -81 à -70 parmi les sénateurs. Ensuite, ils sont indifféremment l'un et l'autre, mais doivent posséder une fortune minimum de 300 000 sesterces. Les tribunaux comptent de 3 à 11 membres. Certains litiges particuliers sont tranchés par des juges permanents : par ex. les Centumvirs (en fait 105 membres, 3 par tribu) pour les questions de succession et de propriété, ou les Decemvirs (= 10 juges) pour trancher les causes relatives à la condition des personnes.

Il existe deux types de procédures :

– **Une forme ancienne, symbolique et formaliste**, qui disparaît à la fin de la République, dite « des actions de la loi » *(per legis actiones)*. Le rituel à observer est fort complexe. Si le plaideur s'y conforme sans aucune faute, il est certain d'obtenir gain de cause.

– **Une autre forme, plus simple et plus récente (fin IIe s.) est appelée « formulaire »**. Les parties exposent leur affaire à un magistrat qui accorde ou non au demandeur « une formule », c'est-à-dire un texte dans lequel sont notifiés le nom du juge, le résumé de l'affaire, les prétentions du demandeur et l'engagement de celui-ci à respecter la décision du juge. Le préteur prononce les trois mots symboliques *do, dico, addico* (ce qui, avec les compléments sous-entendus signifie : « je désigne » [le juge], « je dis » [le droit], « j'assigne » [l'objet en litige]). Le juge n'a aucune possibilité de s'écarter de la « formule » fixée. Au tribunal, les jurisconsultes et les avocats plaident (théoriquement gratuitement) ; on entend les témoins, on fournit des preuves, puis le juge rend sa sentence.

La justice criminelle

À l'origine, elle relève des comices centuriates. Tout citoyen bénéficie du *jus provocationis* (cf. citoyenneté). Devant la lenteur des procédures et l'incompétence des comices, les affaires criminelles furent confiées à des tribunaux *(quaestiones)* d'abord extraordinaires, puis permanents, à partir du IIe s., devant l'abondance des crimes.

Au Ier s., sont définis **huit chefs d'accusation** qui relèvent de ces tribunaux : la concussion *(de repetundis)*, le détournement de deniers publics *(de speculatu)*, les assassinats et empoisonnements *(de sicariis et veneficiis)*, la corruption et la brigue électorales *(de ambitu)*, la lèse-majesté, c'est-à-dire l'atteinte à la dignité de l'État ou de celle de ses représentants *(de majestate)*, les faux *(de falsis)*, les violences *(de vi)*, l'atteinte à la liberté de vote par des sodalités (outre les confréries religieuses, le mot désigne les comités électoraux) *(de sodaliciis)*.

Chaque tribunal comprend un président (en général un pré-teur, puis un magistrat chargé de cette fonction) et des jurés tirés au sort sur la liste des juges (cf. supra), en nombre variable. Le pro-cès a lieu au *Forum* ou dans une basilique.

L'accusateur doit prêter le serment de poursuivre jusqu'au bout, sous peine de sanctions. Il est entendu, ainsi que l'accusé et ses avocats. Témoins et preuves sont présentés. À l'issue des débats, le président demande aux jurés si leur conviction est faite. Dans l'affirmative, on procède au vote avec des tablettes compor-tant la lettre A (= *Absolvo*) et C (= *Condamno*). En cas d'égalité, l'ac-cusé est absous. Le jugement est sans appel. Les peines sont fixées par la loi : prison, relégation, amendes, perte de droits politiques, coups de verges… ou plus gravement, l'exil avec interdiction de l'eau et du feu, c'est-à-dire la mort civile (l'homme devient *sacer*). Le condamné à mort peut être pendu, étranglé, décapité ou pré-cipité du haut de la Roche Tarpéienne.

Sous l'Empire

La justice civile

Le juge suprême est l'empereur, qui peut juger lui-même ou déléguer son pouvoir à un magistrat, à un préfet ou, le plus sou-vent, à un fonctionnaire. Une nouvelle procédure voit le jour, celle de la requête à l'empereur *(libellus)* par laquelle le demandeur s'adresse au prince. Celui-ci répond lui-même ou transmet à la chancellerie qui désigne un juge.

La justice criminelle

Là encore, l'empereur est le juge suprême. Il délègue ses pou-voirs. Le Sénat joue aussi un rôle nouveau dans ce domaine, mais le plus souvent mineur. De nouvelles peines sont instituées : tra-vaux forcés dans les mines, déportation dans une petite île médi-terranéenne (avec déchéance des droits de citoyen), la mort sur la croix ou dans l'arène (comme gladiateur ou livré aux fauves).

ROME

• LES FINANCES

FINANCES

Sous la République

La haute direction des finances appartient au Sénat. Les censeurs, ou, à défaut, les consuls, les édiles et les questeurs sont chargés de la gestion des fonds. Le trésor *(aerarium)* est déposé dans le temple de Saturne et confié à la garde des questeurs.

Pour la perception de certains impôts, l'État, qui ne dispose pas d'un corps d'agents publics, a recours à des publicains, généralement de riches chevaliers qui s'associent en formant des sociétés privées (cf. classes sociales). Ceux-ci afferment les impôts pour une somme déterminée, due à l'État, mais qu'ils majorent à leur guise, s'enrichissant avec la différence. Les sénateurs, en tant que contrôleurs de l'impôt, sont exclus de cette lucrative entreprise. Ces mêmes publicains empruntent à Rome, à un taux de 8 à 12 %, de l'argent qu'ils prêtent dans les provinces moyennant un intérêt pouvant atteindre 50 %. Ces pratiques se développent dès la deuxième guerre punique et **favorisent l'enrichissement de certaines classes sociales en donnant une place prépondérante à la fortune mobilière alors que, jusqu'au IIIe s., la vraie fortune reconnue était foncière, seul signe de noblesse.**

Les recettes

- l'impôt sur le revenu *(tributum)* = 1 à 4 pour mille, a beaucoup rapporté au trésor. Les richesses apportées par les conquêtes permirent de le supprimer après celle de la Macédoine en -167. Seuls les provinciaux continuèrent à le verser, en espèces *(stipendium)* ou en nature *(vectigal* = environ 1/10 du produit du sol).
- les impôts indirects *(portoria)* = droits de douanes (y compris à l'intérieur de l'Empire), de port, de marché…
- les revenus des domaines publics = lieux publics et parcelles de l'*ager publicus* loués à des particuliers (mines, pêcheries, forêts, etc.).

    – les revenus des provinces (en particulier le tribut : voir ci-dessus).

    – le butin pris à la guerre et les legs dont l'État peut bénéficier.

Les dépenses

    – les cultes publics : entretien et salaires des prêtres qui sont assimilables à des fonctionnaires religieux (cf. prêtres, chap. 6), construction des temples, organisation des jeux et des cérémonies (cf. jeux, chap. 9).

    – les travaux publics : édifices, routes, aqueducs, etc., à Rome et dans l'Empire.

    – l'armée et la marine : surtout à partir de l'institution de la solde (IVe s.) et plus encore après la réforme de Marius (cf. armée).

    – les fonctionnaires subalternes (les magistratures, elles, sont gratuites).

    – le gouvernement des provinces.

    – la distribution gratuite ou à bas prix de grain *(congiaria)* à de nombreux citoyens de Rome. César ramena le nombre des bénéficiaires de 300 000 à 150 000.

Sous l'Empire

L'État exerce une étroite surveillance des publicains, puis se charge de la perception des impôts (seules les douanes restent affermées à la fin du IIe s.). À l'ancien trésor, s'ajoutent le trésor impérial *(fiscus Caesaris,* pour l'administration impériale), la caisse militaire et la fortune privée *(patrimonium).*

Les recettes

Aux anciennes formes de revenus, s'ajoutent de nouveaux impôts indirects, créés par Auguste pour la plupart d'entre eux : 1/20 sur les héritages (sauf pour les proches parents) ; 1/25 sur la vente des esclaves ; 1/100 sur les ventes publiques, etc. Il est à noter aussi que l'*ager publicus* disparaît progressivement en Italie et que tous les Italiens sont traités comme citoyens romains.

Les dépenses

Celles qui concernent l'armée, les travaux publics… demeurent les mêmes. Deux domaines se développent considérablement :

- l'administration impériale avec l'organisation des bureaux, l'augmentation du nombre de fonctionnaires, la création de la poste impériale, sans oublier le train de vie du palais.
- les distributions gratuites (ou à bas prix) étendues au vin, à l'huile, à la viande…, le *donativum*, récompense de l'empereur à ses troupes, les subventions aux familles pauvres (*alimenta*), et les jeux pour distraire le peuple (cf. loisirs, chap. 9. Rappelons la célèbre formule de Juvénal : « Du pain et des Jeux »).

• LE POUVOIR MILITAIRE

ARMÉE

Elle fut tout au long de son histoire **l'un des éléments majeurs de la puissance et de la gloire de Rome.** On peut distinguer cinq étapes principales de son évolution.

– **L'armée royale** avant Servius Tullius est composée d'une légion formée de citoyens : les patriciens et leurs clients, issus des trois tribus primitives. En tout, 3 000 fantassins et 300 cavaliers, plus des soldats armés légèrement.

– **La réforme attribuée à Servius Tullius** réorganise la société en cinq classes selon la fortune, divisées en centuries. S'y ajoutent une centurie d'ouvriers, deux de musiciens et une de prolétaires (possédant moins de 11 000 as – cf. classes sociales, comices. L'armée devient donc censitaire. Tous les citoyens doivent à la cité le service armé, mais, comme les soldats s'équipent à leurs frais, les prolétaires en sont exemptés. **De plus, la défense du pays relève du devoir des citoyens, mais les Romains estimaient qu'il fallait avoir un bien à défendre pour être un soldat courageux.** La richesse crée donc la hiérarchie militaire. Les plus riches forment la cavalerie.

Un citoyen doit servir de 17 à 60 ans. Les *juniores* représentent l'armée active (de 17 à 46 ans) et les *seniores* la réserve (de 46 à 60 ans). La légion comprend 4 000 hommes environ.

– **Dès la fin du Vᵉ s.,** l'armée évolue sous l'impulsion du dictateur Camille (qui sera le vainqueur des Gaulois en -390). Elle s'étoffe de troupes fournies par les alliés (cf. Italie, chap. 2) et de troupes auxiliaires (des mercenaires étrangers généralement spécialisés, comme les archers crétois ou les frondeurs des Baléares). Elle s'organise aussi avec des services annexes (intendance, santé, génie, etc.). Rome lève ordinairement quatre légions de 4 200 à 4 500 hommes dont les divisions ne reposent plus sur la fortune, mais sur la valeur des soldats. (Camille instaure d'ailleurs la solde en -406). On y trouve trois catégories : les plus jeunes *(hastati)*, les plus expérimentés *(principes)* et les vétérans *(triarii ou pilani)* gardés en réserve. L'unité de base est le manipule (120 hommes) formé de 2 centuries. S'y ajoutent les cavaliers (300, divisés en 10 escadrons, ou *turmae*), les troupes légères et la garde du général.

L'armée est dirigée par un général *(dux)* ayant l'*imperium*, reconnaissable à son grand manteau rouge *(paludamentum)*. La victoire lui confère le titre d'*imperator*. Il est assisté de légats, d'un questeur-intendant et de tribuns militaires (élus). Un centurion commande un manipule, et a sous ses ordres deux lieutenants *(optio)*. Le centurion le plus élevé dans la hiérarchie s'appelle primipile *(primus pilus)*. Dans la cavalerie, les escadrons, menés par des préfets, sont divisés en décuries commandées par des décurions. Les troupes des alliés sont sous les ordres de préfets.

Il est évident que les citoyens ne servent pas à l'armée en continu. **Théoriquement, Rome ne possède même pas d'armée permanente.** Elle ne lève des soldats que pour affronter un conflit précis, et la mobilisation ne dure que le temps de la campagne. Or les citoyens ne sont pas tous recrutés pour toutes les campagnes. Chacun accomplit entre 10 et 15 campagnes dans sa vie, chacune excédant rarement quelques mois. Seules des guerres aussi importantes que la deuxième guerre punique bouleversent ces estimations moyennes, et l'on peut voir alors des hommes rester au front plusieurs années d'affilée, ce qui ne va pas sans conséquences pour l'économie romaine (cf. agriculture).

– **Au IIᵉ s. avant notre ère**, l'évolution de Rome va nécessiter **une réforme importante conduite par Marius** en -107. En effet, les citoyens aisés rechignent à quitter leurs affaires dans un monde à l'évolution économique rapide et profonde pour se lancer dans des guerres de plus en plus lointaines et de plus en plus longues. Parallèlement, les citoyens pauvres et oisifs sont de plus en plus nombreux. Souvent ruinés et chassés de la campagne, ils s'entassent en ville. D'autre part, Rome se trouve à la tête d'un empire grandissant qui exige, pour y maintenir l'ordre, de nouveaux moyens. Marius crée donc une nouvelle armée, de métier, ouverte à tous les citoyens, qui offre notamment une occupation aux plus pauvres. Car le soldat s'engage pour 16 ans. La solde et le butin lui offrent une vraie perspective d'avenir.

L'essentiel de la réforme consiste à mettre en place une nouvelle légion de 6 000 hommes. Une légion comprend 10 cohortes, une cohorte = 3 manipules de 200 hommes (*hastati*, *principes* et *triarii*), chaque manipule = 2 centuries. S'ajoutent la cavalerie et les auxiliaires. À partir de la guerre Sociale (90-89), tous les Italiens reçoivent la citoyenneté romaine et l'armée s'ouvre à eux. Marius donne en outre à la légion un emblème commun, l'aigle, qui vient se superposer aux *signa* des manipules.

Le revers de cette réforme tient dans le changement de mentalité de cette armée. Les soldats deviennent des citoyens-mercenaires qui, souvent, n'ont rien à perdre et tout à gagner avec le butin que promettent leurs chefs. Ils sont donc parfois plus attachés à leur général qu'à la République. Si ces généraux poursuivent une ambition personnelle, il leur est facile de s'appuyer sur leurs troupes. Les guerres civiles en feront la démonstration. **L'armée devient alors une menace pour la stabilité de l'État.** C'est ce qu'Auguste a bien compris. En instaurant le principat, il ne laisse à Rome que quelques cohortes nécessaires pour assurer la sécurité et cantonne les légions aux frontières de l'Empire pour le préserver contre les barbares.

– **Sous l'Empire**, l'armée reste organisée en légions qui se distinguent entre elles par un numéro et un surnom. Auguste arrête le nombre des légions à 25 (33 à partir de Septime Sévère). L'empereur en est le général en chef. L'armée accueille désormais les provinciaux qui acquièrent ainsi le droit de cité. L'engagement est de 20 ans. Chaque légion est commandée par un légat assisté de 6 tribuns.

La solde a augmenté. En -200, elle était de 120 deniers. Elle passe à 225 deniers sous Jules César, et, sous Domitien à 360 pour les soldats des cohortes urbaines et 720 pour les prétoriens (ceux qui restent à Rome). À la fin de son service, un légionnaire touche une pension de 12 000 sesterces (20 000 pour un prétorien). Il devient alors *emeritus*, mais peut encore servir parmi les vétérans.

L'armée, sous l'Empire, continue à jouer un rôle politique en faisant ou défaisant les empereurs, surtout dans les périodes de crise. L'empereur a donc intérêt à se montrer généreux avec les soldats.

À son avènement, la tradition veut qu'il fasse un cadeau en argent à chacun : le *donativum* (cf. soldat, stratégie, *limes*, chap. 2).

SOLDAT

Jusqu'à la réforme de Marius en -107, les citoyens qui possèdent un cens minimum (11 000 puis 4 000 as) doivent accomplir un service armé. C'est un des devoirs du citoyen romain (cf. citoyenneté et armée).

Recrutement

Avant que l'armée se professionnalise, le consul, avec l'approbation du Sénat, est chargé de la levée des troupes. Pendant 30 jours, un drapeau rouge flotte sur le Capitole. Les citoyens se présentent pour ce *dilectus*. Leurs états de service antérieurs sont examinés, en même temps que leurs titres éventuels à une dispense. Les consuls retiennent le nombre d'hommes fixés par le Sénat, et ceux-ci prêtent serment. En cas d'urgence, le consul peut procéder à une levée en masse *(tumultus)* où tous les hommes valides sont enrôlés. Même après la réforme de Marius, il peut être procédé au *tumultus*, et les hommes qui veulent faire une carrière politique doivent obligatoirement effectuer un service armé.

Équipement

À l'époque où les soldats devaient payer leur équipement, celui-ci variait selon les fortunes, et le rang occupé dans l'armée. Il était évidemment différent pour les fantassins et pour les cavaliers (lance légère et bouclier rond). Outre le casque en bronze ou en cuir et le pectoral (ou la cotte de maille), le légionnaire porte la lance *(hasta)*, deux javelots *(pilum* = 2 m de long, portée 30 m), l'épée courte au côté droit *(gladius)* et un bouclier long dont la forme a varié *(scutum)*. Chaque soldat se déplace avec 30 à 35 kg de bagages. Il porte aux pieds des chaussures à semelles de cuir protégées par une semelle de plomb. On comprend pourquoi le bruit cadencé du pas des légions s'entend de loin !

Nourriture

La base en est le blé et le ravitaillement de l'armée est un souci constant des généraux. Le repas type se compose de pain (1 kg par jour), de lard (100 g), éventuellement de fromage, et d'un 1/2 l de vin (*i.e.* du vinaigre mélangé d'eau).

Discipline

Elle est très stricte. Le soldat, par le serment qu'il prête, s'intègre à la communauté des combattants. Il n'a pas perdu sa conscience de citoyen. Il jure de ne point s'enfuir par lâcheté, de ne pas quitter les rangs sauf pour prendre ou ramasser une arme, de frapper l'ennemi et de sauver ses concitoyens. Il sait qu'il sera puni sévèrement pour désobéissance ou acte de lâcheté, pour s'être relâché ou avoir perdu le mot de passe, mais aussi pour vol, crime sexuel ou faux témoignage. Amendes, verges, bastonnade, il encourt jusqu'à la mort. Mais **il redoute avant tout le déshonneur** par mise en cause devant tous, car cette honte lui restera attachée quand il sera redevenu un civil. De même, il est surtout sensible aux éloges et aux décorations honorifiques (médaillons, couronnes, bracelets, etc.)

Les généraux, eux, espèrent qu'on leur votera des prières publiques de remerciement (supplications), une ovation (entrée solennelle à Rome) ou même le triomphe (cf. culte public). Mais sous l'Empire, ces marques de gloire sont réservées à l'empereur, et les généraux doivent se contenter de distinctions ou de décorations.

STRATÉGIE

L'armée en marche *(agmen)* se déplace à une vitesse de 25 km par jour (50 km et plus pour les marches forcées), avec armes et bagages. Le gros de l'armée est précédé d'éclaireurs et d'espions. L'avant-garde et l'arrière-garde sont formées de cavaliers et de troupes légères (cf. armée, soldats).

Les camps

Une armée établit chaque soir un camp fortifié qui peut être temporaire ou devenir permanent. Les éclaireurs en choisissent l'emplacement à proximité d'eau, de bois et de fourrage. Un augure en délimite l'ensemble selon les rites, comme pour la fondation d'une ville. Carré ou rectangulaire, le camp compte généralement quatre portes (au centre de chaque côté) où débouchent le *cardo maximus* et le *decumanus maximus*, les deux principales artères. Deux légions occupent environ 40 hectares (500 m x 800 m). Au centre, la tente du général avec l'état-major et le *forum*, comme pour une ville en réduction. Le camp est protégé par un fossé de 4 m de large sur 3 de profondeur. La terre ainsi enlevée permet d'élever un talus où sont plantés les pieux (portés par les soldats) qui forment une palissade. L'édifice se complète de tours, à l'intérieur, et de divers pièges à l'extérieur pour briser l'élan de l'ennemi (pour un siège). Les soldats manient donc aussi bien la pelle que le javelot ! (cf. plan).

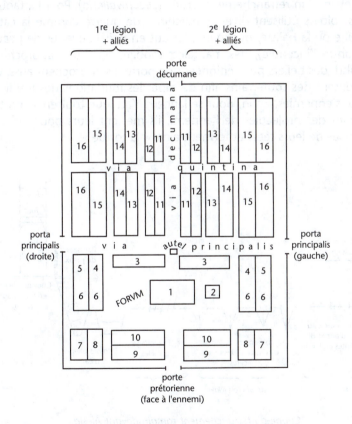

1 : *Praetorium* (quartier général). 2 : *Quaestorium* (tente du questeur-trésor). 3 : Tribuns. 4 : Légats. 5 : Préfets des Alliés. 6 : Troupes d'élite. 7 : Fantassins auxiliaires. 8 : Cavaliers auxiliaires. 9 : Fantassins de réserve. 10 : Cavaliers de réserve. 11 : Cavaliers romains. 12 : *Triarii*. 13 : *Principes*. 14 : *Hastati*. 15 : Cavaliers alliés. 16 : Fantassins alliés

Le camp de deux légions (occupe environ 45 ha).

Au combat

La phalange massive des origines a laissé place à une organisation dans laquelle les légions au centre sont flanquées des troupes alliées, et les ailes sont formées par la cavalerie. Chaque légion se présente sur trois lignes de manipules en quinconce. Au signal, les soldats lancent le javelot avant de se jeter dans le corps à corps, à moins que la situation n'exige des tactiques plus complexes.

Le siège

Un siège commence par le blocus de la place à prendre au moyen d'un retranchement fortifié *(circumvallatio)*. Pour l'attaque, les soldats utilisent diverses machines de guerre comme la catapulte ou la baliste, des tours d'assaut en bois couvertes de peaux (contre l'incendie), des mantelets mobiles pour une approche à l'abri, des béliers pour enfoncer une porte. Ils approchent aussi en creusant des souterrains afin de saper les fondations des fortifications ennemies. Enfin, pour se lancer à l'attaque tout en se protégeant des projectiles de l'ennemi, ils mettent leurs boucliers au-dessus de leurs têtes et forment ainsi « la tortue ».

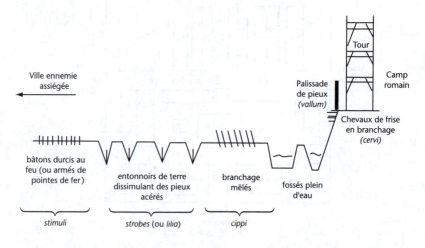

Coupe du retranchement romain devant Alésia.

MARINE

Les Romains n'ont jamais été d'excellents marins, surtout en comparaison des Grecs, des Carthaginois ou des Étrusques.

• **Marine de guerre :** C'est la lutte contre Carthage (1re guerre punique) qui contraint les Romains à construire une flotte, et à inventer le grappin appelé « corbeau » afin de permettre l'abordage du bateau ennemi en l'immobilisant. La première victoire est due à Duilius, en -260, à Myles. Les principales heures de gloire de la marine romaine se situent en -67, quand Pompée défait les pirates de Méditerranée orientale, en -36 contre Sextus Pompée, et en -31 à Actium, quand Octave bat Antoine et Cléopâtre. **Sous l'Empire, cinq grandes flottes principales** sont basées à Fréjus, Ravenne, Misène, Alexandrie et dans les ports syriens. Elles sont commandées par des préfets et recrutent principalement leur équipage parmi les affranchis, les pérégrins, et aussi les esclaves (La durée du service est de 26 ans). Les vaisseaux sont appelés « bateaux longs » et marchent à la rame et à la voile. Ils comptent de 2 à 5 rangs de rameurs (= birèmes, trirèmes – les plus nombreux –, quadrirèmes et quinquérèmes – sur une quinquérème : 300 rameurs et 120 soldats).

• **Marine marchande :** Elle existait avant la marine de guerre. Elle utilise des bateaux aux flanc arrondis, mus à la voile. Les plus importants atteignent plusieurs centaines de tonneaux et quelques-uns dépassent les 1 000 tonneaux, comme ceux de la flotte du blé qui, sous l'Empire, vont chercher les céréales en Égypte pour l'approvisionnement de Rome. Ils sont conduits par un *gubernator*, mais l'armateur, qui est « le maître du navire », reste à terre et gère ses affaires. Les routes n'étant pas toujours faciles à pratiquer, c'est essentiellement sur mer que s'exerce le commerce le plus important (cf. voyages, chap. 9 ; commerce, chap. 4).

• **Marine de plaisance :** Les Anciens utilisent aussi des petits bateaux en bois de formes diverses pour la pêche ou les loisirs. Propulsés à la voile, ils sont guidés par deux grandes rames fixées à la poupe en guise de gouvernail.

IV

LA VIE ÉCONOMIQUE

Avant d'être un citadin, le Romain fut d'abord un paysan, un homme de la terre. À quelques exceptions près, comme César, aucun des hommes qui ont construit l'histoire n'est né dans la capitale. Chacun est venu à la ville, comme attiré par un aimant, mais personne n'a oublié ce petit coin d'Italie où il a vu le jour, où ses ancêtres ont peiné, avec le plus souvent, une maigre pitance pour tout salaire. Tous ceux qui sont « montés » à Rome ont emporté au fond de l'âme un peu de leur « petite patrie » ainsi que l'on disait encore au temps de Cicéron.

L'histoire des premiers temps se confond, dans la mémoire collective, avec celle d'une survie difficile, et l'on croit se souvenir que cette vie dure, peu lucrative, s'accordait avec les valeurs qui firent la grandeur du nom romain, cette vertu dont un Caton se faisait le défenseur. Si bien qu'au cœur de la Ville corrompue, les professeurs de morale rappelaient « la sainte pauvreté des origines » et que les hommes politiques « populaires » s'y référaient comme à une valeur fondamentale à jamais perdue.

De fait, pendant presque toute la romanité, il n'y eut guère d'économie qu'agricole. **La terre nourricière déterminait les fortunes** sans artifices : à la dimension du domaine se jaugeait l'importance sociale du propriétaire et s'estimaient les richesses des uns et des autres. Mais tous, riches ou pauvres, jouissaient de **la liberté** et avaient un bien à défendre. Le soldat devenu paysan assurait fièrement à la fois la protection et la prospérité de Rome – Cincinnatus en fut le symbole.

Puis les temps ont changé. Rome grandit et la situation évolua avec la conquête d'un empire immense et le pas que prit la fortune mobilière sur la fortune foncière. Il fallait de l'argent, et il devenait difficile d'être riche lorsque les revenus provenaient du travail de la terre. Pour différentes raisons, beaucoup de propriétaires n'avaient d'autres solutions que d'agrandir leur domaine, ou disparaître. Il fallait s'adapter. La deuxième guerre punique et la conquête orientale portèrent un coup fatal au petit paysan. Il revenait moins cher pour Rome d'importer son blé par bateaux entiers depuis l'Afrique ou l'Égypte que de le faire venir du cœur de l'Italie, dans de modestes tombereaux tirés par des bœufs sur les chemins pentus et caillouteux des Apennins. Dans le même temps, les habitudes alimentaires se modifièrent. Les nouvelles richesses développèrent le goût du luxe. Les gros propriétaires durent se spécialiser dans une production plus lucrative, voire l'élevage de luxe, oiseaux ou poissons à la mode culinaire qui atteignaient au marché des prix inimaginables. Plus de mille sesterces pour une paire de pigeons gras quand un vulgaire poulet ne valait que deux ou trois as.

L'exode rural s'intensifia, même si, précisons-le, jamais la petite propriété ni la polyculture ne disparurent en Italie. Aux paysans ruinés restait le choix entre une vie oisive et misérable à la ville ou bien louer leurs services dans les grands domaines. Dans le premier cas, ils allaient souvent grossir cette foule de sans-abris qui traînaient leur misère dans les rues de Rome en semant l'insécurité. Dans le second, ils n'étaient pas mieux traités que les esclaves des domaines et avaient pour chef l'intendant, lui-même esclave de confiance du maître. Les campagnes, donc, se dépeuplaient. C'est-à-dire qu'elles se vidaient de leurs paysans libres qui étaient remplacés par des esclaves, avec les menaces de révolte que cela comportait.

Ainsi le paysan changea-t-il de statut. Et même si, à l'époque de Virgile, les poètes se plaisaient à chanter la douceur épicurienne d'une vie retirée à la campagne, à rêver au calme coucher du soleil derrière la colline ou au tendre accueil que ses enfants réservaient au laboureur harassé, la réalité est tout autre. À la fin de la République, le paysan est méprisé, brocardé pour sa rusticité, si contraire à l'urbanité des habitants de la ville. Il sent le bouc et en a les manières. Le paysan d'Horace n'offre des poires au poète que parce qu'elles sont bonnes à donner aux cochons… (*Épîtres* I, VII, 15 - 19). Bref, c'est un sauvage, un *trux*. Moqué, rejeté, il est déjà prêt à devenir, sous l'Empire, le colon dévoué au gros propriétaire, puis, dès Constantin, le serviteur attaché à sa terre et dévoué à son maître comme le sera le serf à son seigneur.

Ce chapitre comprend des rubriques sur **les différents domaines de l'économie** (agriculture, industrie, commerce), ainsi que sur les unités de mesures et la monnaie.

AGRICULTURE

Les premiers Romains semblent avoir plutôt été des éleveurs et ont sans doute appris l'agriculture des Sabins et des Étrusques qui étaient très avancés dans la pratique de l'irrigation et de l'assainissement des sols. (De ce point de vue, sans un travail incessant, la région de Rome était impropre à la culture). Les terres appartiennent aux *gentes* (cf. classes sociales, chap. 3) qui les répartissent en lots distribués aux familles les composant. Les lopins sont de petites tailles (à l'origine, le mot *hortus* – le jardin, à l'époque classique – désignait le champ).

Il faut distinguer entre les terres privées et les terres publiques (*ager publicus*, cf. ce mot). Sous la République, et notamment après la deuxième guerre punique, les propriétés privées s'agrandissent, sans pour autant atteindre des superficies très importantes. Au Iᵉʳ s. avant notre ère, on considère comme une grande terre un domaine de 50 ou 70 hectares. Les petits propriétaires peuvent vivre avec leur famille sur une propriété de 10 jugères, soit 2,5 hectares (le **jugère** – 0,25 hectare – correspond à la superficie qu'un homme peut labourer en une journée). **Dès le IIᵉ s., les changements apportés par la deuxième guerre punique et les conquêtes entraînent une évolution économique et sociale.** Les petits paysans, souvent contraints par la ruine d'aller grossir la plèbe urbaine, désertent les campagnes. Cet **exode rural** favorise un agrandissement des domaines des plus gros propriétaires qui ont d'ailleurs besoin de produire plus et autrement pour se maintenir. Apparaissent peu à peu des *latifundia*. Toutefois ceux-ci sont rarement des domaines d'un seul tenant. Il s'agit plutôt de parcelles moyennes que le maître possède dans diverses régions et qui, au total, peuvent former une propriété de 500, 1 000 hectares, voire davantage. Sous l'Empire, beaucoup de propriétaires constatent que de trop vastes terres coûtent cher à faire cultiver et ne rapportent pas assez. Ils divisent alors leurs domaines en lots de petite taille dont ils confient l'entretien à des colons libres *(colonus)*, petits paysans sans terre, contre une redevance en nature et/ou en argent. Ces colons se verront peu à peu attachés à leur parcelle et deviendront les ancêtres des serfs de la glèbe du Moyen Âge.

La ferme *(villa)* est essentiellement peuplée d'esclaves. À l'époque de **Caton l'Ancien**, une ferme moyenne nécessite une quinzaine de permanents auxquels s'ajoutent, pour certains travaux, des ouvriers saisonniers qui sont parfois des hommes libres. Tous sont placés sous la direction d'un intendant *(vilicus)*, lui-même esclave, et homme de confiance du maître qui, de plus en plus, habite en ville et visite ses terres de temps à autre. Plus le domaine est grand, plus il nécessite d'esclaves. Mais ceux-ci doivent être surveillés, et il faut compter 1 surveillant *(monitor)* pour 10 ouvriers. Si une grande ferme emploie 500 esclaves, 50 bouches non productives à nourrir coûtent trop cher. D'où le système du colonat sous l'Empire (cf. esclave, chap. 3).

Les cultures pratiquées ont évolué sous la République, notamment en raison des bouleversements qu'a connus l'économie dans les deux derniers siècles. La polyculture vivrière, générale pendant les premiers siècles, a laissé la place (sans jamais disparaître) à une agriculture spécialisée destinée à réaliser des profits. Les céréales cessent d'être le premier poste de production en faveur de la vigne et des oliviers, plus rentables. Le blé, le potager, ne sont plus cultivés que pour les besoins des habitants de la ferme qui produisent tout ce qui leur est nécessaire. La devise est de vendre, mais de ne rien acheter. Or le blé coûte moins cher à importer de Sicile, puis d'Égypte et d'Afrique. L'Italie se spécialise dans certaines productions de luxe, et développe aussi les vergers et l'élevage. Paradoxalement, **la maîtresse de la Méditerranée devient dépendante de ses conquêtes pour l'alimentation de base**. L'élevage prend un nouvel essor au Ier s. avant notre ère, où se développe la transhumance, notamment sur l'*ager publicus* du Sud italien. Moutons, chevaux, bœufs, chèvres sont élevés en grand nombre. À la ferme, outre le porc et les volailles, les petits oiseaux, les poissons d'eau douce et d'eau de mer sont privilégiés parce qu'ils sont des produits de luxe et rapportent beaucoup. L'apiculture occupe également une grande place puisque, dans l'Antiquité, le miel tient lieu de sucre.

Les techniques agricoles évoluent peu dans l'Antiquité et les outils restent assez rudimentaires (l'araire, la herse, la faux, la houe,

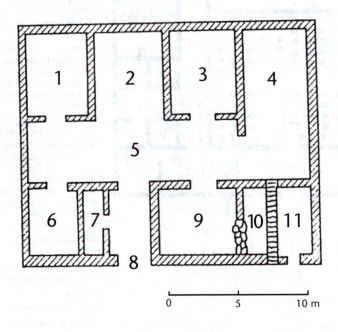

Villa Sambuco (essai de reconstitution d'après K. White)

1 à 4 : magasins d'entreposition. 5 : couloir. 6 : étable. 7 : escalier.
8 : entrée. 9 : quartier d'habitation des esclaves. 10 : tour. 11 : remise aux
outils.

129

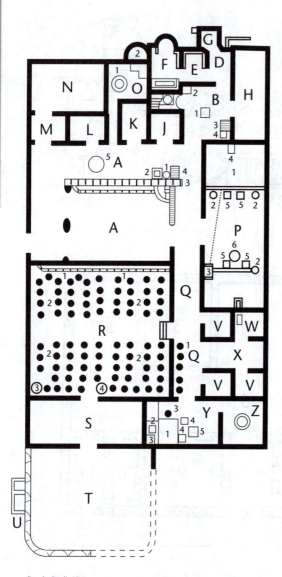

d'après Paoli, *Vita romana*.

Apodyterium : vestiaire des thermes.
Tepidarium : salle tiède qui permet aux baigneurs de s'accoutumer à la différence de température qui règne entre le *Frigidarium* (bain froid) et le *Caldarium*.
Caldarium : bain chaud. *Cubicula* : chambres. *Defrutum* et *sapa* : vin cuit.

A Cour : **1** et **5** citernes ; **2.** Puits en maçonnerie ; **3.** Caisson en plomb (réserve d'eau pour les bains) ; **4.** Escalier.

B Cuisine : **1.** Foyer ; **2.** Caisson en plomb (comme ci-dessus) ; **3.** Escalier menant à l'étage supérieur construit sur **D-E-F** ; **4.** petite fosse.

C-G Bain : **C** Four avec chaudron. **D** *Apodyterium*. **E** *Tepidarium*. **F** *Caldarium*. **G** Latrines.

H Étable.

J Hangar à outils agricoles.

K-L *Cubicula*

M Passage

N Salle à manger ou réfectoire.

O Boulangerie : **1.** Meules ; **2.** Four.

P Chais : **1.** Pressoir ; **2.** Récipients de terre cuite pour recevoir le moût ; **3.** Citerne pour la vinasse ; **4, 5, 6.** Trous dans la terre pour le pressoir.

Q Corridor : **1.** Jarres enterrées, l'orifice à fleur de terre.

R Cellier à vin : **1.** Petite fosse où s'écoule le moût provenant de P. ; **2.** Jarres enterrées ; **3.** Caisson de plomb avec fourneau (probablement pour obtenir le *defrutum* ou le *sapa* par la cuisson du moût) ; **4.** Citerne.

S Fenil *(nubilarium)*.

T Aire.

U Puits recueillant l'eau de pluie provenant de l'aire.

V Cubicula.

W Chambre à pressoir.

X Pièce à moulin à main.

Y Pressoir à huile : **1.** Emplacement du pressoir ; **2, 4** : Trous et petites fosses ; **3.** Jarres enterrées pour recevoir l'huile ; **5.** Petite fosse.

Z Pièce pour fouler le raisin.

le hoyau, la pelle, etc.), mis à part quelques inventions spectaculaires comme la moissonneuse gauloise qui permettait de « ratisser » rapidement les épis de blé sur les grandes étendues planes. Le bœuf et l'âne sont les plus utiles compagnons du paysan. Le blé, à l'origine grillé pour en extraire le grain (c'est du blé dur), est ensuite battu sur l'aire puis écrasé dans des moulins composés de deux meules en pierre. Le jus du raisin (d'abord pressé avec les pieds puis avec un pressoir) est conservé dans de grandes jarres en terre cuite (enduites de poix) pour la fermentation. Mis en amphore, il est parfois chauffé, et s'épaissit, avec le temps, au point de devoir être dilué avec de l'eau (si possible salée !) afin de pouvoir être consommé. Les Romains, experts en greffes pour les arbres fruitiers, créent de nombreuses variétés et acclimatent des espèces venues d'Asie ou d'Afrique (cerisier, citronnier, etc.). Pour le travail de la terre, ils pratiquent généralement la rotation des cultures de préférence à la jachère.

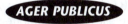

AGER PUBLICUS

À l'issue d'une conquête, Rome confisque une partie plus ou moins importante du territoire du vaincu (jusqu'à la moitié si la résistance aux armées romaines a été tenace). Ces terres constituent l'*ager publicus*, c'est-à-dire le domaine public. **Il appartient au peuple romain et est géré sous l'autorité du Sénat.**

L'État peut utiliser ce bien pour récompenser des soldats méritants, ou régler ses dettes. Il peut en vendre des parcelles. Il peut aussi établir sur ces terres des colons qui vont œuvrer à la romanisation des nouveaux territoires conquis. La plus grande partie de l'*ager publicus* est affermée, qu'il s'agisse de lots incultes (pâturages, forêts) ou de terres cultivables, à des taux variables suivant les activités pratiquées. Les occupants paient une redevance annuelle. Dans les pays conquis, les terres sont souvent louées aux anciens propriétaires.

Après la deuxième guerre punique, les gros propriétaires ont tendance à louer de grandes parcelles de terres sur l'*ager publicus* pour agrandir leur propre domaine, et constituent ainsi de véritables *latifundia*. Vue la difficulté de contrôle, beaucoup étendent illégalement les limites de leur « possession » (= location), chassant parfois de petits colons. Les années passant, ils incluent ces terres louées dans leur bien, et ne paient plus de redevance. C'est pour lutter contre ce vol manifeste du bien du peuple que les **frères Gracques** tentèrent, par deux lois (en - 133 et - 121), de récupérer une partie des terres occupées indûment pour les redistribuer aux plus nécessiteux. Ils n'y réussirent pas. (cf. Gracques). La *lex Sempronia* présentait toutefois l'inconvénient d'attribuer les lots aux seuls citoyens romains, excluant les anciens propriétaires à qui la terre avait été confisquée, mais à qui elle était souvent louée. D'où les risques de troubles que des dirigeants comme Scipion Émilien, hostile à la loi, redoutaient.

INDUSTRIE

Il n'est guère possible de parler d'industrie dans l'Antiquité romaine. Le terme d'artisanat convient mieux, à l'exception de la métallurgie.

Les mines sont la propriété de l'État, et sont généralement affermées aux publicains (cf. finances, chap. 3), quelquefois cédées à des citoyens privés. Qu'elles soient exploitées à ciel ouvert ou dans des galeries souterraines, le travail y est particulièrement pénible. Il est effectué par des esclaves ou des condamnés. Sous l'Empire, les mines sont placées sous la surveillance de procurateurs. Les principaux lieux d'exploitation sont les Balkans (fer, argent), l'Asie Mineure (or, fer, plomb), la Gaule (or, plomb, fer, étain), et surtout l'Espagne (or, plomb, étain, cuivre, fer). **Avec l'épuisement des mines de l'Orient au début de notre ère, le centre de la production passe de l'est à l'ouest de la Méditerranée, donnant à l'Occident un nouvel essor économique.** Le minerai n'est pas traité sur place mais est importé dans certaines régions, spécialisées dans telle ou telle production.

Les autres activités – laine, cuir, bois, etc. – sont exercées à l'échelon artisanal, parfois même à l'échelon familial (vêtements). Chaque région de l'Italie est spécialisée dans telle ou telle fabrication : les tuiles proviennent principalement de Venafrum, les objets de fer de Minturnes, la poterie d'Arezzo, le bronze de Capoue, les vêtements, les jarres et les serrures de Rome, la laine d'Apulie (grande région d'élevage de moutons), etc. Dès le début de l'Empire, on note un certain développement de la production industrielle. Celle-ci s'exporte mieux grâce à l'amélioration du réseau routier et à l'intensification du trafic maritime. Le métal est plus utilisé (le plomb pour les tuyauteries), les briqueteries de

Rome produisent plus (après l'incendie de 64). De nouvelles industries se développent, comme celle du verre soufflé (originaire de l'Égypte).

Le travail manuel étant méprisé, les patrons montent des ateliers où ils font travailler des esclaves. Il existe néanmoins des artisans libres, notamment des affranchis. Ils se regroupent en **associations** *(collegia)*, par professions. Il ne s'agit pas de syndicats et ces « collèges » n'ont qu'un caractère local. Cependant ces associations permettent une entraide entre les travailleurs, et elles reconnaissent, en leur sein, une égalité entre leurs membres (même si ceux-ci, comme il peut arriver, sont esclaves). On trouve, par exemple, une association de foulons à Spolète, une des marchands de laine à Rome, à Préneste, à Capoue, etc.

COMMERCE

Rome fut toujours un grand centre commercial. À ses origines mêmes s'y croisent les commerçants grecs et étrusques qui échangent des marchandises avec les peuples de l'Italie centrale. Devenant peu à peu la maîtresse de l'Italie, puis du monde méditerranéen, c'est vers elle que convergent les denrées les plus variées, par terre (malgré des routes souvent peu praticables – cf. voyages, chap. 9) ou par mer. L'essentiel des productions orientales transite par l'île de Délos dont le port franc forme depuis -166 une plaque tournante du commerce méditerranéen (surtout pour les céréales, les esclaves…). En Italie, **le port de Pouzzolles** est le seul à pouvoir recevoir de gros navires, du moins jusqu'à ce que l'empereur Claude fasse creuser davantage et agrandir celui d'Ostie. Les marchandises sont transbordées dans de plus petits bateaux qui peuvent faire du cabotage et remonter le Tibre jusqu'à Rome où des entrepôts furent construits sur les bords du fleuve dès le IIe s. avant notre ère.

Il faut distinguer le grand commerce (commerce en gros des *negotiatores*) et le petit commerce (celui des boutiquiers, les *mercatores*). Ce dernier est méprisé par les Romains (*mercatores* = voleurs !), tandis qu'ils respectent ceux qui ont l'audace de risquer leur fortune et leur vie pour aller au bout du monde chercher de précieuses marchandises. **Par une loi de - 218, les sénateurs sont exclus de ce grand commerce, auquel se livrent, en revanche,**

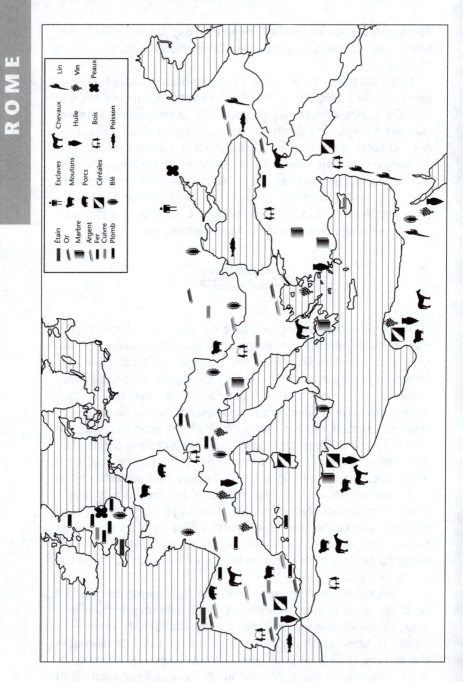

Les principales ressources de l'Empire romain.

les chevaliers et les publicains. Ils forment des sociétés d'affaires *(societates)* à fins lucratives et s'enrichissent parfois considérablement. Pour pallier la rareté des capitaux, les commerçants usent d'un système bancaire qui consiste surtout en un jeu d'écritures auprès de banquiers *(argentarii)* qui sont principalement des prêteurs et des usuriers. Il faut noter que les prix des marchandises sont libres et que les lois qui ont pu être prises pour limiter les abus ont échoué (y compris la volonté de Dioclétien de fixer un prix maximum à ne pas dépasser).

Dès la fin de la République, **le Forum devient une importante place financière**. Il est le cœur des affaires. Les plus riches investissent moins dans la terre et davantage dans les opérations commerciales avec la Méditerranée orientale, certes plus risquées, mais plus lucratives. Ils pratiquent aussi le prêt à usure. Plus l'investissement est risqué, plus le taux est élevé : d'ordinaire de 6 à 10 %, il double facilement. (On connaît la rapacité d'un Caton, ou celle d'un Brutus qui exigeait près de 50 % !).

Rome importe des diverses régions de son empire des produits de première nécessité comme le blé, mais surtout des produits de luxe qu'elle fait venir de l'autre bout du monde. La soie de Chine, le poivre de l'Inde, les épices et les parfums d'Arabie, l'ivoire d'Afrique, l'ambre de la Baltique… sans oublier le coton, les perles, les pierres précieuses. Alexandrie, Palmyre, Antioche, Olbia (sur la mer Noire) sont quelques-unes des portes de l'Empire romain par où pénètrent ces denrées les plus coûteuses. À titre d'exemple, sous Auguste, une flotte de 120 navires quitte chaque année les côtes égyptiennes de la mer Rouge pour effectuer, avec les vents de mousson, la traversée vers le sud de l'Inde (sur la marine marchande, cf. marine, chap. 3). Certaines villes, qui abritent aussi des ateliers où l'on peut transformer au goût romain les marchandises venues d'ailleurs, sont fabuleusement riches.

MESURES

Longueurs

pied carré *(pes quadratus)*	0,086 m^2
jugère *(jugerum)* = 28 800 pieds	25 ares
centurie *(centuria)* = 200 jugères	50 ha

LA VIE ÉCONOMIQUE

Surfaces

doigt *(digitus)*	0,018 m
paume *(palmus)* = 4 doigts	0,07 m
pied *(pes)* = 16 doigts	0,29 m
coude *(cubitus)* = 24 doigts	0,44 m
pas *(passus)* = 5 pieds	1,47 m
mille *(milia passuum)* = 1 000 pas	1 472 m

Volumes

a) liquides : setier *(sextarius)*	0,54 l
conge *(congius)* = 6 setiers	3,28 l
urne *(urna)* = 24 setiers	13,13 l
quadrantal (ou amphore)	26,26 l
tonneau *(culleus)* = 20 amphores	525 l
b) solides : hemine *(hemina)*	0,27 l
setier *(sextarius)*	0,54 l
demi-boisseau *(semimodius)*	4,39 l
boisseau *(modius)* = 16 setiers	8,78 l

Poids

once *(uncia)* = 1/12 livre	27,25 g
livre *(libra)*	327 g

Remarques :
- Les Romains utilisent et mélangent les systèmes décimal et duodécimal selon l'utilité.
- **Les unités de mesure se rapportent à la vie concrète** : le corps humain est la référence pour calculer les longueurs, le jugère (ce qu'un homme peut labourer en une journée) pour les surfaces, l'amphore pour les liquides, etc. Certaines de ces mesures (comme le pied ou la coudée) resteront en usage en France jusqu'à l'instauration du système métrique.
- Les étalons étaient conservés dans le temple de Castor et Pollux sur le Forum, et surveillés par les édiles sous la République et par le préfet de la Ville sous l'Empire.

ROME

MONNAIE

Les Romains n'ont connu la monnaie que tardivement – sans doute au IVe s. avant notre ère. Auparavant, ils pratiquaient le troc, et payaient avec des bestiaux (*pecus*, d'où le terme *pecunia*). Peu à peu apparaissent les lingots de bronze dont l'État fixe le poids (5 as, soit 5 livres = 1 700 g.). Ils sont marqués à l'effigie d'un bœuf, d'un mouton ou d'un porc.

L'unité de mesure est l'*as libralis*, i.e. l'as d'une livre, mais il ne pèse en réalité que 10 onces au lieu de 12 (soit 272 g au lieu de 327 – cf. mesures). Cet as se subdivise en sous-multiples, tous frappés à l'effigie de divinités.

C'est à l'imitation des monnayages grecs d'Italie du sud que Rome frappe ses premières pièces vers -280. Les premières pièces d'argent (sesterces et deniers) datent de -269, quand Rome devient une puissance commerçante. Les monnaies d'or, bien qu'épisodiquement frappées (par ex. en -217), ne seront régulièrement utilisées qu'à partir de César.

La valeur de la monnaie s'est fortement dévaluée au cours des siècles. À la fin du IIIe s., l'*as libralis* ne pèse plus que 109 g (le sesterce d'argent = 2 as et le denier = 10 as). Au début du IIe s., le sesterce (noté HS, soit à l'origine II as et semi = 2 as 1/2) est fixé à 4 as, et le denier (noté X = 10 as) à 16 as. L'as, lui, ne pèse plus qu'une once, soit le dixième de son poids, et est appelé as oncial.

Au Ier s., la parité reste la même. L'*aureus*, monnaie d'or créée sous César, vaut 25 deniers. Mais l'as a encore baissé de moitié et n'est plus frappé depuis Sylla, faute de cuivre. Lorsqu'il reparaît en -15, il ne pèse plus qu'un tiers d'once. Le sesterce, lui, n'est plus en argent, mais en bronze.

Sous l'Empire, les monnaies se dévaluent encore. L'as, refrappé à partir de 15, ne pèse plus que 9 g. Le sesterce, appelé *nummus*, en laiton, vaut toujours 4 as, le denier d'argent 4 *nummi* et l'*aureus* 25 deniers, mais la teneur de chacun en métal a diminué.

Une commission de trois membres (les *tresviri monetales*) est chargée de surveiller **la frappe des monnaies** qui s'effectue dans le temple de Junon Moneta, sous l'autorité du Sénat. (Mais sous l'Empire, les empereurs se réservent le contrôle des pièces en argent et en or).

Le trésor public *(aerarium)* est conservé dans le temple de

Saturne, au pied du Capitole. César fut le premier à faire frapper des monnaies à son effigie ; exemple suivi ensuite par tous les empereurs.

Les peuples Alliés, dans l'Italie de la République, comme les nations qui composaient l'empire battaient leur propre monnaie. Il était donc nécessaire d'avoir recours à des changeurs. Les *argentarii* (=banquiers) remplissaient cet office.

Les prix et les revenus sont très variables suivant les époques (crise ou prospérité, etc.). À l'époque de Cicéron, un ouvrier est payé environ 3 sesterces par jour, ce qui est le minimum pour se nourrir vu le prix du blé, mais les terres de Caton lui procurent un revenu quotidien de 600 sesterces (et c'est peu par rapport aux gains du fortuné Crassus !). Un esclave coûte plusieurs milliers de HS. Un sénateur modeste jouit d'un revenu annuel de 150 à 200 fois supérieur à celui d'un ouvrier.

Exemples de prix courants sous Auguste :
« Le panier de la ménagère »

Rappel : 1 sesterce (HS) = 4 as
(Prix approximatifs)

1 modius de blé (8,78 l) = 3 HS
500 g de pain = 1 as
1 setier d'huile d'olive (= 0,54 l) = 2 as
3 l de vin ordinaire = 5 as
5 œufs = 1 as
1 poulet = 2 as
1 kg de porc = 2 HS
1 lapin = 2 HS
1 livre de fromage frais = 2 as

Mais 1 paire de pigeons gras peut atteindre 1000 HS.
Si le poisson ordinaire = le prix de la viande, 1 surmulet (poisson recherché) peut dépasser 5000 HS.
Un très bon garum peut atteindre 150 HS le litre.
Le poivre (épice réputée) coûte de 16 à 60 HS la livre (= 327 g) suivant la qualité.
Pour ne rien dire du prix élevé des tétines de truie que l'on servira farcies…

L'HOMME ROMAIN

V
LE TEMPS

Pendant plusieurs siècles, les Romains ne se sont guère préoccupés du temps qui passe. Ni regard sur le passé, ni interrogation sur l'avenir. L'histoire fait, à Rome, son apparition tardivement et ne consiste d'abord qu'en l'organisation de légendes orales dont, jusqu'au IIe siècle avant notre ère, on se contentait. Tout au plus les pontifes archivaient-ils consciencieusement les tablettes où ils inscrivaient les données ponctuelles et quotidiennes (événements, cours du blé, etc.). Il n'y avait là exprimée aucune conception d'ensemble, aucune volonté de comprendre le destin d'un peuple. Quant au goût pour la divination sous toutes ses formes, il n'a pas sa place dans la mentalité des premiers Romains. C'est une mode venue d'Étrurie, de Grèce, d'Orient qui prend peu à peu racine dans les esprits à partir de la deuxième guerre punique. Quand, plus tard, les empereurs ne pourront plus se passer de leurs astrologues, ils ne reproduiront nullement une forme d'esprit héritée de leurs ancêtres.

À Rome, à l'origine, le temps n'est pas une donnée quantifiable. Nul besoin de connaître l'heure. Et une conception très imprécise du calendrier. Le temps est à la mesure de l'homme, du quotidien, de l'immédiat. Seuls suffisent quelques points de repères inévitables et sûrs : le lever et le coucher du soleil, le zénith, et les signes donnés par la nature. Le Romain regarde à ses pieds, autour de lui, et n'a pas la tête dans les étoiles. Peu lui importent les mouvements du Soleil ou de la Lune. Il fonde la division de l'année sur l'observation de phénomènes saisonniers : l'apparition de bourgeons, la migration des oiseaux, la reproduction des animaux… tous signes qui ne trompent pas, mais sont de durée variable et ne se reproduisent jamais exactement au même moment de l'année. Censorinus note à juste titre (*De Die Natali*, 22, 5-6) que les mois des premiers calendriers n'avaient de durée déterminée ni entre eux, ni d'une ville d'Italie à l'autre. Le Romain est, d'abord, un homme de la terre, et l'observation de la nature lui fournit tous renseignements utiles et suffisants sur le temps qui passe comme sur le temps qu'il fait. Le paysan sait qu'un coucher de soleil auréolé de nuages rouges promet du beau temps, ou qu'un bel automne laisse présager un hiver venteux (cf. Pline, *Histoire Naturelle*, XVIII, 78 sq). Et cela lui suffit.

On remarque pourtant que le calendrier qui fut celui de la quasi-totalité de la romanité se fonde sur une observation de la Lune, avec ses trois dates-clés : Calendes, Nones et Ides. Il suppose une organisation du temps par les prêtres, autant qu'une connaissance des phases de la Lune. **Il montre également un souci d'harmonisation qui doit accompagner un nouvel âge de la civilisation.** Le développement économique, les échanges commerciaux marquent la fin d'une vie autarcique et la nécessité d'asseoir de nouveaux pouvoirs politiques. C'est pourquoi ce calendrier pourrait avoir été mis en place par les Étrusques (le mot *idus* semble d'origine étrusque). Puis une première réforme importante serait l'œuvre des *Decemvirs*, vers -450, après le départ de « l'occupant ». Mais sur ces débuts d'organisation du temps pèse encore le poids de la légende. La suite est mieux connue, avec la réforme de César.

Parler du temps conduit donc à voir **comment on le mesure** (le calendrier, le décompte des heures), mais aussi **comment il structure la vie de l'individu** (sa journée, les diverse étapes de son existence). Pour autant qu'il lui accorde de vivre : le taux très élevé de mortalité infantile et la maladie constituent certainement les plus violents obstacles au Temps.

LE CALENDRIER

La légende veut que le premier calendrier ait été fixé par le roi Romulus. Il s'agissait d'une division de l'année en 10 mois lunaires. Avec Numa, l'année compte 12 mois, toujours lunaires, de 29 ou

L'HOMME ROMAIN

31 jours, soit une année de 355 jours qu'il faut compléter tous les deux ans d'un mois intercalaire de 22 ou 23 jours appelé *Mercedonius*. Cet arrangement n'est pas satisfaisant car les Pontifes, chargés de l'organisation du calendrier, placent ce mois supplémentaire de façon irrégulière, souvent en fonction de pressions politiques. **Ce n'est qu'en - 46 que César décide de réformer le calendrier pour que l'année soit solaire et définitivement fixée.** Il était temps car il manquait trois mois à l'année civile pour être en harmonie avec l'année solaire. César ordonne donc une année de 445 jours pour rétablir la concordance et institue l'année de 365 jours à partir du 1er janvier - 45. Il décrète également tous les trois ans une année bissextile (c'est-à-dire que l'on ajoute un jour en février en doublant le sixième jour avant les Calendes de mars, d'où le nom de « bis-sextile »). Le système, qui comporte encore des erreurs, sera corrigé plusieurs fois par la suite.

À l'origine, l'année commençait en mars. Il n'est donc pas étonnant que septembre soit le « septième » mois, ou décembre le « dixième » (*decem* en latin). C'est en -153 que le début de l'année est fixé au 1er janvier. **Chaque mois comprend trois dates essentielles** correspondant à trois phases de la Lune : **les Calendes** (le 1er jour) qui marquent la nouvelle Lune (le verbe de vieux latin *calare* signifie appeler, car à cette date, les prêtres, après avoir observé les astres, appellent le peuple pour lui signifier le début du nouveau mois), **les Nones** au premier quartier (fixées au 5 en janvier, février, avril, juin, août, septembre, novembre et décembre, et au 7 les autres mois), et **les Ides** à la pleine Lune, 8 jours après les Nones (donc le 13 ou le 15). Les Romains notent la date en comptant le nombre de jours qui les séparent de la prochaine de ces trois dates clés à venir (on disait par exemple « le 5e jour avant les Calendes de février » pour désigner le 28 janvier). Enfin, les années sont généralement comptées à partir de la fondation de Rome, -753, et désignées du nom des consuls élus pour cette année-là.

Le calendrier comprend également un certain nombre d'indications sur la nature des jours. Ainsi, tous les neuvièmes jours (*nundinae*) a lieu le marché, temps de repos pour les paysans venus à la ville vendre leurs produits. Ce jour-là passera au septième jour dès le IIe s. de notre ère et les chrétiens en feront « le jour du Seigneur ».

Les jours de l'année se classent en fait en deux catégories :

- **les jours** *fasti* **et** *nefasti*. Les jours fastes sont réservés à l'administration des affaires publiques. Les tribunaux peuvent siéger (*fastus*, étymologiquement = où l'on peut parler). Les jours néfastes, au contraire, il est interdit de s'occuper des affaires publiques et judiciaires.
- **les jours** *festi* **et** *profesti*. Les premiers sont réservés aux dieux et les autres laissés à l'activité humaine.

Les deux catégories ne se recoupent pas systématiquement. Puisque réservés aux dieux, les jours *festi* sont évidemment *nefasti* pour les hommes. Mais les jours *profesti* ne sont pas *fasti* pour autant ! Quant aux jours comitiaux (ceux pendant lesquels il est autorisé de convoquer les comices), ils se situent donc les jours *fasti*.

Il existe en outre des **jours funestes**, réservés au culte des morts, où toute activité est prohibée (jours *religiosi, atri, vitiosi*).

On compte ainsi, sous la République, 109 jours néfastes et 235 jours fastes (dont 192 comitiaux). Mais le nombre des jours néfastes augmente sous l'Empire au point qu'**au IIe s., un jour sur deux est férié !**

Les fêtes tombent les jours néfastes, théoriquement interdits à l'activité humaine. Certaines sont à dates fixes, annoncées par les Pontifes, d'autres, mobiles, fixées par un magistrat. Parmi les plus importantes, il faut noter celles qui ont trait à la vie agricole comme les *Sementivae* (fête des semailles), les *Ambarvalia* (fête des champs), les *Compitalia* (où l'on honore les Lares placés à l'inter-section des champs), les *Cerialia* (à Cérès), les *Volcanalia* (fête de le moisson), les *Vinalia*… En février, les *Lupercalia* évoquent peut-être la vie de Romulus ; en décembre, les *Saturnalia* permettent l'échange des rôles entre maîtres et esclaves ; le 21 avril les *Palilia* célèbrent la fondation de Rome ; en octobre l'*Equus October* marque la fin de la campagne militaire… En tout 45 fêtes fixes sous la République (cf. fêtes, chap. 6).

Calendrier romain

Les 12 mois de l'année :
janvier : *Januarius* (= mois de Janus)
février : *Februarius* (= mois des purifications - *februare*)
mars : *Martius* (= mois de Mars)
avril : *Aprilis* (= mois d'origine étrusque = Apru = Aphrodite)

mai : *Maius* (= mois de Maia, divinité de la croissance)
juin : *Junius* (= mois de Junon)

Les autres mois portent des numéros d'ordre. Juillet = *Quintilis* (= le 5e, devenu *Julius* en l'honneur de César après -44), août = *Sextilis* (= le 6e, devenu *Augustus* en -8 en l'honneur de l'empereur), *September, October, November, December* (respectivement 7e, 8e, 9e et 10e mois) sont le souvenir du temps où l'année commençait en mars (avant -153).

	Janvier, Août Décembre (31 j)	Avril, Juin, Septembre, Novembre (30 j)	Février (28 j)	Mars, Mai, Juillet, Octobre (31 j)
1	Calendae			Calendae
2	IV ante Nonas			VI ante Nonas
3	III ante Nonas			V
4	Pridie Nonas			IV
5	Nonae			III
6	VIII ante Idus			Pridie Nonas
7	VII			Nonae
8	VI			VIII ante Idus
9	V			VII
10	IV			VI
11	III			V
12	Pridie Idus			IV
13	Idus			III
14	XIX ante Calendas	XVIII ante Calendas	XVI ante Calendas	Pridie Idus
15	XVIII « «	XVII « «	XV « «	Idus
16	XVII « «	XVI « «	XIV « «	XVII ante Calendas
↓	...	...	...	...
28	V « «	IV « «	Pridie Calendas	V « «
29	IV « «	III « «		IV « «
30	III « «	Pridie Calendas		III « «
31	Pridie Calendas			Pridie Calendas

L'HOMME ROMAIN

Note : Tous les 4 ans en février, le VIe jour avant les Calendes de mars est compté deux fois : c'est le *bisextus* (d'où notre bissextile).

MESURE DU TEMPS

La durée horaire fut longtemps une notion étrangère aux Romains, et resta toujours imprécise. Seuls comptaient pour eux les points de repères « naturels », variables selon les saisons : le lever et le coucher du soleil.

Le jour romain se répartit également de part et d'autre du zénith. **Midi correspond toujours au début de la septième heure**, et jusqu'au IVe s. avant notre ère, il suffisait de se situer « avant midi » *(ante meridiem)*, ou après-midi *(de meridie)*. **Les heures** (toujours le même nombre : 6 le matin et 6 l'après-midi) **avaient donc des durées qui variaient sans cesse** selon que l'on allait du solstice d'hiver (21 décembre) à celui d'été (21 juin) ou de l'été vers l'hiver. La première heure commençait vers 8 h 15 au creux de l'hiver et vers 5 h 30 fin juin. Les seules dates auxquelles les heures avaient une durée égale aux nôtres se situaient aux équinoxes : 21 mars et 23 septembre.

La nuit est divisée en quatre veilles de trois heures chacune, réparties également de part et d'autre de minuit, seul repère fixe. Comme pour les heures diurnes, celles de la nuit varient en longueur selon les saisons.

La mesure du temps est donc, à Rome, chose malaisée. **Les instruments** qui peuvent y aider y sont connus très tard. Le premier **cadran solaire** *(solarium)* est apporté à Rome au IIIe s. avant notre ère. Mais, à l'instar de celui qui, pris en Sicile en -263, fut installé derrière les Rostres, ces cadrans, prévus pour une autre latitude, indiquent une heure… inexacte ! Les horloges à eau (**clepsydres** - vases gradués qui laissent s'écouler une quantité d'eau mesurée avec précision) permettent, en outre, d'indiquer l'heure la nuit. P. Scipion Nasica installa la première clepsydre publique en -159.

Peu à peu, cadrans et clepsydres se précisent et se généralisent. Les plus riches en placent chez eux et suivent en cela une pratique courante en Orient. Le médecin Hérophile (IIIe s. avant notre ère à Alexandrie) avait même mis au point une clepsydre portable pour mesurer les battements du pouls. Pompée fut le premier à installer des clepsydres dans les tribunaux en -52 (un usage que les

L'HOMME ROMAIN

Athéniens connaissaient depuis le Ve s.). Sous l'Empire, il n'est pas rare de posséder de minuscules cadrans solaires (3 ou 4 cm de côté) que l'on porte avec soi pour connaître l'heure en toute occasion (mais ceux-là ne peuvent servir aux voyageurs qui changent de latitude !).

L'empereur **Auguste**, en -9, érige une horloge solaire géante sur le Champ de Mars (*l'Horologium*). Le *gnomon* (aiguille qui porte l'ombre) est constitué par un obélisque de 30 mètres rapporté de Héliopolis, en Égypte. Le cadran est gravé à même le sol, sur une vaste esplanade pavée. L'ombre inscrit à la fois la date et l'heure. Elle se déplace d'ouest en est entre le matin et le soir, en suivant une ligne qui, au cours des jours et des saisons, se déplace elle-même du nord au sud, entre le solstice d'hiver (soleil dans le Capricorne) et le solstice d'été, puis du sud vers le nord pendant les six autres mois de l'année. Aux équinoxes de printemps et d'automne, cette ligne devient rigoureusement rectiligne. À l'ouest de l'esplanade, juste à l'extrémité de la ligne équinoxiale, Auguste a fait édifier l'Autel de la Paix, inspiré du grand autel de Zeus à Pergame (*Ara Pacis*). Ainsi, chaque 23 septembre, à l'équinoxe d'automne, l'ombre de l'obélisque pénètre dans l'édifice. Or cette date est celle du jour anniversaire de la naissance de l'empereur. Une façon pour Auguste d'inscrire son œuvre (= la Paix du monde) dans le temps, selon une symbolique cosmogonique, avec ce monument conçu par l'astrologue Facundus Novius.

JOURNÉE DU ROMAIN

À l'époque classique, la journée du citoyen se répartit presque également entre l'activité (*negotium*) et le repos, le loisir (*otium*). Cependant, cette partition est quelque peu artificielle et ne s'applique pas à chacun de la même façon. En outre, elle ne fut probablement pas toujours vraie, notamment dans les premiers siècles où il fallait travailler dur la terre pour un maigre revenu. Le devoir du service armé implique également un autre emploi du temps, du moins jusqu'à la création, par Marius, d'une armée de métier. On ne peut donc considérer cette scission du jour en deux temps, comme réelle, qu'à partir du temps où le citoyen ne travaille plus lui-même, se déchargeant totalement sur les esclaves. Ceux-ci, de surcroît, sont tenus de travailler jusqu'à douze heures par jour, et souvent durement, comme c'était le cas dans les campagnes.

Prenons l'exemple le plus courant : celui du Romain qui vit à la ville au temps de Cicéron, qui n'a pas besoin de travailler (même s'il n'est guère riche), un jour ouvrable ordinaire (car les jours de fête supposent d'autres activités – par exemple le fait de suivre une cérémonie religieuse et d'assister à un spectacle).

La journée commence avec le soleil. Après de brèves ablutions, le citoyen revêt sa toge sur sa tunique (qu'il n'a pas quittée pour dormir) et prend un rapide petit-déjeuner (*jentaculum* - cf. repas, chap. 9). Puis il entre en scène, puisque la vie publique prend toujours à Rome un caractère théâtral. S'il est pauvre, il se rend chez son patron pour recevoir la sportule (= quelques pièces qui lui permettent de survivre en échange de menus services. À l'origine, la sportule consistait en dons en nature afin que le client puisse se nourrir et se chauffer). S'il est riche, il remplit son office de *patronus*, et s'installe dans son *atrium* pour recevoir ses clients. **Cette première activité** dure environ deux heures. Elle **se nomme la** *salutatio*.

Puis, à partir de la troisième heure commencent les visites à l'extérieur. Le patron, accompagné de ses clients – plus il est important, plus ils sont nombreux – se rend en cortège au Forum. C'est là que converge, dès le milieu de la matinée, une foule considérable. Les magistrats vaquent à leur tâche, les riches présentent leurs devoirs à plus riches qu'eux, les clients des nobles assistent leur patron au tribunal (et témoignent en sa faveur même s'ils ne sont au courant de rien, par *fides*). Les commerçants sont en quête de bonnes affaires, les étrangers (surtout les Grecs et les Orientaux) concluent de fructueux contrats. Les clients les moins fortunés se mêlent aux hommes du peuple en simple tunique, aux esclaves au crâne rasé, musent dans les basiliques (où se conclut quelque affaire) ou badaudent dans les rues commerçantes. Un émule de Cicéron harangue les promeneurs, apostrophé sans aménité par un public moqueur. Un puissant parade en litière au milieu des mendiants et des charlatans de tout acabit qui prennent garde d'éviter les coups des serviteurs du riche, trop fiers d'arborer un pectoral d'argent propre à mettre en valeur leur teint de Maure ou leur musculature de Germain. Nombre de petites gens finissent leur matinée dans l'une des tavernes (*popinae*) en attendant la septième heure.

À la septième heure, celle de midi, retentissent les trompettes.

Il est trop tard pour se présenter devant le préteur. **Les affaires cessent, la vie politique s'arrête. Commence alors le temps du loisir.** Jusqu'au IIIᵉ s. avant notre ère, midi était l'heure de l'unique repas important de la journée. Le soir se prenait la *vesperna*. À partir du IIᵉ s. avant notre ère, la *cena* est repoussée de deux ou trois heures et tient lieu de repas du soir. À midi, on prend rapidement quelque nourriture. C'est le *prandium*. Puis vient la sieste, surtout aux jours chauds.

Après la sieste, les rues et le Forum se remplissent d'une foule beaucoup plus colorée et variée que le matin. C'est l'heure de la promenade et de la conversation. Les matrones en profitent pour mettre en valeur leurs atours, et les jeunes gens sont tout yeux, cherchant même à deviner quelle belle se cache derrière les rideaux des litières un peu trop soigneusement tirés pour ne pas trahir une intention trouble. Dans certaines rues, comme le *vicus Tuscus*, quelques jeunes garçons orientaux, un peu trop fardés, offrent leurs charmes, ou les prostituées à la robe brune invitent celui à qui la chance n'a pas souri à les suivre dans un lupanar voisin. Le Romain est un voyeur, et un sensuel.

À partir du IIᵉ s. avant notre ère, l'habitude est de se rendre aux bains l'après-midi, puis, dès Agrippa, dans ces grands complexes de loisirs appelés thermes (cf. bains, chap. 9). Là encore la détente s'opère dans la sensualité avec les soins du corps. Les plus riches profitent des bains privés de leur *domus*. Puis il est temps de rentrer pour la *cena*, dans les rues animées, non sans s'arrêter pour apprécier l'habileté d'un jongleur ou se rassurer quant à l'avenir auprès de quelque voyante (dès la fin de la République).

La *cena* se prend souvent avec des amis dans le *triclinium*. Elle est devenue le seul vrai repas de la journée (cf. repas, chap. 9). Mais elle dure généralement assez longtemps. Elle se prolonge volontiers par la conversation et quelques jeux de société, voire par une promenade pour goûter la fraîcheur du soir qui tombe. Au coucher du soleil, tout est terminé, et le Romain regagne son lit. Seuls les fêtards prolongent le repas par la *comissatio*, une sorte de beuverie qui leur permet de noyer joies et chagrins dans le vin jusqu'à très avant dans la nuit, à la lueur des lampes fumeuses.

ÂGES DE LA VIE

La langue latine et l'histoire des institutions qui définissent le cadre dans lequel évolue le citoyen mettent clairement en évidence une constante dans la mentalité romaine : **la conception fractionnée de la vie**. Le destin de l'individu se déroule de la naissance à la mort en franchissant des étapes précises. Mais celles-ci sont mieux définies dans leur acception que dans leur durée exacte. **Si les auteurs distinguent tous l'enfance, la jeunesse, l'âge mûr, la vieillesse, ils ne leur donnent pas les mêmes limites en termes d'âge**.

– *Infantia* : la petite enfance (étymologiquement in-fans : qui ne parle pas). Jusqu'à 7 ans.

– *Pueritia* : l'enfance (*puer*) : de 7 à 14 ans, ou 17 ans (âge de la majorité et de la prise de la toge virile).

– *Adulescentia* : la jeunesse : de 14 (ou 17) à 27 ou 28 ans (ou 30 ans).

– *Juventus* : l'âge mûr : de 27 (28 ou 30) à 45 ans (voire 50).

– *Aetas senioris* : plus âgé : de 46 à 60 ans (parfois jusqu'à 70 ans).

– *Senectus* : la vieillesse : de 60 à… environ 80 ans.

Au-delà, le Romain est *provectus aetate* (ou *grandis natu*), c'est-à-dire « avancé en âge ». Hors d'âge, si l'on peut dire.

Les différences entre les âges selon les auteurs s'expliquent par la volonté de tel ou tel de suivre certains raisonnements mathématiques ou spéculations philosophiques, par exemple à partir du nombre 15 (*pueritia* de 0 à 15 ans, puis 30, 45, 60 ans) ou en s'appuyant sur le chiffre 7 (7, 14, 28). On remarque également que les médecins fixaient à 14 ans l'âge de la puberté pour les garçons, que 17 ans était l'âge de la majorité fixé par la réforme dite « servienne », que le *cursus honorum* (questeur, etc.) ne pouvait commencer qu'après 10 ans de service armé, soit 17+10=27 ans (et même 30 ans à partir de Sylla). Enfin, il faut rappeler qu'un citoyen était mobilisable et d'active jusqu'à 46 ans (il fait alors partie des *juniores* de sa centurie) et réserviste de 46 à 60 ans (parmi les *seniores*). À 60 ans, le citoyen était libéré de ses obligations civiles et militaires.

On s'aperçoit alors que **les âges de la vie**, au-delà des diverses élucubrations des philosophes, **sont d'abord définis par les capa-**

cités d'un citoyen à servir sa patrie. Cela nous rappelle qu'il n'est pas considéré comme un individu mais comme l'élément d'un groupe (famille, cité, centurie, etc.). Cela n'implique d'ailleurs pas une rigidité dans le passage d'un âge à un autre : les exemples de jeunes gens valeureux ne manquent pas qui ont obtenu les plus hautes responsabilités avant l'âge (Scipion, Octave…). Une preuve que les Anciens, pourtant attachés aux lois du temps, ont su aussi se libérer de ses contraintes.

RITES DE PASSAGE

La vie d'un citoyen romain ne se déroule pas seulement au long des différentes étapes caractérisées par son âge, elle est jalonnée de rites qui se célèbrent dans le cadre du culte privé (cf. culte privé, chap. 6).

Plusieurs rites importants jalonnent la vie du Romain et font l'objet de cérémonies qui se déroulent généralement dans le cadre du culte familial.

a) **La naissance** : le nouveau-né est déposé aux pieds du père qui doit le prendre dans ses bras et le soulever de terre pour le reconnaître. S'il ne le fait pas, le bébé est exposé et pourra alors être élevé par quelqu'un d'autre qui en fera, par exemple, son esclave. Le père attend ensuite le neuvième jour pour un garçon (le huitième pour une fille) : c'est le *dies lustricus*, jour de fête et de purification. L'enfant est inscrit sur le registre de la cité et reçoit son prénom. Le père offre un sacrifice et attache une petite amulette au cou du bébé (le plus souvent une *bulla*, en forme de cœur, en cuir ou en or) afin d'éloigner le mauvais œil. Celle-ci sera portée jusqu'à la majorité.

b) Cette **majorité** correspond à l'âge de **la prise de la toge virile** (jusque-là l'enfant portait la toge prétexte, à la bande pourpre protectrice), vers 17 ans. Le *puer* devient *adulescens*. C'est l'occasion d'une cérémonie, le 17 mars, lors de la fête des *Liberalia*. L'enfant dédie au *Lar* de la maison sa *bulla* et son ancienne toge, offre un sacrifice aux dieux domestiques et va, escorté de ses parents et amis, se faire inscrire sur le registre de sa tribu. Il devient électeur. Puis, nouveau citoyen, il monte au Capitole remercier les dieux. La journée se termine par un grand banquet.

L'HOMME ROMAIN

c) **Le mariage** : il ne peut avoir lieu qu'entre des personnes qui ont le droit de mariage (cela exclut les esclaves et les étrangers libres) et qui ont atteint l'âge légal (douze ans pour les filles et quatorze pour les garçons – mais ceux-ci attendent généralement leur majorité). En fait, lorsque le mariage a lieu si jeune, il est d'abord un arrangement entre les familles (les enfants sont quelquefois fiancés dès leur plus jeune âge) et il ne saurait être question de sentiments entre les époux.

Il faut distinguer le mariage par lequel l'épouse est soumise à son mari *(cum manu)* et celui où elle garde sa liberté juridique *(sine manu)*. Si cette dernière forme devient la plus courante avec l'émancipation de la femme (cf. femme, chap. 10), le mariage *cum manu* se décline en trois formes dont seule la première revêt un caractère religieux marqué. Il s'agit du mariage par *confarreatio* qui requiert la présence du Grand Pontife et du Flamine de Jupiter. Les époux offrent à Jupiter un gâteau d'épeautre. Cette forme très ancienne était réservée à quelques familles patriciennes et devint vite très rare. La *coemptio*, quant à elle, simulait l'achat de la jeune fille devant cinq témoins et tomba aussi en désuétude à la fin de la République, de même que la troisième forme de mariage, par *usus*, qui légitimait l'union après une année de cohabitation.

La cérémonie du mariage est une fête d'ordre privé où devant la famille réunie les époux s'accordent leur consentement suivant des rites précis. S'ensuit un banquet. Le soir a lieu le simulacre d'enlèvement qui rappelle celui des Sabines (cf. royauté, chap. 1), et l'épouse est conduite solennellement dans la maison de son mari où elle est présentée aux divinités domestiques. Elle reçoit aussi de son époux l'eau et le feu et prononce la célèbre (mais obscure) formule : « Où tu seras Gaïus, je serai Gaïa ».

d) **Les funérailles** : c'est un devoir pour le plus proche parent d'un défunt de recueillir le dernier soupir d'un mourant dans un ultime baiser. La famille se réunit alors pour appeler le mort par son nom à voix haute. Le décès est déclaré au temple de Vénus Libitine. Le corps, lavé, parfumé et vêtu de la toge est exposé sur un lit de parade dans l'*atrium* pendant 3 à 7 jours. Le jour des funérailles se déroule un cortège, accompagné de torches allumées, comprenant les parents en vêtements sombres, des pleureuses, des musiciens, des acteurs qui miment les travers souvent ridicules du défunt et, pour les nobles, des esclaves portant les portraits des ancêtres *(imagines)*. S'il s'agit d'un personnage important, une halte au Forum permet d'entendre l'éloge funèbre.

Les Romains pratiquent aussi bien l'incinération que l'inhumation du corps dont les restes étaient placés dans un de ces tombeaux qui bordent les voies aux abords des villes. Un repas funèbre clôt la cérémonie et s'ensuit une courte période de purification de la maison. Les morts sont honorés lors de fêtes dédiées aux parents disparus, du 13 au 21 février ainsi qu'au jour anniversaire du décès.

L'HOMME ROMAIN

VI
LA RELIGION

Il est très difficile aux hommes de notre civilisation judéo-chrétienne de comprendre la mentalité religieuse des Romains. Pourtant, nous nous sentons souvent proches des Anciens, au point de nous hasarder volontiers dans des analogies d'apparence facile, mais en réalité souvent trompeuses. Si nous considérons que le sens du religieux accompagne chaque moment de la vie d'un Romain, mais que cet esprit religieux, par son formalisme contractuel, par son pragmatisme, nous est totalement étranger, nous réalisons du même coup combien peuvent être erronées certaines de nos interprétations sur la civilisation romaine.

À Rome, la religion conditionne chaque instant de l'existence. Elle prime tout et fonde l'organisation sociale et politique de la cité. Mais elle n'implique l'existence d'aucune métaphysique. Elle reflète le réalisme d'un peuple qui vit dans l'immédiat et dans le concret. Sa fonction consiste à garantir et à mettre en valeur les réalités naturelles comme les activités humaines. C'est-à-dire qu'elle ne repose sur aucun acte de foi et n'implique aucune croyance en un hypothétique monde heureux dans l'au-delà. Elle se borne à encadrer, à garantir et à justifier les divers cycles de la vie humaine : celui de l'agriculture ou celui de la guerre, par exemple. Le sacré ne s'impose pas aux hommes ; ce sont eux qui le déterminent, eux qui décident de la sacralité d'un lieu ou d'un événement et se rendent maîtres de la religion, même s'ils admettent la supériorité des dieux.

On a pu dire, à juste titre, que la religion romaine est administrative, et remarquer l'absence d'émotion religieuse chez les fils de Romulus. En effet, elle revêt un caractère éminemment politique : chaque Romain a le devoir d'y participer, comme il a le devoir d'accomplir son métier de citoyen. Les prêtres, dont certains sont élus comme les magistrats et sont aussi des hommes politiques, sont responsables de l'organisation des fêtes, de l'observance scrupuleuse des rites, mais ne sont pas les interprètes exclusifs des dieux. La divinité peut très bien choisir de s'exprimer par l'intermédiaire de n'importe quel citoyen, par exemple en le rendant témoin d'un prodige.

C'est par cette observance scrupuleuse des actes religieux que se préserve la survie du groupe. Car, si, dans la société, l'individu n'a de réelle existence que par son appartenance à une famille, à une tribu, à une centurie, à la cité..., de la même manière, religieusement, toute faute, toute souillure rejaillit sur la collectivité. Et la purification nécessaire a pour objet de protéger le groupe contre la colère divine en restaurant la confiance entre les hommes et les dieux. Chacun est donc responsable pour tous et a un devoir majeur de pratiquer la *pietas*, c'est-à-dire autant le respect scrupuleux des rites qui garantissent la protection divine que le respect des autres. C'est pourquoi, comme la politique, **la religion est l'affaire des citoyens romains et ne concerne qu'eux**. Cela montre bien qu'elle ne tend pas à l'universel et n'a rien à voir avec une vérité révélée.

Cette religion, dont l'organisation politique et l'esprit très juridique reflètent un souci d'efficacité bien romain, s'est maintenue en l'état pendant de nombreux siècles. Mais, dès le IIe s. avant notre ère, elle n'a plus suffi pour résister aux influences orientales consécutives aux conquêtes ni pour répondre aux interrogations nouvelles qu'implique l'évolution des mentalités. Peu à peu, les Romains sont touchés par l'individualisme et, à l'instar des Orientaux, cherchent des réponses aux questions touchant à leur destin, au bonheur, à une éventuelle vie après la mort. **Le sentiment religieux se subjectivise.** C'est, à Rome, la naissance d'une émotion sacrée, l'éclosion de la foi. Les religions à mystères proposent des réponses dans l'au-delà et soumettent la réalisation de leurs promesses à une condition préalable : la soumission à leurs divinités par l'intermédiaire de l'obéissance aveugle à un clergé tout puissant. Le cosmopolitisme religieux est à l'image de celui de l'empire romain. Auguste tente, en vain, de restaurer les anciennes valeurs. La vieille religion ne fait plus recette. Que peut le souci objectif et concret de la protection d'une cité face aux promesses d'un bonheur futur et éternel délivrées aux individus ?

Outre une approche générale du sujet, ce chapitre tente de préciser l'essentiel des différents **cultes, public et privé**, mais aussi **étrangers**, ainsi que du **culte impérial**. Il évoque généralement **la divination, les fêtes, les dieux,** ainsi que ceux qui les servent, **les prêtres**, et le lieu où ils demeurent, **le temple.**

RELIGION

La religion représente le lien le plus fort qui unit la cité romaine et s'identifie tellement avec elle que son exercice est un acte de patriotisme. Le terme même (à l'étymologie obscure) définit la disposition psychologique par laquelle l'homme ne doit jamais rompre avec le divin, mais au contraire se le concilier à chaque instant de sa vie. Il désigne donc l'attention que le Romain porte à toutes les manifestations de la volonté divine et le souci scrupuleux qu'il apporte dans l'accomplissement de tous les actes qui, par leur sacralité, lui permettent de conforter ses rapports avec les dieux. Le Romain est un pragmatique. Il ne spécule pas sur l'avenir. Sa conception de la religion est administrative et formaliste. **Il établit, avec la divinité, un sorte de contrat personnel dans lequel l'arbitraire n'a pas sa place.** Ce contrat lie les deux parties : l'homme consulte les dieux avant d'agir pour obtenir leur approbation. En échange, ceux-ci lui doivent leur protection et l'assurance de la réussite. Ainsi s'établit **la** *pax deorum*. Le Romain est un anxieux qui a besoin, à chaque instant, d'être sécurisé ; mais l'assurance de la bienveillance divine lui insuffle le courage et la force. La religion est l'affaire de chacun. Les prêtres ne sont là que pour administrer l'ensemble et indiquer les actes réparateurs en cas de rupture de la *pax deorum*. Aucune foi là-dedans. Le Romain est un homme du concret qui traite presque les affaires divines en juriste.

Évidemment, la religion des origines, qui se bornait surtout à une harmonie avec les forces naturelles *(numina)*, s'est enrichie de nombreuses influences, italiques, étrusques et grecques qui lui conférèrent les caractères qu'on lui connaît jusqu'au IIIe s. avant notre ère. **La deuxième guerre punique, l'arrivée à Rome de religions orientales à mystères vont provoquer de graves crises**

L'HOMME ROMAIN

157

religieuses, encore accentuées par l'impact des philosophies grecques sur la société et la politique romaines. À la fin de la République et, plus encore sous l'Empire malgré l'effort de la restauration augustéenne, les rites romains ne satisfont plus des hommes dont la mentalité a évolué. Les religions du salut connaissent une vogue de plus en plus importante parce qu'elles correspondent à **un besoin spirituel nouveau.** C'est dans ce contexte que va se développer le christianisme. **Les chrétiens** ne sont à l'origine, pour les Romains, qu'une secte juive. Mais les juifs eux-mêmes leur sont hostiles parce que ces dissidents risquent, par leur agitation prosélyte, de remettre en cause les avantages dont ils bénéficient de la part du pouvoir romain. Ce sont donc eux qui les dénoncèrent à Néron en 64. L'attitude provocatrice des chrétiens et l'organisation de leur croyance vers la fin du IIe siècle les font apparaître comme un danger pour la sécurité et la cohésion de l'Empire. Plusieurs empereurs tentent, par des persécutions, d'exterminer le christianisme, de Dèce (249-251) à Dioclétien en 303. Mais Constantin se montre favorable aux chrétiens (édit de Milan en 313 et concile de Nicée en 325) et se convertit sur son lit de mort. Peu à peu, les chrétiens infiltrent les milieux du pouvoir et arrivent à s'imposer en interdisant par décret les cultes anciens et en fermant les temples dès le IVe s. Enfin, le 24 février 391, l'empereur Théodose décrète la mort officielle de la religion romaine. (Cf. aussi calendrier et rites de passage, chap. 5).

CULTE PUBLIC

Seuls les actes cultuels établissent et renforcent les liens contractuels qui unissent les hommes et les dieux. **Il ne s'agit pas, pour le Romain, d'exprimer un sentiment religieux, mais d'attendre du dieu la garantie de sa protection en échange du sacrifice ou de la prière offerts.** « *Do ut des* » (je te donne pour que tu me donnes) disaient les Anciens. C'est l'État qui est le responsable et l'organisateur du culte confié à la surveillance des Pontifes.

L'acte essentiel du culte demeure le sacrifice, c'est-à-dire l'acte par lequel l'officiant va « rendre sacré » des aliments ou un animal en le soustrayant à l'usage profane pour l'offrir au dieu. Cette opération demande une préparation et exige, pour être recevable par le dieu, d'être accomplie selon les rites de la façon la plus scrupuleuse, sous peine d'être tenue pour nulle. Selon le rite romain, le sacrificateur a la tête voilée et accomplit son acte au son de la flûte (alors que le rite grec s'effectue la tête nue et couronnée de laurier). À l'origine, le sacrifice romain n'a aucune fonction divinatoire, à la différence du rituel étrusque. Dans les premiers temps, les Romains durent pratiquer des sacrifices humains, mais, très vite, ils prirent cet usage en horreur et, à l'époque historique, on n'en relève que deux cas, dans des périodes très troublées, dictés par les Livres sibyllins d'origine étrusque, en -226 et en -216 (cf. divination).

Les sacrifices s'accompagnent de **prières** qui consistent en formules intangibles et que l'on termine en portant la main à la bouche en signe d'adoration.

Très fréquentes aussi, **les lustrations**, accompagnées de prières et de sacrifices, consistent en déambulations destinées à former un cercle magique protecteur autour d'un territoire (une ville, un champ), d'un groupe d'hommes (une armée) ou de choses (armes).

Il existe encore **de nombreux actes religieux**, d'origine typiquement romaine, comme **le vœu** (votum) qui consiste à faire une promesse à un dieu (par ex. la construction d'un temple) en échange d'un bienfait accordé immédiatement, **la** *devotio* par laquelle un chef militaire se sacrifie, se « dévoue » pour obliger la divinité à accorder la victoire, l'*evocatio*, opération magico-religieuse par laquelle il est possible de se concilier la protection d'une divinité ennemie en l'appelant à venir à Rome (en l'« évoquant »).

Parmi les actes cultuels d'origine étrangère, étrusque ou grecque, il faut mentionner : **le triomphe** (cérémonie durant laquelle un *imperator* victorieux est assimilé à Jupiter et monte au Capitole après avoir suivi un itinéraire déterminé, notamment à travers le *Circus Maximus* et le long de la *Via Sacra*) ; les nombreux **Jeux** (Ludi) qui sont offerts à des dieux particuliers (cf. jeux) ; **la consultation des Livres sibyllins** par les Quindecemvirs (cf. divination) ; **le lectisterne** (banquet offert aux dieux représentés en effigie auquel participent les hommes pour signifier l'entente exceptionnelle qui les unit aux dieux) et **les supplications** (action de grâce rendue à une divinité en se prosternant devant sa statue dont on embrasse les mains, les genoux et les pieds).

L'HOMME ROMAIN

CULTES ÉTRANGERS

Rome fut, dès sa fondation, en contact avec le monde grec et avec sa religion, tant en raison de la présence grecque au sud de l'Italie qu'en raison de l'influence étrusque. Cependant **c'est à partir de la deuxième guerre punique que s'exercent de nouvelles influences religieuses venues de Grèce et d'Orient, qui se développent de façon autonome**.

Parmi ceux qui marquent l'histoire religieuse de Rome, il faut retenir « l'évocation » de la Grande Mère de Pessinonte, Cybèle, en - 204, à qui est construit un temple sur le Palatin ; le culte orgiastique de Dionysos qui provoque un scandale et est réprimé par le célèbre sénatus-consulte de -186 ; le culte d'Isis et d'Osiris qui évolue au cours de l'histoire et devient l'un des plus importants sous l'Empire (Apulée l'évoque dans ses *Métamorphoses*) ; le culte de Mithra, dieu perse de la Lumière, qui devient également très important à partir du Ier s. de notre ère. Et bien d'autres, parmi lesquels il convient de placer ceux rendus par les juifs et par la secte chrétienne.

Ce foisonnement religieux à Rome s'explique notamment par la grande tolérance des Romains et leur crainte de s'aliéner une divinité s'ils lui refusent l'asile dans leur cité. Encore fallait-il que fût respecté le culte fédérateur de Rome et des empereurs (cf. culte impérial).

Le succès de ces cultes étrangers s'explique aussi par le fait que la plupart d'entre eux nécessitent une initiation secrète qui laisse planer la promesse d'un bonheur futur (les cultes à « mystères »). Or ce besoin d'espérance s'avère bien nécessaire dans les périodes troublées de la fin de la République où la religion officielle, trop pragmatique et administrative, ne répond plus aux besoins nouveaux de spiritualité de la population. C'est alors la naissance de la « foi ». Les prêtres de ces religions ne sont pas des « fonctionnaires du culte » comme pour les cultes romains, mais des hommes qui passent leur vie au service de leur dieu et qui jouent le rôle de directeur de conscience. De surcroît, ces cultes étrangers sont ouverts aux femmes, ce qui n'est pas le cas de la religion romaine en général.

L'HOMME ROMAIN

CULTE PRIVÉ

C'est le *pater familias* qui est le prêtre de l'autel domestique dans ce temple familial que symbolise la maison. Le sanctuaire domestique, le laraire, d'abord situé dans l'*atrium*, est ensuite transporté dans le péristyle ou dans une petite pièce prévue pour le recevoir (cf. habitations, chap. 10). Là, chaque jour, le père s'assure de la protection des dieux sur sa maisonnée par des prières et des offrandes (par ex., chaque jour il offre les prémices du repas familial).

Devant cet autel sont principalement honorées les âmes des ancêtres : **le *Lar familiaris***, esprit du fondateur de la famille et génie de la maison, **les Mânes**, esprits des autres ancêtres défunts. On y vénère aussi **les Pénates**, deux divinités chargées de veiller à l'approvisionnement de la maison (l'une pour la boisson, l'autre pour les aliments), et **le *Genius*** du maître. Chaque homme est en effet pourvu d'un *Genius* (et chaque femme d'une *Juno*) : il s'agit d'un « double mental », une sorte d'ange gardien, unique pour chacun, qui le protège de sa naissance à sa mort et que l'on honore le jour de l'anniversaire. Le culte des morts est en effet très important car les défunts négligés reviennent hanter leurs descendants sous forme de fantômes. Ils ont d'ailleurs coutume de revisiter les vivants chaque année du 9 au 12 mai. La fête des *Lemuria* est destinée à les chasser (la nuit, le *pater familias* se lève et, pieds nus, parcourt la maison en tournant sur lui-même, jetant des fèves noires par-dessus son épaule et frappant sur un vase de bronze tout en prononçant une formule magique).

Le laraire est enfin l'autel devant lequel se retrouve toute la famille lors des grands moments de la vie de chacun : naissance, prise de la toge virile, mariage, funérailles… (cf. rites de passage, chap. 5).

CULTE IMPÉRIAL

Dès le IIe s. avant notre ère, avec l'influence de la philosophie grecque et de la mentalité religieuse orientale, les Romains ont eu tendance à croire que certains hommes sont « prédestinés » et accomplissent une mission divine. Certains, comme Sylla ou Pompée, prétendaient bénéficier de la protection particulière d'une divinité, et César affirmait descendre de Vénus. Ce dernier est, d'ailleurs, déifié après sa mort, en -42.

Auguste comprend alors quel rôle fédérateur peut jouer le culte impérial dans l'Empire, surtout auprès de peuples habitués, comme les Égyptiens, à considérer que leur souverain est un dieu. Les Romains, hostiles à la royauté et attachés à certaines valeurs républicaines, ne sont pourtant pas prêts à vénérer leur empereur comme un dieu. Auguste veille donc à ce que le culte ne concerne que le *Genius* de l'empereur, non sa personne. Et lui-même (comme ses successeurs) ne fut déifié qu'après sa mort. Tout au plus autorise-t-il les populations orientales à lui élever un temple, à condition que Rome soit honorée avec lui. Il faut attendre le IIIe s., et des empereurs comme Aurélien ou Dioclétien, pour qu'un souverain se déclare dieu de son vivant.

DIVINATION

Les Romains des origines ont l'esprit trop pratique pour éprouver le besoin de connaître l'avenir. Ce dernier souci ne leur viendra progressivement qu'après la deuxième guerre punique, sous l'influence des Grecs et des Orientaux. Pulluleront alors en Italie les devins étrangers et les astrologues, soucieux d'abuser lucrativement les petites gens comme les hommes célèbres. Ils seront expulsés à plusieurs reprises, mais sauront devenir indispensables aux empereurs eux-mêmes.

La seule forme de divination typiquement romaine consiste en un dialogue avec les dieux. Il s'agit de consulter ceux-ci afin de ne pas rompre la *pax deorum* avant d'accomplir toute action importante (cf. religion). À cette fin, **il s'agit de distinguer les présages et les prodiges**.

Les présages sont les signes d'approbation ou de désapprobation que les dieux envoient aux hommes relativement à leurs actes. Il s'agit par exemple d'examiner le vol des oiseaux (prise des auspices par les Augures dans les limites d'un espace sacré défini, appelé *templum*), ou de surveiller l'appétit des poulets sacrés… Les haruspices, prêtres d'origine étrusque, très respectés à Rome, déchiffrent la volonté divine dans les entrailles d'animaux sacrifiés. Mais un présage n'est perçu que si les hommes veulent bien le voir.

Les Romains préservaient ainsi la part de liberté qui revient aux mortels.

Impossible, en revanche, d'ignorer **le prodige**, phénomène extraordinaire qui traduit la colère des dieux (pluie de sang, tremblement de terre ou chute d'une vache depuis le troisième étage d'une maison...). Il convient alors de le « procurer » pour rétablir la *pax deorum*. Ce peut être le rôle des Quindecemvirs qui cherchent dans les Livres sibyllins (d'origine étrusque, puis recomposés avec des oracles grecs) les actes religieux appropriés pour apaiser les dieux suivant les circonstances particulières du prodige.

FÊTES

Dans le calendrier romain, un certain nombre de jours sont réservés aux fêtes (cf. calendrier, chap. 5). Même si elles présentent toujours à nos yeux un aspect profane parce qu'elles sont l'occasion d'un divertissement général, elles sont exclusivement religieuses. **Leur nombre et leur durée ont varié au cours de l'histoire. Publiques ou privées, leur déroulement diffère selon le dieu qui est honoré. Cependant, elles sont toujours organisées autour de sacrifices offerts aux dieux.** Ces jours de vacances sont souvent aussi l'occasion d'assister à des jeux (cf. ce mot chap. 9) qui sont toujours des offrandes offertes à la divinité.

Les principales fêtes privées sont constituées des rites de passage que chacun connaît au cours de son existence (cf. ce mot chap. 5). Elles peuvent aussi concerner des groupes stables autres que la famille (par ex. un corps de métier).

Les fêtes publiques se divisent en *stativae* (ou *statae annuae*), *conceptivae* et *imperativae*. Ces dernières sont imposées par un événement imprévu (par ex. un prodige : une neuvaine était nécessaire pour laver la souillure provoquée par une pluie de pierres). Les secondes sont mobiles et principalement liées à la vie agraire (ce sont les magistrats ou les prêtres qui les fixent). Les premières sont fixes et inscrites dans le calendrier.

Ces *statae* sont au nombre de 61 dans l'année : toutes les Ides, consacrées à Jupiter ; les Calendes de mars, juin et octobre ; les Nones de juillet (les Nones caprotines) et 45 autres fêtes qui appellent quelques remarques générales. D'une part, aucune fête n'a lieu entre les Calendes et les Nones (hormis les *Poplifugia* du 5

L'HOMME ROMAIN

163

juillet – Le *Rex Sacrorum* attendait les Nones pour publier officielle-ment les dates des *feriae* du mois). D'autre part, toutes les fêtes tombent des jours impairs (sauf le *Regifugium* du 24 février et les *Ecurria* du 14 mars). Si bien que jamais deux fêtes ne se suivent immédiatement (et même celles qui durent plusieurs jours sont coupées par un intervalle – par exemple, les *Carmentalia* : 11 et 15 janvier). Enfin, les fêtes se situent dans l'année en fonction du sec-teur d'activité auquel elles correspondent (par exemple les fêtes militaires se déroulent en mars et octobre qui sont les mois d'ou-verture et de fermeture de la saison guerrière).

Quelques fêtes importantes du calendrier

En février :	la neuvaine des *Parentalia*, consacrée aux morts, du 13 au 21, avec, le 15, les *Lupercalia*, fête de la jeunesse de Romulus à vocation purificatrice et fécondante, et le 17 les *Quirinalia*, fête de Romulus divinisé.
En mars :	le 1er, les *Matronalia* (fête des mères). le 15, les *Equirria* (fête de Mars, à l'ouverture de la saison de la guerre). le 17, les *Liberalia* (en l'honneur de Liber, date de la prise de la toge virile pour les jeunes gens).
En avril :	le 15, les *Fordicidia* (fête des semailles). le 21, les *Palilia* (date anniversaire de la fondation de Rome). le 25, les *Robigalia* (pour conjurer la rouille des blés).
En mai :	du 9 au 13, les *Lemuria* (pour chasser les esprits des morts revenus errer parmi les vivants).
En juillet :	le 23, les *Neptunalia* (en l'honneur de Neptune, pour retenir l'eau en cette saison caniculaire).
En août :	le 23, les *Volcanalia* (fête de la moisson, et contre les incendies). le 25, les *Opiconsivia* (pour la rentrée des moissons).

L'HOMME ROMAIN

En octobre :	le 11, les *Meditrinalia* (fête des vendanges). le 15, l'*Equus October* (marque la fin de la saison guerrière). le 19, l'*Armilustrium* (la purification des armes).
En décembre :	du 17 au 19, les *Saturnalia* , ensuite allongées jusqu'au 23 (fête licencieuse pour marquer le solstice d'hiver). le 19, les *Opalia* (marquent la fin de l'année agricole).

Ainsi que, rappelons-le, nombre de fêtes importantes, à date mobile, comme les *Compitalia* (en l'honneur des Lares des carrefours).

DIEUX

Les dieux romains sont, à la lettre, innombrables et se comptent par milliers. Les premiers temps de Rome sont dominés par la triade indo-européenne, Jupiter, Mars, Quirinus, qui trône sur le Capitole, bientôt supplantée par la triade Jupiter, Junon, Minerve, d'influence étrusque. Il faut ajouter les divinités qui représentent les grandes forces naturelles : la Terre, le Feu, l'Eau… sans oublier celles du Ciel ou celles du monde des morts. Une œuvre de Varron publiée en -47, les *Antiquités divines*, présente un classement et un recensement de tous les dieux honorés à Rome et constitue une image assez fidèle de la pensée religieuse à la fin de la République. Varron répertorie les divinités en trois catégories : les *dii certi, dii incerti* et *dii praecipui atque selecti*.

– **dii certi** : ce sont les « dieux déterminés » dont la compétence se limite à une fonction, celle qu'indique le nom même du dieu. Il existe donc une divinité pour chaque geste, chaque moment de la vie. Par exemple, Potina apprend à l'enfant à boire, Educa lui apprend à manger… Domiducus conduit la mariée chez son mari, Domitius préside à son installation, Virginiensis aide à délier la ceinture de l'épousée… Ainsi le Romain est-il protégé, accompagné à chaque instant de sa vie.

165

- **dii incerti** : ces « dieux indéterminés » ont une compétence plus floue et plus générale. On trouve parmi eux les Mânes, les Lares, les Pénates, ou encore certains héros comme Acca Larentia.
- **dii praecipui atque selecti** : Varron propose un panthéon de vingt dieux « principaux et choisis » qui montre, au Ier s., l'influence du dualisme cosmique conçu par les Pythagoriciens : Janus, Jupiter, Saturne, Genius, Mercure, Apollon, Mars, Vulcain, Neptune, Sol (le soleil), Orcus, Liber, Tellus, Cérès, Junon, Luna, Diane, Minerve, Vénus et Vesta.

Il faut encore ajouter les divinités d'origine étrangère et qui font l'objet de cultes spécifiques (cf. religion, culte public, cultes étrangers, culte privé, prêtres, fêtes).

PRÊTRES

L'omniprésence de la religion dans tous les actes de la vie quotidienne, privée et publique, et le caractère pratique des actes religieux font des prêtres **des administrateurs du culte**. Leur fonction ne requiert aucune foi et les sacerdoces sont accomplis par des hommes publics qui, pour certains, sont élus pour une durée déterminée, et pour d'autres, sont cooptés ou désignés.

À l'origine, la totalité des fonctions religieuses incombait au roi qui s'est déchargé de son rôle sacré sur le *Rex Sacrorum* (seul prêtre nommé à vie à qui il était interdit d'assumer une fonction politique) et sur le *Pontifex Maximus*, véritable chef de la religion romaine.

Il faut distinguer les sacerdoces individuels – les plus nombreux – des sacerdoces collectifs.

Les premiers, outre le *Rex Sacrorum*, comprennent **les flamines qui sont des prêtres nommés au service d'un dieu particulier** (généralement les divinités les plus anciennes). On compte trois flamines majeurs pour servir les trois dieux de la triade capitoline (Jupiter, Mars, Quirinus) et douze flamines mineurs. Nommés par le *Pontifex Maximus*, leur vie était soumise à divers tabous dont la signification correspondait à la divinité qu'ils incarnaient symboliquement sur terre.

Les sacerdoces collectifs comprennent **les Pontifes**, réunis en collège, au nombre de 16 sous César, élus et dirigés par le *Pontifex*

Généalogie des principaux dieux, assimilés aux divinités grecques à l'époque classique
(avec leurs représentations symboliques [ ])

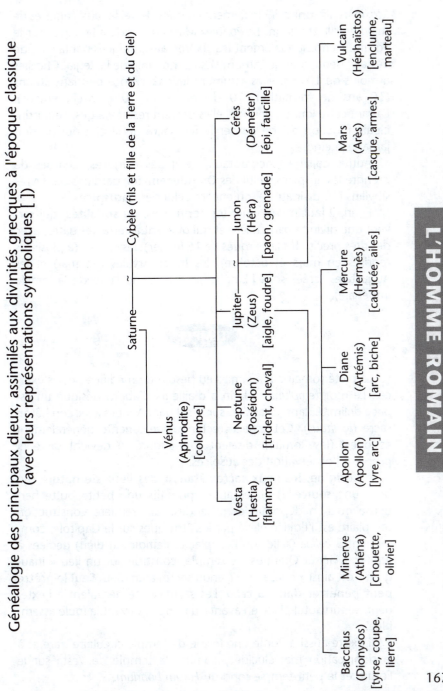

Saturne ~ Cybèle (fils et fille de la Terre et du Ciel)

Vénus
(Aphrodite)
[colombe]

Vesta
(Hestia)
[flamme]

Neptune
(Poséidon)
[trident, cheval]

Jupiter
(Zeus)
[aigle, foudre]

~ Junon
(Héra)
[paon, grenade]

Cérès
(Déméter)
[épi, faucille]

Mars
(Arès)
[casque, armes]

Vulcain
(Héphaïstos)
[enclume, marteau]

Bacchus
(Dionysos)
[tyrse, coupe, lierre]

Minerve
(Athéna)
[chouette, olivier]

Apollon
(Apollon)
[lyre, arc]

Diane
(Artémis)
[arc, biche]

Mercure
(Hermès)
[caducée, ailes]

L'HOMME ROMAIN

167

Maximus. Ils sont principalement chargés de veiller aux cultes et de maintenir la tradition. Le *Pontifex Maximus* réside à la Regia, sur le Forum. Il choisit également **les six Vestales**, dirigées par la Grande Vestale, demeurant à l'Atrium Vestae, non loin de la Regia. Choisies à moins de 10 ans, elles assument leur sacerdoce pendant 30 ans (10 ans de formation, 10 d'exercice et 10 d'enseignement). Durant cette longue période, elles doivent rester vierges. Leur principale fonction est de garder le feu sacré de la cité qui ne doit jamais s'éteindre.

Autres collèges sacerdotaux, celui des **Augures**, chargés de prendre les auspices, celui des **Quindecemvirs**, gardiens des Livres sibyllins (cf. divination), ou encore celui des **haruspices.**

Enfin, il faut mentionner **les confréries, ou sodalités**, qui servent une divinité particulière et qui officient à certaines dates, avec des rites précis : les Luperques (le 15 février), les Saliens (à plusieurs reprises en mars et octobre), les frères Arvales (en mai) et les Augustales (créés sous l'Empire pour servir le culte de la famille impériale).

TEMPLE

La piété romaine n'a jamais eu besoin d'un édifice pour s'exercer. Le mot *templum* en latin a d'ailleurs d'abord désigné un espace délimité dans les airs ou sur le sol par l'Augure avec son bâton sacré (le *lituus*). Cet espace rectangulaire, orienté généralement est-ouest (les Romains disaient « in-auguré ») devient sacré et propre à l'observation des auspices.

À l'origine, les lieux sacrés étaient des lieux de nature (un bois, une source…) et les autels primitifs une petite butte herbeuse où l'on déposait les offrandes. La première construction templaire est l'édifice élevé par les Étrusques sur le Capitole, comprenant 3 *cellae* (salles où l'on plaçait l'effigie du dieu) dédiées à Jupiter, Mars et Quirinus. Le temple, construit sur un lieu « inauguré » est ainsi « consacré » (rendu sacré) à un dieu. **Seul le prêtre peut pénétrer dans la *cella*.** Les sacrifices se déroulent à l'extérieur, sur un autel placé en avant du temple, devant la foule assemblée.

Il existe aussi à Rome une forme de temple circulaire, rare et à la signification mal élucidée, comme le temple de Vesta sur le Forum et le petit temple rond du *Forum boarium*.

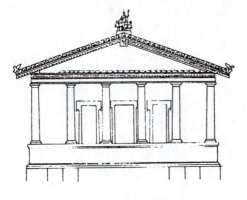

Temple de Jupiter Capitolin
(plan et reconstitution de la façade)

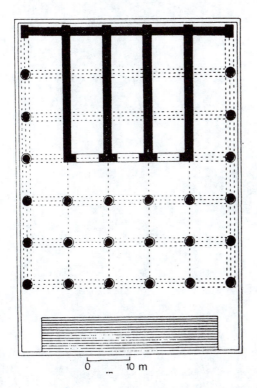

L'HOMME ROMAIN

VII
LA LITTÉRATURE

La civilisation romaine est une civilisation de l'écrit. Plus exactement, elle l'est devenue, à partir du IIIe siècle avant notre ère, c'est-à-dire quand la langue fut assez élaborée pour traduire une pensée, une morale, une conviction politique suffisamment fortes pour inscrire dans la durée et fonder ce que nous appelons une culture. La convergence du fond du discours et des moyens pour l'exprimer est en effet indispensable à la naissance d'une littérature.

Cela sous-entend que le peuple a appris à lire et à écrire. Ce qui fut long et suppose un véritable système d'éducation (cf. chap. 10). Au temps de Plaute, la majeure partie des spectateurs était inculte, et il fallait que le poète leur expliquât le sujet de la pièce pour qu'ils pussent en comprendre le sens. **Sous l'Empire**, rien de semblable n'est nécessaire. **Tout un chacun se pique d'écrire**, des hommes importants qui composent des discours aux anonymes qui griffonnent des billets doux, quelques « niaiseries » sur de « petites tablettes » que l'on s'empresse de faire porter par un esclave. Les écrivains se multiplient et réalisent la fortune des libraires qui font copier leurs œuvres par des scribes dans leur arrière-boutique, dans le quartier de l'Argilète. Certains sont prolifiques et dictent des centaines de livres comme Cicéron, Varron, Tite-Live ou Pline. Caton, lui, composa plus de 150 discours. Œuvres fleuves dont les exemplaires ornent les bibliothèques de tous les gens d'importance, en Italie et jusqu'au cœur des provinces. **La bibliothèque privée devient le signe de la richesse et la marque d'un rang élevé.** À Rome, la supériorité se mesure en nombre d'esclaves, de clients et de livres.

Pour autant, un écrivain n'élabore pas une œuvre originale. La mode n'est pas à la création *ex nihilo*. Un auteur, comme son nom l'indique (*augere*, en latin, signifie « augmenter »), s'inspire d'œuvres existantes. Son art (de *ars* qui désigne autant l'art que la technique) consiste à « augmenter », à faire progresser l'œuvre sur laquelle il s'appuie. Il travaille la matière et l'enrichit. Ainsi de Plaute ou de Térence qu'il serait aussi ridicule et faux d'accuser de plagiat de la Nouvelle Comédie grecque que d'accuser Molière d'avoir « copié » *La Marmite* de Plaute en écrivant *l'Avare*. Comme le dit Horace (avec bien d'autres), « à la manière habituelle de l'abeille du Matinus (un promontoire apulien) qui butine avec effort le thym parfumé, je me promène dans le bois épais… façonnant modestement des vers laborieux » (*Odes*, IV, 2, 27 sqq.). **Voilà l'écrivain latin : il lui faut des fleurs pour butiner, mais le miel produit est son œuvre, et dans sa qualité réside son talent.**

Pourquoi écrire ? On serait tenté de croire que les objectifs des auteurs sont très divers parce que personnels. Cela est plus exact sous l'Empire. Mais la littérature de l'époque républicaine répond davantage à un dessein plus particulier : célébrer la gloire de Rome. Telle est par exemple la vocation de la poésie épique, d'Ennius à Virgile. Écrire répond à une exigence morale. D'ailleurs, **prendre la parole constitue une preuve de moralité.** L'orateur ne peut être qu'un homme de bien : Cicéron le redit après Caton. L'historien, comme le poète, a pour mission d'édifier la mémoire de Rome, et il semble que graver les *res gestae* dans le marbre ou les inscrire sur le papyrus soient les seuls remparts contre l'oubli. Paradoxalement, les puissants de la République, qui méprisent la poésie et ne voudraient pas se déshonorer en taquinant la Muse, ont soin d'attacher un poète à leur suite afin de chanter leur mérite *(laus)*.

Pourtant, s'en tenir à ces quelques considérations sur l'écrit conduirait à donner de la littérature latine une idée inexacte. Car à Rome l'écrit (bien réel !) est aussi…oral. La littérature n'est couchée sur le papyrus que pour la postérité. **Quand elle se compose, elle est d'abord une matière vivante qui ne peut se passer de l'oralité.** Un auteur dicte son œuvre et, s'il veut se corriger, demande à son esclave-secrétaire de lui relire le passage. Le texte passe par l'oreille, comme dans le « gueuloir » de Flaubert. L'accent, le rythme, les cadences sont essentielles à la composition. La magie du son doit opérer. On se souvient de la place de la parole sur le Forum et dans la vie quotidienne. Il faut même parler de **musique.**

Les discours sont plus chantés que dits, et, dans les premiers temps, ils étaient accompagnés de la flûte qui donnait le ton. Un orateur doit travailler sa voix, mesurer sa respiration, développer sa cage thoracique en s'exerçant avec des poids sur la poitrine… Il y faut une solide santé. Virgile, par exemple, dut renoncer au métier d'avocat parce que son organe était trop faible. Le Romain est un acteur-né, et tout à Rome est spectacle : du dîner dans la salle à manger à la politique au Forum, du cortège funèbre qui suit la dépouille d'un parent à l'organisation d'une fête religieuse. La littérature prend, elle aussi, une dimension théâtrale. **Une œuvre n'existe d'abord que si elle est dite.** On le constate clairement sous l'Empire avec la mode des lectures publiques. À peine a-t-on écrit quelque chose que l'on réunit une petite société pour en charmer ses oreilles. Et attendre ses louanges ! Comment critiquer un pseudo-auteur que l'on doit inviter prochainement à entendre sa propre production ? La littérature devient une fastidieuse corvée mondaine (ce sont les *recitationes*).

Ainsi ce goût inné du spectacle explique-t-il l'importance que tient l'aspect musical dans les textes latins. Nous sommes loin des auteurs balourds qu'une certaine tradition nous présente, parce que nous ne savons plus **entendre** le latin. Ce handicap nous prive de la vie d'une langue, et de la voix d'une littérature.

Ce chapitre permet de résumer **l'évolution de la langue, de la littérature et de la philosophie**, de définir les principaux **genres littéraires**, de rappeler l'essentiel sur la vie et l'œuvre des **principaux écrivains**. Une rubrique sur **le livre** rappelle la nature du support écrit, et une autre sur **les lettres** l'importance de l'écriture dans le quotidien des Romains.

L'HOMME ROMAIN

LANGUE LATINE

Le latin, comme la plupart des langues parlées en Italie, a **une origine indo-européenne**. Mais il n'est, à l'aube de l'histoire romaine, que **la langue de Rome et du Latium**. Son extension suit celle de la conquête, et il s'implante progressivement avec les armées, les commerçants et les administrateurs, de l'Atlantique à l'Euphrate, et du Rhin ou du Danube à la Mauritanie. Avec la crise du IIIe siècle et l'avancée des barbares sur les terres de l'empire, la langue latine connaît une régression et disparaît des régions les plus récemment conquises (cf. provinces, chap. 2) avant de s'y imposer de nouveau comme langue de l'Église. D'autre part, elle évolue au VIe s. pour donner naissance aux langues romanes (italien, espagnol, roumain, etc.). Toutefois il faut noter que pendant l'occupation romaine en Orient, en Gaule…, les langues locales n'ont jamais cessé d'être parlées, et le grec notamment a toujours été reconnu comme la langue officielle de l'Orient avec le latin.

La langue latine reflète la mentalité romaine : s'il fallait la définir en deux mots, nous pourrions évoquer son pragmatisme et son oralité. Le latin aime le concret (l'abstraction lui viendra sur le tard – à la fin de la République – avec l'influence de la pensée grecque) et il s'entend. Sonore et fortement accentué, il est la langue des orateurs qui ont un sens inné du spectacle. Le Romain aime parler. Il faut attendre le IIIe s. avant notre ère pour qu'apparaisse une littérature écrite (cf. littérature) et nous ne possédons que quelques rares inscriptions datant des cinq premiers siècles de l'histoire de Rome. L'alphabet utilisé a été transmis par les Étrusques. Il s'agit de celui que les Phéniciens avaient fourni aux Grecs et que ceux-ci ont apporté en Étrurie pour les besoins du commerce.

On distingue généralement cinq périodes dans l'évolution de la langue latine à travers l'étude des principaux auteurs qui nous sont parvenus :

---

a) **le latin archaïque** : du IIIe au Ier s. (Plaute, Térence, Caton…)
b) **le latin classique** : Ier s. jusqu'à la mort d'Auguste en +14 (Cicéron, César, Virgile, Tite-Live…)
c) **le latin postclassique** : Ier et IIe s. (Sénèque, Pline, Tacite, Juvénal…)
d) **le latin tardif** : du IIIe au Ve s. (Tertullien, Ammien Marcellin, Augustin…)
e) **le latin roman** : du Ve au VIIIe s. (Boèce, Grégoire de Tours, Sidoine Apollinaire…)

GENRES LITTÉRAIRES

La littérature écrite **se développe à partir du milieu du IIIe s. avant notre ère** et, paradoxalement, est écrite par des étrangers, comme l'affranchi Livius Andronicus, que son maître a ramené de

Tarente après la victoire de Rome sur cette ville en -272. Il exista auparavant une littérature orale et, vraisemblablement, quelques écrits qui utilisaient un vers mal connu, le vers saturnien. Nous savons que des *saturae*, mélange de chant, de musique et de danse, honoraient les dieux. Mais les Romains se targuent plus de conquêtes militaires ou de profits commerciaux que de taquiner les Muses. C'est donc sous l'influence de la Grèce et de l'Orient que la littérature se développe à partir de la première guerre punique.

L'essentiel de la production littéraire qui nous est parvenue se situe à l'époque classique, c'est-à-dire au dernier siècle de la République et sous le principat d'Auguste (cf. langue latine). Beaucoup d'auteurs ne nous sont connus que de nom et parfois à travers une courte citation. **Ceux dont nous possédons au moins une œuvre représentent à peine 25 % de la totalité de ces écrivains** (ils sont 144 pour plus de 700 noms connus), sans compter ceux qui nous resteront à jamais inconnus.

Enfin il ne faut pas oublier que **le goût esthétique des Romains n'est pas semblable au nôtre**. Une œuvre d'art se conçoit comme une imitation de la réalité tendant vers un idéal de beauté (voir la théorie de Platon). Il est donc normal qu'une œuvre en imite une autre, et cette recherche de la perfection est conçue comme une stimulation. Ceci n'implique pas pour autant que la littérature latine ait été un simple décalque de la littérature grecque.

À Rome, sous la République, prime **l'art oratoire** qui s'adapte parfaitement au caractère des Romains et à leur vie politique. La parole est l'arme majeure du citoyen qui veut recueillir les suffrages de ses pairs, et l'homme idéal, jusqu'à Cicéron, est d'abord un orateur. La première éloquence, celle d'un Caton, est rude et vigoureuse. Elle est considérée ensuite comme archaïque quand, à partir du IIe s. avant notre ère, les discours politiques subissent l'influence de la rhétorique grecque. Plusieurs styles s'imposent : l'atticisme qui imite la noble et sobre expression des orateurs attiques, et un style plus fleuri, dit « asiatique » parce qu'il trouve sa source en Asie Mineure. Ce dernier emporte la faveur du public à la fin de la République, avec le style classique, celui qu'impose Cicéron, à la fois clair et précis. Sous l'Empire, avec le retour à un régime monarchique, la parole entre dans les écoles et l'art oratoire devient un exercice de style qui tend à se couper de la vie. À partir d'Auguste se développent également les lectures publiques qui consistent à

L'HOMME ROMAIN

faire entendre à un cercle choisi d'amis la dernière de ses œuvres (*recitationes*). Cette pratique, toute faite de vanité mondaine, ne favorise guère l'approfondissement de la pensée, et cette évolution de la rhétorique explique sans doute un affaiblissement de la qualité de cette discipline littéraire.

On peut observer aussi cette évolution de la mentalité romaine à travers celle du **théâtre**. Après les balbutiements d'auteurs comme Livius, Naevius ou Ennius qui écrivent des tragédies au IIIe s., la production théâtrale atteint son apogée avec des comiques comme Plaute (- 254 ; -184) et, à la génération suivante, Térence (- 185 ; - 159). Tous deux s'inspirent de la Nouvelle Comédie grecque mais l'adaptent avec succès à leur temps et à leur public. On observe chez Térence, ami de Scipion Émilien, une peinture plus vraie et plus humaniste des sentiments. Mais, un siècle plus tard, ce ne sont plus ces pièces à la psychologie parfois subtile que prise le public. Au Ier s. avant notre ère, le mime est roi. Il s'agit de courtes pièces parlées qui, à l'origine, étaient présentées en entracte, et qui offrent de grossières scènes de la vie quotidienne. Et sous l'Empire, le mime est détrôné par la pantomime, pièce muette où seuls comptent le geste et la mise en scène, de plus en plus spectaculaire. La parole disparaît au profit du visuel.

L'âge classique trouve son maître avec Cicéron (cf. ce nom) qui allie le talent littéraire à l'action politique et qui, le premier, propose une philosophie de l'histoire et une pensée politique proprement romaines. Ce temps est riche en hommes politiques-historiens comme César ou Salluste. **L'histoire** compte encore parmi ses maîtres Tite-Live (-64 ; +17) et Tacite (55 ; 120) qui se distinguent par leurs qualités morales. Ammien Marcellin (300 ; 400) est considéré comme l'héritier de Tacite. Plus anecdotiques sont les portraits des premiers empereurs brossés par Suétone (75 ; 160), ou les biographies des princes d'Hadrien à Numérianus (de 177 à 284, avec une lacune) écrites par l'auteur (les auteurs ?) de ce que l'on a appelé au XVIIe s. l'*Histoire Auguste*. D'autres prosateurs, érudits, professeurs, montrent jusqu'à quel degré (souvent oublié par la suite) **la science** romaine a pu s'élever dans les domaines les plus variés : ce sont par exemple Varron (-116 ; -27), Pline l'Ancien (23 ; 79) ou Quintilien (30 ; 95).

La poésie n'est pas en reste. Après une imitation assez étroite d'œuvres grecques, elle dégage son originalité, sans pourtant oublier ses modèles, au dernier siècle de la République. Lucrèce expose aux Romains la philosophie épicurienne et leur montre comment une connaissance attentive et sensible de la nature permet d'atteindre la sagesse. Pour la première fois, s'inspirant en cela des Alexandrins, les « poètes nouveaux » osent exprimer leurs propres sentiments dans leurs vers. Catulle (-87 ; -54) est leur chef de file. Mais c'est avec l'ère augustéenne que la poésie romaine connaît son âge d'or. Le prince, qui muselle l'expression politique, favorise au contraire un genre qui peut servir à la gloire de son régime. Ce fut le cas notamment de Virgile (-70 ; -19) ou d'Horace (-65 ; -8). Nombre d'autres furent célèbres : Tibulle (-54 ;-19) Properce (-47 ; -15), Ovide (-43 ; +17)... Au Ier s., il faut citer Phèdre et Lucain, neveu de Sénèque, puis vers la fin du siècle, Stace, Martial aux épigrammes virulents, et le célèbre satirique Juvénal qui renouvelle un genre déjà illustré par Lucilius, sous Scipion Émilien, et par Horace.

Bien d'autres genres pourraient être évoqués comme **le roman** avec Pétrone et Apulée. Il faudrait aussi parler de la littérature des siècles qui suivirent la grande crise du IIIe s. et du rôle des auteurs chrétiens. Sans rien vouloir enlever à la richesse de ces œuvres, il apparaît que, pour beaucoup de critiques, dans un empire en pleine mutation, elles sont moins représentatives de ce que la tradition issue de la Renaissance nomme « la littérature latine ».

PHILOSOPHIE

Les Romains sont réputés ne pas avoir l'esprit fait pour la réflexion philosophique. Et il est vrai qu'**il faut attendre la fin de la République pour que s'élabore une pensée philosophique romaine**, notamment avec Cicéron qui, le premier également, proposa une réflexion politique propre et une philosophie de l'histoire. Pourtant, Rome subit l'influence de nombreux penseurs, et dès l'aube de son histoire avec l'occupation étrusque et les échanges avec la Grande-Grèce. Les pythagoriciens impressionnaient les Romains dès le IVe s. avant notre ère. Mais c'est surtout avec la conquête gréco-orientale que les courants philosophiques sont mieux connus à Rome. Les diverses écoles dépêchent des maîtres et des ambassadeurs (pour plaider leur cause) dans la nouvelle capitale du monde. Les sénateurs, souvent hostiles aux discours spécieux, se méfient notamment des épicuriens qu'ils accusent de pervertir les esprits (surtout la jeunesse). Ils procèdent à

LA LITTÉRATURE

Genre littéraire	IIIe s. av J.-C.	IIe s. av J.-C.	Ier s. av J.-C.	Ier s. ap J.-C.
ÉPOPÉE	LIVIUS ANDRONICUS NAEVIUS ENNIUS		VIRGILE OVIDE	LUCAIN STACE VALERIUS FLACCU SILIUS ITALICUS
COMÉDIE	PLAUTE	CAECILIUS TÉRENCE		
TRAGÉDIE		PACUVIUS ACCIUS		SÉNÈQUE
SATIRE		LUCILIUS	HORACE	PERSE MARTIAL
POÉSIE ÉLÉGIAQUE, LYRIQUE			CATULLE HORACE TIBULLE PROPERCE OVIDE	
POÉSIE DIDACTIQUE			LUCRÈCE VIRGILE OVIDE	
FABLE				PHÉDRE
ÉLOQUENCE DISCOURS		CATON Tib.et C. GRACCHUS	CICÉRON	SÉNÈQUE le pèr
LETTRES			CICÉRON	SÉNÈQUE
TRAITÉS SPÉCIFIQUES		CATON	VARRON VITRUVE	PLINE L'ANCIEN QUINTILIEN COLUMELLE CELSE APICIUS MANILIUS
HISTOIRE			CÉSAR SALLUSTE CORNÉLIUS NEPOS TITE-LIVE	VALÈRE MAXIME VELLEIUS PARTERCULUS QUINTE-CURCE
PHILOSOPHIE			CICÉRON	SÉNÈQUE
ROMAN				PÉTRONE

Les principaux écrivains,

IIᵉ s. ap J.-C.	IIIᵉ s. ap J.-C.	IVᵉ s. ap J.-C.	V-VIᵉ s. ap J.-C.
JUVÉNAL			PRUDENCE
		AUSONE AMBROISE	CLAUDIEN MAXIMIEN RUTILIUS NAMATIANUS
		AVIANUS	
FRONTON	ARNOBE MINUCIUS FELIX	AUGUSTIN	
PLINE LE JEUNE	CYPRIEN	SYMMAQUE	SIDOINE APOLLINAIRE
AULU-GELLE	TERTULLIEN	LACTANCE MACROBE VÉGÈCE	PALLADIUS
TACITE SUÉTONE FLORUS		AMMIEN MARCELLIN	
		AUGUSTIN	BOÈCE
APULÉE			

L'HOMME ROMAIN

par genre et par siècle.

plusieurs expulsions de philosophes (en -173, en -161…). En -155, une ambassade athénienne, venue demander la diminution d'une amende infligée à leur ville, fait scandale. Elle se compose de Carnéade (chef de l'école académique), du stoïcien Diogène et du péripatéticien Critolaos. Carnéade prononce deux conférences sur la justice, deux jours de suite, en démontrant avec conviction la seconde fois le contraire de ce qu'il avait dit la veille avec la même flamme. Le public, d'abord enthousiaste, est dérouté, et Caton s'empresse de demander l'expulsion des fauteurs de trouble.

Cependant, les maîtres grecs sont de plus en plus écoutés. **Beaucoup de nobles fortunés leur confient l'éducation de leurs enfants, et les stoïciens ont la faveur du pouvoir.** Panétius de Rhodes devient l'ami et le conseiller de Scipion Émilien. Blossius de Cumes est celui de Tibérius Gracchus. Au dernier siècle de la République, Posidonius (successeur de Panétius) devient le maître et l'ami de Varron, de Cicéron, de Pompée… Les Romains commencent à écrire une œuvre philosophique originale (Lucrèce, Cicéron…) même s'ils s'inspirent toujours de l'enseignement des Grecs (l'épicurisme pour Lucrèce, le platonisme et le stoïcisme pour Cicéron). Au Ier siècle de notre ère, Sénèque (en latin), puis Épictète et Marc-Aurèle (en grec au IIe s.) développent la pensée stoïcienne. Le IIe siècle de l'Empire est d'ailleurs favorable aux philosophes – dont certains n'ont que la barbe et le négligé vestimentaire…

Épicurisme et stoïcisme sous la République, stoïcisme sous l'Empire, puis le néo-platonisme… La philosophie a lentement, mais profondément imprégné les esprits romains. Toutefois ceux-ci l'ont adaptée à leur morale et au caractère pragmatique de leur mentalité : ils ont négligé les aspects physiques et métaphysiques pour privilégier la réflexion sur l'éthique.

QUELQUES AUTEURS MAJEURS

(ordre chronologique de la naissance)

Plaute (-254 / -184)

Né à Sarsina (Ombrie), venu tôt à Rome, il mène une vie obscure et pauvre, puis devient directeur de théâtre. Il s'inspire de la comédie nouvelle des Grecs, mais y mêle des caractères traditionnels (père grondeur, esclave rusé, fanfaron parasite, courtisane…). Parmi les 21 pièces dont il est assurément l'auteur, citons *Amphitryon*, *La Marmite* (Cf. Harpagon), *Les Bacchis*, *Casina ou les Tireurs de sort*, *Le Soldat fanfaron*, *Le Fantôme*, *Le Brutal*… Son théâtre offre un spectacle complet, mêlant la comédie, la farce et la musique.

Térence (vers - 185 / -159)

Né à Carthage, esclave, affranchi par son maître le sénateur Terentius Lucanus, il se lie d'amitié avec Scipion Émilien et Laelius. Il représente la nouvelle génération, influencée par l'hellénisme. Plus élitiste, son théâtre offre une peinture plus nuancée des caractères et marque une étape dans la conquête humaniste. Il quitte Rome en -160 après avoir donné 6 comédies, dont *La Jeune Fille d'Andros*, *L'Eunuque*, *Phormion*, *Les Frères*. Le poète grec Ménandre a beaucoup servi à son inspiration.

Varron (-116 / -27)

Est un érudit et le premier grand encyclopédiste. Il nous reste peu des 74 ouvrages (en quelque 600 livres) qu'il a écrits. Il a publié des livres sur la philosophie, la littérature, la géographie, les mathématiques, le droit… Il nous reste une partie du traité sur *La Langue latine* et son *Économie rurale* (sur l'agronomie).

Cicéron (-106 / -43)

Cf. les repères biographiques. Beaucoup de ses ouvrages ont été perdus, mais son œuvre est considérable. On connaît plus de 70 plaidoiries (nous en possédons encore 24 entières) prononcées entre -81 et -45, parmi lesquelles *Pour Roscius d'Amérie*, *Contre Verrès*, *Pour Muréna*, *Pour Milon*…, des ouvrages de rhétorique (dont *De oratore* et *Brutus*), de philosophie (dont *La République*, *Les Devoirs*, *L'Amitié*, *Les Tusculanes*). Plus de 20 livres concernent la politique (dont surtout les *Catilinaires* et les 14 *Philippiques*), une abondante correspondance (il nous reste 931 lettres collationnées en 37 livres) et même une petite dizaine d'ouvrages poétiques (quasiment tous perdus) viennent compléter son œuvre. C'est la langue de Cicéron qui illustrera la perfection de la prose latine.

L'HOMME ROMAIN

César (-101 / -44)

Cf. les repères biographiques. Fin lettré et excellent orateur, il ne nous reste de lui que *La Guerre des Gaules* en 7 livres. Il s'agit de commentaires, c'est-à-dire de notes personnelles qui, d'ordinaire, servent de base préparatoire à l'écriture d'un ouvrage historique. Les événements et l'élégance du style ont permis leur publication en l'état. Il faut ajouter les 3 livres de *La Guerre civile*. On lui attribue aussi (à tort) un ouvrage sur *La Guerre d'Alexandrie* et deux autres sur *La Guerre d'Afrique* et sur *La Guerre d'Espagne*.

Lucrèce (vers -98 / vers -55)

Sa vie nous est quasiment inconnue. Il fut l'ami de Catulle, de Cicéron, et dédia son œuvre à Memmius. *De la Nature* est un poème didactique en 6 chants où il tente d'enseigner à ses contemporains la doctrine d'Épicure. Or, à cette époque, les Romains sont assez indifférents à la physique d'Épicure, et leur patriotisme s'accommode mal d'une morale qui les invite à s'éloigner de la vie politique pour mener une vie ascétique. Mais Lucrèce les invite aussi à se libérer de la terreur inspirée par les dieux et de la peur de la mort. Son poème est une œuvre militante. La langue est souvent archaïque, mais il met son style au service de la cause philosophique avec l'imagination et le talent visionnaire d'un vrai poète.

Catulle (-87 / -54)

Issu de la bonne société véronaise, il vient très tôt à Rome. Il écrit des pièces épiques ou lyriques et chante ses amours et ses haines (notamment pour Clodia qu'il nomme Lesbie). Chef de file des *poetae novi*, inspiré par l'alexandrinisme, il est le premier à oser dépeindre ses sentiments dans ses 116 *Carmina* et peut être considéré comme le précurseur de la poésie amoureuse à Rome.

Salluste (-86 / -35)

Adversaire acharné de Cicéron et de Milon, ami de César, il est gouverneur de la province d'Afrique de -46 à -45. Mais sa carrière politique est un échec et il se retire dans ses jardins après la mort de César. Il a écrit *La Conjuration de Catilina*, *La Guerre de Jugurtha* et les *Histoires*. Admirateur de Thucydide, il aime la précision, la simplicité et la concision de la pensée. Son œuvre d'historien est

L'HOMME ROMAIN

surtout celle d'un moraliste qui veut étudier les déviances de son temps à travers des *exempla*, et l'échec du mouvement populaire auquel il appartient.

Virgile (-70 / -19)

Né à Mantoue qu'il quitte pour faire ses études (Crémone, Milan, Rome), il doit renoncer à devenir orateur pour des raisons de santé. Il suit les leçons de l'épicurien Siron, et rencontre à Rome les *poetae novi*, qui l'influencent. Protégé par Asinius Pollion, puis par Mécène (rencontré vers 39 ou 38) il est rapidement rendu célèbre par la publication de ses *Bucoliques*. Puis viennent les *Géorgiques* (traité d'agronomie en vers) et surtout l'*Énéide*, à la gloire d'Octave et de Rome. Il meurt alors que cette œuvre en 12 chants n'est pas achevée (il eût souhaité qu'on la brulât). Avec elle, il entre dans la légende, celle d'un poète sensible et amoureux de son pays qui a su lui donner une épopée fondatrice. De son vivant déjà, et depuis lors, les générations d'écoliers ont admiré la force de sa *pietas* et la gravité morale de l'esprit romain exprimées par les héros de son œuvre.

Horace (-65 / -8)

Né à Venouse, fils d'affranchi, il vient étudier à Rome, puis à Athènes. Il combat aux côtés de Brutus et des Républicains en -43 / -42. Amnistié après la défaite, il fréquente les cercles mondains, se lie d'amitié avec Virgile qui le présente à Mécène. Celui-ci comprend le talent d'Horace et apprécie son attirance pour l'épicurisme. Il sait exploiter cette amitié ainsi que les goûts d'esthète du poète, au service de la cause patriotique. Il lui fait don d'une villa en Sabine où Horace cultive son penchant pour la liberté et sa sensibilité pour la nature. Il est le chantre de l'*otium* et l'on connaît son conseil : *carpe diem*… (Cf. introd. chap 9).

Les *Épodes* et les *Satires* permettent de manier l'humour et de développer une verve ironique, très réaliste, vivante, voire brutale pour fustiger les défauts de son temps. Les *Odes,* au ton très personnel, illustrent parfaitement ce que peut être la poésie lyrique romaine, avec une musicalité riche et variée. Horace introduit encore à Rome le genre des *Épîtres*, satires qui apostrophent un destinataire particulier à vocation souvent morale ou littéraire.

L'HOMME ROMAIN

Tite-Live (vers -64 / vers + 17)

Originaire de Padoue, il est l'homme d'une seule œuvre les *Ab Urbe condita Libri (Histoire de Rome depuis la fondation de la Ville)*, qui relatent l'histoire de Rome des origines à +9 en 142 livres, en majeure partie perdus – il ne nous reste principalement que les livres I-X et XXI-XLV. Ses livres (classés par décades, dont nous sont parvenus heureusement des résumés, les *periochae*) sont le dernier exemple du plus beau style classique romain.

Sa vie est mal connue. Ami d'Auguste, on sait qu'il n'occupa pourtant aucune fonction officielle. Excellent orateur, son œuvre comporte de nombreux discours réécrits qui firent longtemps l'admiration de tous. Il a également un don particulier pour brosser les portraits des individus, comme des foules, et son travail révèle une grande finesse dans l'analyse psychologique, à portée morale.

Tibulle (vers -54 / -19 ou -18)

Ami d'Horace, admirateur de Virgile, protégé de Messala, il est l'auteur de poèmes où il célèbre son protecteur et chante son amour pour une femme nommée Délie, et pour le jeune Marathus. Seuls les deux premiers livres de ses *Élégies* sont de lui. Le troisième regroupe les poèmes d'un poète qui se faisait appeler Lygdamus (peut-être le frère aîné d'Ovide), et le quatrième des œuvres de Sulpicia, sœur de Messala. Tibulle est, en fait, un poète comme il en existait beaucoup dans les cercles littéraires, mais on remarque chez lui l'élégance de la langue, la simplicité et la sincérité des sentiments exprimés. Les émotions rêveuses et inquiètes du jeune homme font date au cœur d'une époque si troublée.

Properce (vers -47 / vers -15)

Sa famille (originaire d'Ombrie) fut dépouillée de ses biens en -41 (comme Tibulle et Virgile) dans l'affaire du partage des terres entre les vétérans, mais il put aller suivre ses études à Rome. Cependant, il se détourne de la carrière politique et lui préfère la poésie. Mécène le remarque et lui accorde sa protection. Très inspiré par les Alexandrins Callimaque et Philétas dont il apprécie l'érudition mythologique et la préciosité du style, il publie quatre livres d'*Élégies*. Il y chante beaucoup son amour pour Cynthie, mais se laisse aussi tenter par une nouvelle expression de la poésie lyrique, ouvrant la voie à Ovide. Aux cris de la souffrance amou-

L'HOMME ROMAIN

reuse succède la célébration de la grandeur de Rome, avec les audaces de style et une imagination fertile.

Ovide (-43 / +17)

Né à Sulmone d'une modeste origine, élève des rhéteurs à Rome, admirateur des Alexandrins, Ovide, à l'œuvre variée et abondante, est un poète mondain qui accorde au raffinement de la forme une place privilégiée. Il devient rapidement célèbre grâce à ses élégies amoureuses où l'érudition mythologique se mêle à une certaine audace dans la frivolité des sentiments exprimés. Les *Amours*, les *Héroïdes*, *l'Art d'Aimer*, ou les *Remèdes à l'Amour* témoignent du génie créatif du poète, mêlé à la légèreté et à l'ironie de son ton.

À un souci, plus patriotique, de plaire au prince répondent les *Métamorphoses* (recueil de mythologie grecque) et les *Fastes* (commentaire poétique des cérémonies du calendrier romain, de janvier à juin). Cependant, il est exilé sur les bords de la mer Noire par Auguste, en +8. Le prétexte officiel de l'exil est l'immoralité de *l'Art d'Aimer*. Mais sans doute a-t-il trempé dans quelque intrigue de palais. Si loin de Rome, il pleure son malheur en écrivant les *Tristes* et les *Pontiques*. Auguste ne le rappellera pas. Bel esprit, brillant mais superficiel, doué d'un réel talent, mais trop attiré par la vie mondaine et les artifices frivoles, il inaugure une nouvelle époque dans la littérature romaine, plus « baroque ».

Sénèque (vers +1 / +65)

Né à Cordoue, fils de Sénèque le Rhéteur, venu tôt à Rome pour y recevoir un meilleur enseignement, il est l'élève du stoïcien Attale et du pythagoricien Sotion. De santé délicate, il rejoint sa tante en Égypte (vers 25 ans) où il fréquente de grands philosophes. Exilé en Corse en 41 par Claude (à la demande de Messaline), il est rappelé en 49 par Agrippine qui lui confie l'éducation de son fils Néron. Pendant 10 ans, Sénèque joue un rôle décisif dans la politique de l'Empire, mais lutte de plus en plus difficilement contre l'influence des affranchis. Il se dégage alors peu à peu de la vie publique. En 65, impliqué dans une conjuration menée par Pison, il est contraint de s'ouvrir les veines, ainsi que Lucain et Pétrone. Auteur de trois *Consolations* et de nombreux traités et dialogues (dont *Sur la Colère*, *Sur la Clémence*, *Sur la Constance du Sage*, *Sur la Vie heureuse*, *Sur les Bienfaits*, *Sur la Tranquillité de l'âme*...)

L'HOMME ROMAIN

185

Sénèque professe un stoïcisme éclectique. Peu sensible à la logique et à la métaphysique (sauf vers la fin de sa vie, avec *Sur la Providence, Les Questions naturelles*, et une dizaine de tragédies, surtout inspirées d'Euripide), il s'intéresse d'abord à la morale. Celle-ci, très différente de celle d'un Cicéron qui donnait la première place aux devoirs du citoyen, se désintéresse de la vie publique et invite à se forger une volonté pour placer son bonheur dans la vertu, non dans les hasards de la fortune. Son talent réside surtout dans la pertinence avec laquelle il décèle les vices des hommes et analyse les maux de la société. De ce point de vue, son œuvre trouve son plein aboutissement dans les *Lettres à Lucilius* qu'à la fin de sa vie il échange avec son disciple, procurateur de Sicile. On y voit bien la place qu'il donne au devoir d'humanité (cf. repères biographiques).

Pline l'Ancien (+23 / +79)

Né à Côme dans une riche famille de chevaliers, Pline a rempli de hautes fonctions militaires et administratives. Ami de Vespasien, il finit sa carrière à la préfecture de la flotte de Misène. Il meurt pendant l'éruption du Vésuve, le 24 Août 79, en voulant secourir les victimes du sinistre. Grand travailleur à la curiosité sans cesse en éveil, il écrit de nombreux ouvrages dont il ne nous reste que les 37 livres de son *Histoire naturelle*. Il s'agit d'une vaste encyclopédie qui touche à tous les sujets (la géographie, le monde animal et végétal, l'agriculture, les minéraux, les arts et les techniques…). Si le style en est parfois confus, cette œuvre demeure une mine inépuisable de renseignements sur son temps.

Quintilien (vers +30 / +95)

Fils de rhéteur, et lui-même professeur de rhétorique, officiellement établi par Vespasien, et chargé par Domitien de l'éducation de ses petits-neveux, il reçoit, à la fin de sa vie, la laticlave et le consulat. La fin de sa vie est endeuillée par la perte de sa femme et de ses deux fils. Il nous reste de lui les 12 livres de *L'Institution oratoire*, traité d'éducation et de formation des enfants. L'œuvre montre la qualité de pédagogue de l'auteur, et sa haute valeur morale. Sans doute s'y montre-t-il trop « professeur d'éloquence ». Mais il a su combattre les tendances nouvelles de la rhétorique (à l'emphase trop subtile) et défendre la simplicité et la sincérité du style classique (Cicéron).

Lucain (+39 / +65)

Né à Cordoue, comme Sénèque dont il est le neveu (le père de Sénèque – le rhéteur – est son grand-père), il vient à Rome tout jeune pour étudier, puis se rend à Athènes. Grâce à l'aide de son oncle, il devient le favori de Néron, mais ne tarde pas à subir sa jalousie. Impliqué dans la conjuration de Pison, il doit s'ouvrir les veines. Malgré son jeune âge, il a déjà publié de nombreux ouvrages dont il ne nous reste que la *Pharsale*, poème épique en 10 chants (sans doute inachevé), qui rejette le merveilleux pour s'attacher à l'histoire. Même si le style souffre un peu trop de l'influence de la rhétorique, il souffle dans ces vers un réel vent de patriotisme et un sincère amour de la liberté.

Martial (vers +40 / vers +104)

Né en Espagne, il n'arrive à Rome qu'en 64. Il s'appuie sur la famille de Sénèque, qui est touchée l'année suivante par la conjuration de Pison. Obligé de quémander, Martial vit l'existence des clients soumis au bon vouloir de leur patron. Cette expérience nourrit les 15 livres qui nous restent de son œuvre. De qualité inégale, ses *Épigrammes* sont pour nous un vivant témoignage d'un temps, brossé avec verve et pertinence, dans un style qui ne doit rien aux figures de rhétorique.

Tacite (+55 / +120)

Ses origines et sa jeunesse nous sont mal connues. Aristocrate, ami de Pline le Jeune, il est avocat et brillant orateur. Il exerce d'importantes fonctions (questeur, préteur, consul, proconsul) sous Vespasien, Titus, Domitien, Néron et Trajan. Toute son œuvre est empreinte de son pessimisme, de sa culture philosophique et de sa volonté moralisatrice. Même le *Dialogue des Orateurs*, qui traite de la décadence de l'éloquence, aborde le sujet plus sous l'aspect philosophique que sous celui de la rhétorique. Ses ouvrages historiques sont pleins du souci de dénoncer la tyrannie d'un Domitien, et de juger les mœurs de son temps en dénonçant les responsables. La *Vie d'Agricola* (son beau-père) montre comment un homme peut éviter les bassesses d'un courtisan, la *Germanie* oppose les mœurs des barbares à la corruption du régime romain, les *Histoires* (de Galba à Domitien), puis les *Annales* (d'Auguste à Néron) déclinent les étapes de la dégradation de

L'HOMME ROMAIN

l'Empire. (Des *Histoires*, ne nous restent que les premiers livres et une partie du cinquième, sur un total probable de 14 ; des 16 livres des *Annales*, nous manquent les livres VII-X et, partiellement, les livres V, VI et XVI).

Oublions les critiques sur l'exactitude des faits rapportés (ce n'est pas un souci majeur chez les historiens de l'Antiquité). Par son style très personnel (raccourcis d'expression, mots nouveaux, images audacieuses et syntaxe souvent osée), Tacite ressuscite l'histoire. Les personnages, les discours, les batailles ou les intrigues sont saisissants de réalité. Et ce grand talent se met au service de la liberté, de la paix et, surtout, de la vertu. L'historien est animé d'un souci de morale.

Juvénal (vers +60 / vers +130)

Les informations que nous possédons sur sa vie sont très incertaines. Il semble avoir été l'élève des rhéteurs et avoir fréquenté les salles de déclamation. Vers l'an 100, il se consacre à la poésie et compose ses *Satires* sous les règnes de Trajan et d'Hadrien. Nous en connaissons 16 réparties en 5 livres. Il y apparaît en contempteur de ses contemporains sans qu'il soit toujours aisé de faire la part des artifices littéraires et celle de l'indignation sincère du moraliste. Cependant sa passion dans la satire lui permet de donner vie avec talent à de nombreuses figures, nobles débauchés, mignons, Orientaux… Le réalisme de l'invective, l'originalité du vocabulaire, le pittoresque des images nous permettent de goûter l'ironie amère de celui qui a voulu dépeindre les tares de son temps.

Pline le Jeune (vers +61 / vers +113)

Né à Cômes comme son oncle Pline l'Ancien, il suit à Rome (avec Tacite) les cours de Quintilien. Brillant avocat, il gravit les échelons de la carrière politique jusqu'au consulat, et est légat impérial en Bithynie. Ami de Trajan, il apparaît comme le type même de l'honnête homme, amoureux de la vertu, fidèle en amitié, généreux, et attentif aux gens de condition modeste (y compris les esclaves). Si ses nombreux discours sont perdus, il nous reste le *Panégyrique de Trajan* qu'il prononça au Sénat en 100 (dans un style grandiloquent), et 10 livres de *Lettres* (dont il a publié lui-même les 9 premiers). Ces lettres sont donc destinées à un public, et travaillées avec soin. Elles manquent certainement de naturel. Cependant elles constituent de précieux documents et témoignages sur son époque, les mœurs et les personnages que sa haute position lui a permis de rencontrer. Si son style n'atteint pas la fulgurance de celui d'un Tacite, son œuvre démontre l'élégance et la finesse d'esprit de son auteur (cf. les repères biographiques).

Suétone (vers +75 / vers +160)

Caïus Suetonius Tranquillus est fils d'un chevalier romain; il commence sa carrière comme avocat. Grâce à l'entremise de son ami Pline le Jeune, il bénéficie de certains privilèges et devient, sous Hadrien, secrétaire *ab epistulis* au palais. Cette charge lui ouvre les archives impériales. Il est disgrâcié vers 122 sans qu'on en connaisse le motif exact.

Auteur de nombreux ouvrages sur des sujets divers (*Sur les rhéteurs, Sur les grammairiens, Vie des hommes célèbres…*), il est surtout connu aujourd'hui pour sa *Vie des Césars* qui établit les biographies de César et des onze premiers empereurs. Il semble s'apparenter aux grands encyclopédistes comme Varron, mais son érudition se limite souvent à l'anecdote, et il mériterait sans doute mieux le nom de chroniqueur.

Apulée (vers +125 / vers +170)

Né à Madaure (en Afrique romaine), il étudie l'éloquence à Carthage avant de voyager à Athènes et en Asie où il suit l'enseignement des philosophes. Imprégné d'un platonisme teinté de pythagorisme, il est attiré par la spiritualité et découvre les religions du salut (Dionysos, Isis). Intéressé par les sciences, il publie plusieurs ouvrages techniques dont nous avons tout perdu (sur les arbres, la médecine, l'astronomie, etc.), puis des ouvrages philosophiques (comme le livre *Sur Platon*) et divers discours. Mais sa grande œuvre reste un roman : *Les Métamorphoses*, connu aussi sous le titre *L'Âne d'or*. Inspirée des romans grecs, l'histoire de Lucius présente un mélange de croyances mystiques et magiques, et de récits pittoresques et réalistes pour lesquels il n'hésite pas à user d'une langue populaire.

Tertullien (vers +160 / vers +220)

Quintus Septimius Florens Tertullianus est le premier auteur chrétien de langue latine. Né à Carthage, il étudie le droit et la rhétorique avant de devenir avocat, et se convertit au christianisme vers 195. Son œuvre abondante traduit un militantisme ardent en faveur de la nouvelle religion ; le ton est polémique et le propos celui d'un doctrinaire intransigeant. Les titres de ses adresses et pamphlets le montrent clairement : *Aux martyrs, Aux païens, Contre les Juifs, Contre les Valentiniens,* etc. Sa détermination moralisatrice transparaît particulièrement dans ses traités *Sur la toilette des femmes, Sur la monogamie,* ou dans son *Exhortation à la chasteté.* Son œuvre maîtresse, l'*Apologétique* (vers 197) s'adresse aux gouverneurs des provinces romaines. Il y défend avec verve les chrétiens des accusations des païens dont il dénonce l'absurdité et les contradictions. Jugeant l'Église trop laxiste, il rompt avec elle en 203 pour embrasser la doctrine des montanistes, une secte de fanatiques qui prône un ascétisme exacerbé, et au sein de laquelle il fera même rapidement figure d'extrêmiste.

Ammien Marcellin (+ 330 / + 400)

Grec né à Antioche, Ammien, dans sa jeunesse, sert comme soldat en Orient, puis en Gaule sous le commandement de Julien qu'il admire, et qu'il suit jusqu'en Perse. Après avoir parcouru l'Égypte et la Grèce, il s'installe à Rome en 378. Il écrit alors les *Histoires,* qui font suite à celles de Tacite. Les 31 livres couvrent la période 96-378, mais les 13 premiers sont perdus. L'intérêt des autres est de relater des événements contemporains de l'auteur, ce qui explique l'engagement de celui-ci. Il juge souvent sévèrement les empereurs dont il parle, et, en païen convaincu, condamne notamment les empereurs chrétiens.

Bien qu'il soit présenté comme le Tacite de son temps, à l'égal des grands historiens de la romanité, on lui reprochera son outrance, son goût du spectaculaire, son manque de précision et son style un peu trop orné. Cependant, ses successeurs apprécieront particulièrement le pittoresque de ses digressions (sur les monuments d'Égypte, les Huns, etc.).

Augustin (+ 354 / + 430)

Aurelius Augustinus est né à Thagaste, en Afrique romaine, d'un père païen et d'une mère chrétienne, Monique. La première partie de sa vie, après de solides études classiques (même s'il n'a jamais réellement appris le grec), est celle d'un professeur d'éloquence et de littérature, successivement à Carthage, Thagaste, puis Rome et Milan, où Symmaque lui procure une chaire plus rémunératrice.

Son intérêt pour la philosophie s'est développé après la lecture de l'*Hortensius* de Cicéron. Obsédé par le problème du Mal, il devient un adepte et un militant du manichéisme.

Influencé par Ambroise qu'il rencontre à Milan, et par la lecture des néo-platoniciens (Plotin, Porphyre), il croit trouver dans les Écritures la solution au problème du Mal : seul Dieu « est » ; et Il est le Bien. Il suffit de se détourner du monde et de se vouer à Dieu seul pour combattre le Mal. Cette conversion intellectuelle s'accompagne de sa conversion au catholicisme. En 387, il renonce au monde (à l'enseignement, au mariage), reçoit le baptême et regagne l'Afrique. Mais en 391, les chrétiens d'Hippone en font le coadjuteur de leur évêque auquel il succède en 395. Il exercera son ministère jusqu'à sa mort.

À destin exceptionnel, œuvre exceptionnelle. Augustin écrit *93* livres, non compris les lettres et les sermons (il nous en reste 700). Les plus connus sont les *Confessions* (vers 397- 400) qui retracent sa vie jusqu'à sa conversion et montrent comment celle-ci est, en réalité, l'œuvre de Dieu, et *La cité de Dieu.* Ce dernier ouvrage, écrit après le sac de Rome par Alaric en 410, est une réponse aux païens qui rendent les chrétiens responsables de la chute de la romanité.

LIVRE

En toile à l'origine, ou fabriqué à partir de l'écorce d'un arbre (c'est l'étymologie du mot *liber*), le livre utilisé au IIIe s. avant notre ère, avec l'avènement de la littérature et sous l'influence grecque, est un rouleau de papyrus *(volumen).*Celui-ci se compose de plusieurs feuilles collées bord à bord et enroulées autour d'un cylindre de bois. Pour lire un ouvrage, il convient donc de dérouler de la main gauche le volume tenu dans la main droite. Ce rouleau est ensuite placé dans une bibliothèque formée de petites cases d'où dépasse le manche en bois auquel est fixée une étiquette avec le titre de l'œuvre. Bien que fragile et mal commode (on ne pouvait écrire que d'un côté du papyrus), ce type de volume reste majoritairement utilisé jusqu'au IIIe s. de notre ère. Pourtant, dès la fin de la République, est connu à Rome le parchemin (étymologiquement le papier de Pergame, car il fut mis au point dans cette ville, rivale d'Alexandrie). Celui-ci, fait en peaux traitées, peut recevoir l'écriture au recto et au verso et les pages sont reliées pour en faire un cahier (c'est le *codex*). Mais il coûte cher et ne remplace le *volumen* qu'à la fin de l'Empire.

L'encre utilisée est noire (le nom latin *atramentum* vient de l'adjectif *ater* = noir) et s'obtient par le mélange de suie, de lie de vin, ou de noir de seiche avec une gomme pour l'épaissir. Cette pâte diluée dans l'eau à juste proportion (une encre trop diluée coule sur le papier !) est de bonne qualité. L'encre rouge (*ruber* = rouge) est réservée aux titres (*rubrica*). Les esprits facétieux, les faussaires et les amoureux utilisent aussi une encre sympathique : du lait qu'il suffit de saupoudrer de poudre de charbon pour faire apparaître le message. Si l'encre est assez diluée (et donc peu adhésive), elle devient lavable. Un coup d'éponge permet de réutiliser le papyrus et de se corriger en économisant le précieux support. Si les Romains connaissent le porte-plume de métal à l'extrémité façonnée en plume, ils l'utilisent peu, lui préférant le roseau taillé en pointe (*calamus*) ou la plume d'oiseau (*penna*). Il suffit d'en retailler la pointe avec un couteau lorsqu'elle s'use.

Le goût de la lecture est venu aux Romains avec l'hellénisme, et dès le IIe s. avant notre ère, tout personnage important affectait de posséder une bibliothèque richement garnie. Les livres, copiés à la main par des scribes dans les arrière-boutiques des libraires, coûtaient cher. **Le livre était donc un signe de classe**. Peu à peu, des bibliothèques publiques s'ouvrirent à Rome (par exemple dans les thermes). On pouvait lire sur place ou emprunter un ouvrage. Au IVe s. de notre ère, on dénombrait 28 de ces établissements dans la capitale, offrant chacun de 10 à 30 000 volumes.

LETTRES

Les Romains écrivent beaucoup, et dans toutes les occasions. Certes, il est normal que les actes officiels (*acta diurna*) soient transcrits et conservés (une mine importante pour les historiens), et même abondamment recopiés pour être diffusés dans tout l'empire. Mais **les citoyens eux-mêmes échangent une correspondance abondante**, quand ils ne se mettent pas à écrire des livres. Les hommes publics s'entourent ainsi d'un bataillon plus ou moins fourni d'esclaves-scribes à qui ils dictent tout ce qu'ils produisent (*servi ab epistulis*, ou *a litteris*) tandis que d'autres (les *librarii*) recopient en plusieurs exemplaires l'œuvre du maître.

L'écriture n'a guère variée au cours des siècles. Depuis le IIe s. avant notre ère, les Romains utilisent les majuscules (capitales carrées). À l'époque classique, ils préfèrent les capitales rustiques, une variante des précédentes permettant une écriture plus fluide. Au IIIe s. de notre ère apparaissent la majuscule onciale et, plus courante, la semi-onciale qui facilitent le travail, ainsi qu'une forme d'écriture plus cursive. Le secrétaire de Cicéron, Tiron, a même inventé **une forme de sténographie** pour la prise de notes rapides. Il faut noter que les mots ne sont pas séparés et qu'il n'existe pas de ponctuation. **Toute lecture nécessite donc un déchiffrage préalable**, et souvent l'écrit a besoin de l'oral pour se comprendre.

Pour les messages rapides, les brouillons, le Romain utilise des **petites tablettes de bois** concaves qu'il garnit de cire *(cerae)*. Avec un stylet, il y grave ses lettres, qu'il peut corriger ou effacer à l'aide de l'autre extrémité du stylet en forme de spatule. Il peut rassembler plusieurs tablettes, à l'aide d'un cordon, et même les fermer et les cacheter à la cire s'il veut que le message inscrit ne soit lu par nul autre que son destinataire.

Cette grande frénésie de communication nécessiterait un véritable **réseau postal**. Mais il n'existe et ne s'organise qu'à partir d'Auguste. Encore est-il réservé au service de l'État *(cursus publicus)*. Peu à peu une organisation complexe se met en place avec une division du territoire en districts. Chaque district bénéficie d'un personnel varié, sous la direction d'un chef *(manceps)* chargé de toute l'infrastructure (entretien des bêtes, des chariots, des écuries, etc.). La distance quotidienne moyenne est de 80 km. Les gros chariots font à peine 30 km, tandis qu'un homme à cheval en parcourt environ 160. Dans les cas exceptionnels, on a vu des courriers dépasser les 200 km, en se relayant et en courant également la nuit. Les particuliers ne peuvent bénéficier d'un tel service. Généralement, ils confient leurs lettres à des amis qui se rendent là où habite le destinataire. Le courrier peut mettre plusieurs semaines, voire plusieurs mois pour arriver. S'il s'agit d'un message urgent, les riches le confient à des esclaves réservés à cet usage *(tabellarii*, ou *cursores)*. Dans ce cas, la transmission d'une missive est très onéreuse.

L'HOMME ROMAIN

VIII

LES ARTS

Les Romains, c'est connu, passent pour des bâtisseurs. Il n'est pas une cité autour de la Méditerranée, qui, tombée sous l'autorité de Rome, n'offre au visiteur les mêmes édifices, basiliques, temples, théâtres, amphithéâtres, thermes... disposés selon un plan d'urbanisme particulièrement étudié. Le voyageur n'est jamais dépaysé. **Il retrouve à chaque étape l'image de la capitale du monde, la cité organisée selon des lois unanimement respectées.** Pourtant, lorsqu'il se donne le temps d'observer, il remarque des différences fondamentales, ici dans la conception des édifices, là dans leur ornementation. Ces disparités stylistiques s'accommodent souvent d'une explication facile : l'art romain n'existe pas. Là où ils sont, les Romains se sont simplement inspirés de l'art grec auquel on accorde, sans plus aller, la valeur étalon d'une perfection absolue et inégalable.

Trois raisons au moins justifient ce jugement hâtif :

– D'abord, et paradoxalement, l'opinion des Romains eux-mêmes. Sous la République, ils portaient sur les disciplines artistiques le même jugement moral et politique que sur d'autres matières, littéraires par exemple, comme la poésie. **Ils assimilaient les artifices de l'art aux productions luxueuses, originaires de l'Orient et, comme telles, causes de toutes les débauches et de tous les vices.** Les beautés de la Grèce étaient certes admirables, mais corruptrices. Et Tite-Live encore, après bien d'autres, accusait le luxe asiatique et les œuvres d'art de la décadence morale de Rome. Caton ou Salluste l'avait déjà proclamé. Juvénal le répétera.

L'HOMME ROMAIN

– **Ensuite, à la différence de l'art grec, les œuvres romaines n'ont pas d'auteurs.** Ceux que nous connaissons sont grecs, mais cela ne veut dire en rien qu'il n'existait pas d'artistes romains. L'habitude, à Rome, était d'attribuer une œuvre au magistrat qui l'avait commandée et/ou financée, non à l'auteur. Cet anonymat est fatal à l'art romain. De surcroît, on en déduit que les Romains, ignares, se contentaient d'attribuer aux œuvres une valeur marchande et ne faisaient reproduire des statues ou des peintures que pour décorer leurs villas et épater leurs contemporains. Les collections privées étaient, certes, à la mode dès la fin de la République, mais point toujours pour flatter la seule vanité de leurs propriétaires. Qu'on se souvienne de l'amour de Cicéron pour le bel art. Même le cupide Verrès fut un amateur dans le meilleur sens du terme !

– Enfin, l'art romain fut souvent nié au nom de l'esthétique. Il est sûr qu'à vouloir l'apprécier avec nos propres critères, on ne peut qu'aboutir à une préjudiciable erreur de jugement. Pour nous, l'art transcende la réalité. **À Rome, l'esthétique est différente. L'art tend vers un idéal, l'idée (au sens platonicien du terme) de la perfection… dans le réalisme du rendu.** Ce qui ne signifie pas que l'art soit toujours dépourvu d'imaginaire ou de fantaisie.

En fait, la diversité de l'urbanisme et de l'architecture au sein d'une apparente uniformité traduit bien à la fois la souplesse et la force de l'art romain. Rome, maîtresse du monde, a su le rester parce qu'elle a respecté les particularismes des nations dominées. **L'art marque la volonté d'unifier un monde pluriethnique dans le respect des différences.** Et, dans un mouvement inverse et complémentaire, Rome intègre dans son art les manifestations exotiques jusque dans les monuments de sa capitale, consacrant, au cœur même de l'empire, son unité.

Car l'art romain sert d'abord la cause politique des hommes au pouvoir. Le Forum d'Auguste en est un bon exemple qui s'inspire, dans sa décoration, de l'Orient. Sous les portiques qui le bordent, une théorie de statues. D'un côté les membres de sa famille, depuis Énée. De l'autre, tous les chefs qui ont présidé à la destinée de Rome, de Romulus à César, réconciliés dans le marbre ; et au centre de l'esplanade, Octave, en Père de la Patrie, sur un quadrige de bronze doré. Il asseyait ainsi son *auctoritas* et se posait en successeur naturel, justifiant dans la pierre son titre d'*Augustus*. Et l'on pourrait encore évoquer la symbolique de l'*Horologium* avec l'*Ara Pacis* (cf. mesure du temps, chap. 5) ou encore celle de son mausolée.

Rome n'a pas inventé l'architecture, la mosaïque ou la peinture, mais elle leur a donné un aboutissement. Grâce à elle, l'art grec a pu évoluer. **L'art romain n'est pas un art figé, immuable ; il est en perpétuel devenir,** avec une constante qui définit bien l'effort de sa civilisation : **rassembler les hommes,** leur permettre de mieux vivre ensemble. Les thermes, les cirques ou les basiliques le prouvent. C'est un art au service de la cité, ou encore, comme le dit Sénèque, au service de la vie (cf. *Lettres à Lucilius* 85, 32).

Dans ce chapitre sont passés en revue **les principaux arts,** y compris **la musique et la danse,** avec une attention particulière pour celui qui symbolise la force de la domination romaine : **l'architecture.** On y trouvera également **une chronologie des principaux monuments de Rome.**

ARCHITECTURE

L'architecture est, à Rome, un art majeur, peut-être le plus important, et pas seulement parce qu'elle est la forme d'art la mieux connue. Il s'agit en effet, d'une part, de **l'art qui a le mieux servi la cité et la grandeur de Rome,** et d'autre part, de **celui qui a bénéficié d'une évolution originale en raison des inventions technologiques.**

Comme les autres arts, l'architecture a d'abord bénéficié de **l'influence étrangère. L'Étrurie** est le premier maître de Rome (et les Étrusques sont eux-mêmes redevables aux Grecs de beaucoup). Les premiers temples romains sont l'œuvre de leurs voisins, à commencer par celui de Jupiter sur le Capitole. Ces sanctuaires étrusques sont situés sur un haut podium et seulement accessibles par un escalier en façade (à la différence des temples grecs dont les marches entourent l'édifice). Ils sont, d'autre part, agrémentés d'une riche ornementation en terre cuite (pièces d'ornementation du fronton et du toit : acrotères, antéfixes… voire groupe équestre au faîte du temple comme sur celui de Jupiter).

La deuxième période d'influences étrangères vient de **Grande-Grèce,** qui s'enorgueillit d'édifices remarquables (Paestum, Sicile), et c'est d'abord en Campanie que s'opère la fusion entre les arts des diverses régions méridionales. Les cités de la baie de Naples le démontrent (dès le IVe s. avant notre ère). Le théâtre de pierre de Pompéi remonte au début du IIe s. avant notre ère, et son amphithéâtre à -80. À Rome, il faut attendre respectivement -55 et -27. Mais très vite néanmoins, se fait sentir sur les rives du Tibre le poids de **l'influence gréco-orientale**, dès le début des expéditions sur le sol hellénique. Basiliques, marchés, emporium, portiques… renouvellent l'urbanisme de la Ville. Le Sénat refuse la construction d'édifices en pierre réservés aux spectacles pour une question de moralité, mais l'usage du marbre apparaît dans les édifices publics (le premier temple de marbre date de -146). Les Romains utilisent les trois ordres grecs : dorique, ionique, corinthien (cf. planche). La découverte de l'Asie Mineure et, plus encore, le legs d'Attale III de Pergame qui, en -133, laisse à Rome son royaume en héritage va créer une relation nouvelle avec l'art gréco-oriental. Celle-là se fait sentir tout au long de l'Empire, par exemple dans la conception de l'*Ara Pacis* voulu par Auguste (qui rappelle l'autel de Zeus à Pergame) ou encore dans le grandiose Forum que l'architecte Apollodore de Damas conçoit pour Trajan au IIe s.

L'erreur consisterait à penser que les Romains se sont contentés de reprendre les modèles et techniques des Grecs. Ils s'en sont inspirés pour développer une architecture tant religieuse, publique que privée qui signe leur domination tout autour de la Méditerranée. **Leurs arts développent l'arc en généralisant les formes courbes.** Les arcades, les voûtes, les dômes se multiplient jusqu'aux réalisations les plus audacieuses (le Panthéon, temple rond, a un diamètre égal à la hauteur de l'édifice = 44 m !). Les lignes se libèrent et les courbes viennent adoucir les perspectives. Les palais (et pas seulement l'extravagante Maison dorée de Néron) ainsi que les demeures privées, souvent somptueuses, soulignent la grandeur de Rome et symbolisent le pouvoir. Les édifices publics, les thermes par exemple, veulent faire bénéficier tous les citoyens de la grandeur et du génie romain (cf. bains, chap. 9 et habitations, chap. 10).

Ces innovations dans le domaine architectural sont rendues possibles par la généralisation de la **technique du blocage**. En effet, les voûtes et coupoles répondent à d'autres principes statiques que l'architecture fondée sur les colonnes. La mise au point d'un mortier (poudre d'une roche volcanique de la région de Pouzzoles + chaux) permet d'enrober pierres et briques dans un coffrage. Plus léger (et moins cher) que la pierre de taille, il rend possible la couverture de surfaces plus grandes, offrant ainsi une résistance au feu et à l'eau. Ce béton peut en outre être recouvert de stuc ou de marbre et autoriser les riches décorations que l'on connaît sous l'Empire. Cette technique prend toute son ampleur à partir de Néron.

Cette architecture nouvelle s'accompagne encore de celle du paysage. L'art des jardins, déjà bien développé au dernier siècle de la République, connaît son apogée aux deux premiers siècles de l'Empire. L'harmonie des édifices ornés d'œuvres d'art avec des parcs où la nature, disciplinée, se veut un prolongement des lignes douces et curves des bâtiments, offre le théâtre propice à un art de vivre des plus raffinés. Il n'est pas rare, comme à la Villa Hadriana à Tibur, que ces ensembles revêtent en outre une forte signification symbolique.

L'HOMME ROMAIN

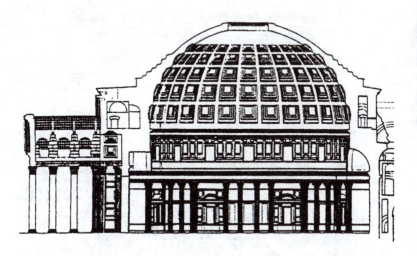

0   10   20 m

Le Panthéon (coupe longitudinale).

Le vocabulaire des ordres religieux

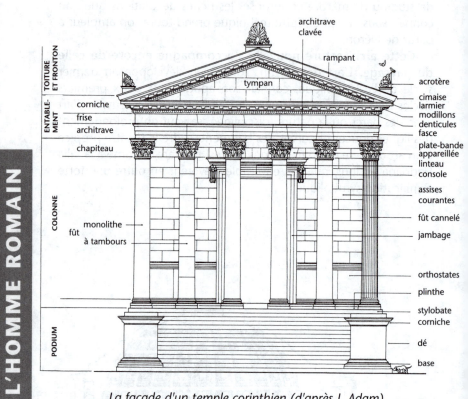

La façade d'un temple corinthien (d'après J. Adam)

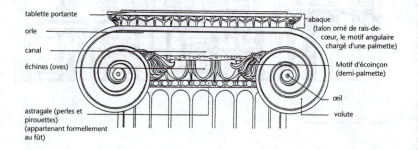

Les composantes du chapiteau ionique

L'HOMME ROMAIN

200

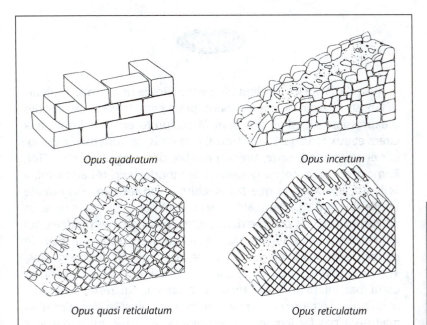

Opus quadratum

Opus incertum

Opus quasi reticulatum

Opus reticulatum

En architecture, on désigne par le terme *opus* l'appareil de maçonnerie utilisé dans la technique de construction. Après l'usage du grand appareil quadrangulaire *(opus quadratum)*, apparaît à partir du IIIᵉ s. avant notre ère un nouveau type de maçonnerie. L'intérieur du mur est constitué d'un blocage très résistant (cailloux et pierres mélangés à un mortier de chaux – *opus caementicium*) ; l'extérieur, appelé parement, est composé d'abord de pierres de formes irrégulières *(opus incertum)*, puis à la fin du IIᵉ s., de moellons de forme plus ou moins quadrangulaire disposés assez irrégulièrement *(opus quasi reticulatum)* ; enfin au Iᵉʳ s., les moellons, plus travaillés, et disposés régulièrement, donnent au parement l'apparence des mailles d'un filet (d'où son nom : *opus reticulatum* – de *rete* : le filet). Il faut noter également que, dès l'époque classique, la brique est de plus en plus utilisée comme parement *(opus testaceum* ou *opus latericium)*. D'autres formes de parements se développent aussi sous l'Empire, mais celles représentées ici sont les plus courantes. À noter toutefois : l'*opus spicatum* (les moellons ou les briques sont disposés en épi).

L'HOMME ROMAIN

201

ARTS

Jusqu'à la fin de la République, les Romains se sont toujours défendus d'avoir des dispositions pour l'art, laissant ces modes d'expression superflus que sont la sculpture ou la peinture aux Grecs et aux Étrusques. « D'autres, je le crois, sauront mieux assouplir et animer le bronze, tirer du marbre des visages vivants... Toi, Romain, souviens-toi de gouverner le monde, voici tes arts à toi. » Telle est la révélation que fait Anchise à son fils dans *L'Énéide* de Virgile (VI, 846 sq.). En réalité, l'art n'était pas absent aux origines de Rome, inspirée, comme dans toute civilisation, des modèles qui influencèrent sa destinée. Mais il ne nous en reste que peu de témoignages, car la classe dirigeante, dès le début des conquêtes, a imposé d'imiter l'art grec, afin que le vainqueur de l'Orient ne parût pas inférieur à son méprisant vaincu. Du reste, l'art grec n'était pas si étranger à la mentalité romaine, et si les Romains n'en maîtrisent pas facilement les techniques, ils y reconnaissent leur propre sensibilité. D'une certaine façon, on peut dire que l'art grec a révélé aux Romains leur âme profonde. C'est pourquoi, même si la règle majeure de l'art dans l'Antiquité est celle de l'imitation, **on ne saurait parler de pâle copie romaine des beautés grecques, mais d'une continuité sensible et expressive dans chaque forme d'art.** C'est à Rome que la Grèce doit la survie de ses œuvres, non par une reproduction fade et figée, mais dans la perspective d'une évolution vivante.

L'architecture (cf. ce mot) constitue la forme d'art où s'est le mieux exprimée l'originalité romaine. Grâce à la technique du blocage empruntée aux Étrusques et perfectionnée, les lignes se libèrent, les courbes viennent adoucir les perspectives, autorisant les voûtes, les coupoles et, du même coup, des réalisations audacieuses. Rome ne se soucie pas seulement d'honorer les dieux par des temples, c'est toute la ville qui s'embellit. Basiliques, thermes, portiques, théâtres, amphithéâtres... prouvent encore aujourd'hui le savoir-faire des architectes romains que, par exemple, Vitruve a consigné dans son livre *Sur l'Architecture* (Ier s. avant notre ère). L'urbanisme, la conception magistrale d'une ville depuis ses rites de fondation jusqu'aux ornements les plus prestigieux, est devenu par excellence un art romain. Les principales autres formes d'art sont subordonnées à l'architecture.

La sculpture présente ainsi ses plus belles réalisations dans les bas-reliefs qui ornent tous les monuments importants (qu'on pense à l'*Ara Pacis* ou à la Colonne Trajane). Les Romains édifient également des statues dans tous les lieux publics, et les plus riches en décorent leurs maisons. Il s'agit le plus souvent d'œuvres importées de Grèce ou reproduites. **Plus spécifiquement romain est l'art du portrait.** Les bustes sont réalistes et figurent dans la pierre la mémoire de Rome. Cette vogue des portraits est encore accentuée par la tradition (les nobles gardaient les masques funéraires moulés sur le visage des morts et possédaient le droit de les conserver dans leur *atrium* comme preuve de l'ancienneté de leur lignée – c'est le *jus imaginum*).

La mosaïque se développe surtout sous l'Empire, et dans la plupart des provinces. Importée de Grèce sous la République, elle n'est qu'en noir et blanc dans les premiers temps. Puis devenue polychrome, elle s'avère un élément essentiel de la décoration (murs, sols, plafonds) à partir du Ier s.

La peinture tient également une place importante, même s'il ne nous reste guère que ce que nous ont révélé les fouilles de Pompéi ou d'Herculanum. Tous les monuments, statues… étaient peints, souvent de couleurs vives (ainsi le pont du Gard était-il rouge de haut en bas !). Dans les maisons, les murs sont décorés selon diverses techniques (peinture à l'encaustique, technique de la chaux saponifiée ou simplement exécution sur surface de stuc blanchie. Les couleurs ont une origine naturelle).

L'HOMME ROMAIN

Les peintures pompéiennes sont classées en quatre styles qui marquent bien quatre moments de l'évolution de cet art :

a) le premier style (-150 ; -80) reproduit et imite sur les murs les plaques de marbre.
b) le deuxième style (-80 ; + 30) donne l'illusion d'un décor architectural, en trompe-l'œil, avec effet de perspective.
c) le troisième style (30 ; 50) est plus ornemental. Le décor architectural n'offre plus l'illusion d'une perspective, mais habille et encadre des panneaux monochromes avec, en leur centre, de petits tableaux.

d) le quatrième style (50 ; 79) reprend les effets d'espace et l'aspect décoratif, mais surcharge ce décor d'arabesques, de ciselures, de candélabres… qui rappellent les décors de théâtre. Les tableaux, plus colorés, plus « baroques », donnent davantage l'impression de vie et mettent en valeur les jeux de lumière. Ce style reflète bien un mode d'existence plus superficiel et « spectaculaire ».

Début du deuxième style
(Maison de Cérès)

Phase finale du deuxième style
(Maison du Cryptoportique)

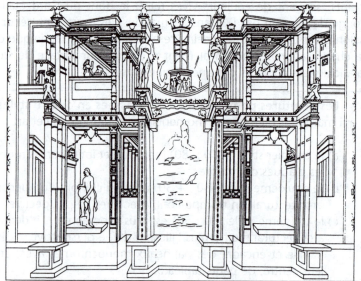

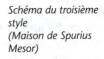

Schéma du troisième style (Maison de Spurius Mesor)

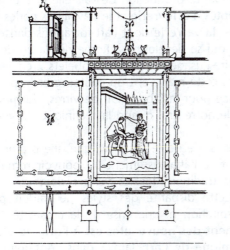

Exemple de quatrième style

L'HOMME ROMAIN

D'autres formes d'arts dits mineurs sont précieuses pour comprendre l'évolution de la société romaine, comme **la céramique**, notamment la poterie sur terre sigillée (avec son vernis rouge et son décor en relief – d'abord à Arezzo, puis en pays arverne), **la**

205

toreutique et son abondante production de vaisselle et d'objets en or ou en argent sculptés, **l'orfèvrerie** et le travail des perles ou la sculpture des camées, **la verrerie** dont l'art fut appris dans les ateliers d'Alexandrie et qui se développe à Rome dès la fin de la République. Sous l'Empire l'usage des flacons, gobelets… en verre coloré est courant, mais cette matière, trop coûteuse et trop fragile, est rarement utilisée pour la fabrication de vitres, du moins jusqu'à la fin du Ier s. de notre ère, quand la technique du verre soufflé se généralise.

La grande crise du IIIe s. de notre ère provoque une profonde mutation de l'art qui, avec l'affaiblissement du pouvoir romain, s'inspire davantage des traditions locales venues de toutes les régions de l'Empire. Cette disparité des styles ne traduit pas un tarissement de l'inspiration ni une crise de la créativité. Au contraire, **le foisonnement des nouveautés est à l'origine d'un renouvellement dynamique de l'art.** Jamais dans l'Antiquité, il n'est possible de parler d'art pour l'art. L'expression artistique joue un rôle politique et religieux. Elle traduit par exemple la stabilité ou la puissance de l'État. Aux IIIe et IVe siècles, l'art est investi d'une mission : la défense d'une civilisation ébranlée tant par les dissensions internes que par les coups de boutoir des barbares à ses frontières. C'est ce que traduisent bien par exemple les colonnes (celles de Marc-Aurèle, celles d'Aurélien) ou les arcs de triomphe (Septime Sévère). L'art privé reproduit, quant à lui, les préoccupations quotidiennes et les angoisses des hommes en ces temps troublés. Ces tendances nouvelles annoncent déjà ce que seront l'art byzantin en Orient et l'art médiéval en Occident.

Dans cette lignée s'inscrit aussi l'art chrétien, apparu tardivement, au service d'une foi. Couleur, lumière, faste intérieur des édifices (qui s'oppose souvent à une certaine austérité extérieure) expriment l'espérance radieuse des croyants. La grandeur et l'audace architecturale des basiliques soulignent également la place nouvelle et prépondérante que l'Église occupe auprès du pouvoir à partir du IVe s. La séparation entre l'Orient et l'Occident imprime ensuite une double évolution à l'art chrétien : si les barbares le teintent d'une couleur plus primitive, c'est à Byzance qu'il va briller de tout son éclat.

CHRONOLOGIE DES PRINCIPAUX MONUMENTS DE ROME
(date de leur inauguration ou de leur mise en service)

-600 environ : *Cloaca Maxima*
Construction du premier *Circus Maximus*
Muraille Servienne
Aménagement du *Comitium*
-509 : Temple de Jupiter capitolin
-496 : Temple de Saturne
-495 : Temple de Mercure
-493 : Temple dédié à la triade Cérès, Liber, Libera
-484 : Temple de Castor et Pollux
-466 : Temple de Dius Fidius
-431 : Temple d'Apollon (sur le Champ de Mars)
-396 : Temple de Junon Reine
Fondation d'Ostie (petite colonie maritime)
-378 : Reconstruction de la muraille Servienne
-367 : Temple de la Concorde (ou en -218)
-338 : Éperons de galères *(rostra)* pour orner la tribune
aux harangues
-312 : Construction de la *via Appia* et du premier aqueduc
-278 : Aqueduc de l'*Anio Vetus*
-221 : *Circus Flaminius* et *via Flaminia*

-193 : Édification de l'*Emporium*
-191 : Temple de Cybèle
-184 : Basilique Porcienne
-179 : Basilique Émilienne
Couverture de la *Cloaca Maxima*
-170 : Basilique Sempronienne
-144 : Aqueduc de l'*Aqua Marcia*
-121 : Basilique Opimienne
-83 / -70 : Reconstruction du temple de Jupiter Capitolin
(après son incendie)
-78 : Construction du *Tabularium*
-55 : Théâtre de Pompée (premier théâtre en pierre)
-52 : Premier amphithéâtre (de bois) imaginé par
Curion en rapprochant deux théâtres de bois
pivotants.
-54 / -46 : Basilique Julienne
Reconstruction de la basilique Émilienne
Forum de César
Agrandissement du *Circus Maximus*
-29 : Inauguration de la nouvelle Curie (commencée
en -42)

L'HOMME ROMAIN

: Temple de Jules César divinisé

-28 : Temple d'Apollon (Palatin)
Restauration de 82 temples anciens
Mausolée d'Auguste

-27 / -25 : Panthéon (Agrippa)
Inauguration des *Saepta Julia* (promenade à l'emplacement du lieu de réunion des Comices Centuriates, au Champ de Mars)
Inauguration (-27) du premier amphithéâtre de pierre

-20 : Érection du Milliaire d'or (centre de l'Empire)

-19 : Arc d'Auguste
Thermes d'Agrippa
Aqueduc de l'*Aqua Virgo*

-13 : Théâtre de Marcellus
Théâtre de Balbus

-9 : Autel de la Paix (*Ara Pacis*)

-2 : *Forum* d'Auguste et temple de Mars Ultor
(Pendant cette période, restauration de plusieurs temples, celui de Castor, celui de la Concorde)

38 / 52 : Aqueduc de Claude et de l'*Anio Novus*
Basilique de la Porte Majeure

62 : Thermes de Néron

64 / 68 : *Domus Aurea*
Travaux d'urbanisme après l'incendie de 64
(69 : incendie du Capitole)

70 / 75 : Temple de la Paix (Vespasien)
Reconstruction du temple de Jupiter Capitolin

80 : Colisée
Thermes de Titus
(nouvel incendie du Capitole)

82 : Nouvelle édification du temple de Jupiter

86 : Stade et Odéon de Domitien

92 : Palais de Domitien (Palatin)

98 : *Forum* de Nerva

109 : Thermes de Trajan et Aqueduc de l'*Aqua Trajana*

113 : *Forum* et colonne de Trajan
Marchés de Trajan

118 / 133 : *Villa Hadriana*

125 : Reconstruction du Panthéon d'Agrippa

135 : Temple de Vénus et de Rome

139 : Mausolée d'Hadrien

141 : Temple d'Antonin et de Faustine

180 : Colonne de Marc-Aurèle

183 : Thermes de Commode

203 : Arc de Septime Sévère

217 : Thermes de Caracalla
271 / 275 : Muraille Aurélienne
306 : Thermes de Dioclétien
315 : Arc de Constantin
321 : Basilique de Maxence et de Constantin

322 / 337 : Les premières basiliques chrétiennes (Saint-Pierre en 322, Saint-Laurent-hors-les-Murs en 330, Sainte-Croix-de-Jérusalem en 337...).

À ces monuments (et à quelques autres), il faut ajouter l'érection **d'un nombre impressionnant de statues, colonnes, arcs...** destinés à la célébration des hommes comme des événements, dont le paysage urbain fut souvent orné jusqu'à la saturation.

N.B. : Les restes de presque tous ces édifices sont encore visibles aujourd'hui, du moins dans la forme qu'ils connurent à la fin de l'Empire. Mais nous n'en pouvons voir souvent que les fondations ou quelques colonnes rescapées. Par exemple, le Forum fut dévasté au Moyen Âge par les papes qui en vendaient les pierres aux puissants du moment, au profit de leur cassette personnelle.

MUSIQUE ET DANSE

De la musique, comme de la danse, les Romains se sont toujours défiés, à la différence des Grecs chez qui elles tiennent une place dans le système éducatif. **Elles apparaissent à Rome comme un facteur de débauche morale** et même un prohellène comme Scipion Émilien s'insurgeait contre les familles aristocratiques qui laissaient leurs enfants s'amollir dans les écoles de danse. Il en va de ces disciplines comme de la poésie : on apprécie d'en jouir chez soi à condition qu'elles soient exercées par des esclaves. Car – et c'est un paradoxe – la musique tient un rôle important dans la vie quotidienne, tant sacrée que profane. Chez les riches, nobles ou non, on ne saurait concevoir un dîner de fête sans musiciens ni danseurs – les célèbres danseuses de Gadès, aux gestes lascifs et expressifs contribuent à aiguiser le plaisir. Mais on blâme un empereur comme Néron de se donner en spectacle dans ces activités. Il faut d'ailleurs attendre l'Empire pour voir organisés des concours musicaux, et Domitien est le premier à faire construire un Odéon (une salle de concert) pour les joutes musicales de l'*agon Capitolinus*.

Cependant, **la musique est omniprésente**, dans les cérémonies religieuses et dans les spectacles. Les Romains ont hérité des Étrusques cet usage permanent d'un accompagnement de flûte *(tibia)* pour les prières, sacrifices, processions diverses, et fêtes familiales (mariage, funérailles…). Les trompettes sont d'ailleurs purifiées lors de la fête des *Tubilustria* (23 mars), et l'on s'est souvenu longtemps du scandale occasionné par la grève des joueurs de flûte (en -311) qui avait paralysé la vie religieuse. Les instruments à percussion, d'origine orientale, sont introduits pour honorer les dieux venus d'Orient (comme Cybèle). Les prêtres syriens à la robe safran parcourent les rues de Rome au son des tambourins et se livrent à des danses convulsives qui les mettent en transe.

La musique est encore omniprésente dans les spectacles, notamment au théâtre où, dès l'origine, une partie de la pièce est toujours chantée *(cantica)*. Peu à peu, le texte perd de l'importance (cf. genres littéraires, chap. 7 et jeux, chap. 9) et les Romains, sous l'Empire, accordent leurs faveurs à la pantomime, où dominent la musique, la danse et le spectacle visuel. Les jeux du cirque s'accompagnent souvent du son puissant de l'orgue hydraulique.

Les instruments à cordes (cythare, lyre) sont réservés aux récitals de poésie. Les trompettes (de différentes formes : *tuba, cornu, bucina*) rythment la vie militaire et composent la fanfare. Les flûtes et divers instruments à percussion accompagnent les danses (le tambourin – *tympanum* – les sistres, crotales et cymbales – *cymbalium*).

La danse *(saltatio)*, qu'on ne pouvait pratiquer sans passer pour un efféminé, occupe pourtant une place dans la religion, voire dans l'armée. La *bellicrepa saltatio* (= danse au son des armes) célébrait l'enlèvement des Sabines par Romulus. La plus connue reste celle des Saliens, une sodalité qui officiait en mars et en octobre. Ces jeunes gens sélectionnés, tous de bonne famille, accomplissaient un parcours rituel précis en s'arrêtant à des stations pour danser le *tripudium*, tout en frappant d'un glaive leur petit bouclier bilobé (l'ancile). Ce *tripudium* est une danse rythmée à trois temps (deux noires, une blanche), à l'aspect martial.

Enfin, n'oublions pas **le caractère très musical de la langue latine**, et l'importance de l'oralité dans la littérature (cf. introduction, chap. 7).

L'HOMME ROMAIN

IX

LES LOISIRS

Le loisir est une notion des plus floues chez les Romains. On le traduit généralement du mot *otium*, à l'étymologie incertaine et à la signification fluctuante : il n'a pas le même sens pour un riche ou pour un pauvre, pour un intellectuel ou pour un manuel, pour un homme des premiers siècles ou pour un citoyen de l'Empire. Cependant, **il est clair qu'il s'oppose au *negotium* et occupe une place majeure dans la vie des Anciens**. L'*otium* doit être considéré comme un véritable fait de civilisation.

Aux origines, il s'oppose à *militia*, la vie militaire, et résume toutes les occupations qui ne sont pas guerrières. Puis, le soldat devenant principalement paysan, l'*otium* devient une sorte de *negotium* agricole, c'est-à-dire la part dévolue aux travaux des champs. Il s'agit alors d'un *otium negotiosum* par opposition à l'*otium otiosum*, le temps libre laissé au loisir. Puis, avec le développement de la vie urbaine, le *negotium* désigne toutes les activités « professionnelles » du citoyen, et l'*otium urbanum* le temps laissé libre par cette participation à la vie politique. D'autant qu'avec les conquêtes et la généralisation de l'esclavage (même les citoyens les plus pauvres ont au moins un esclave) le Romain ne travaille plus. Il bénéficie donc d'un temps de loisir important à gérer. Cet *otium* peut aussi bien être consacré à ses affaires personnelles qu'au farniente.

C'est là qu'intervient la dimension morale de l'*otium*. Comment occupe-t-on ses loisirs ? Ne rien faire, voire s'adonner à la débauche (à la manière des Grecs : *otium graecum*), voilà ce que Caton le censeur fustigeait. L'*otium honestum* (le mot est de Cicéron) suppose **un repos favorable à la réflexion, à une éléva-**

213

tion de l'esprit, à un retour sur soi, au demeurant bénéfique à l'homme politique avant de passer à l'action. Scipion Émilien puisait déjà dans ce recueillement intellectuel et dans les échanges fructueux avec ses amis la sagesse nécessaire à son métier de chef. Le stoïcien Sénèque insiste à son tour sur la nécessité de prendre ses distances avec le tourbillon de la vie et d'élever son âme par la réflexion philosophique sans se laisser divertir par les plaisirs. « Ils ne sont pas *otiosi*, ceux dont les plaisirs ont beaucoup à faire » ; on ne peut confondre oisiveté contemplative et désœuvrement, ni *otium* et « affaires oiseuses » (cf. *De Brevitate Vitae*, XII et XIII).

Voilà bien définie la noble richesse du loisir. **Mais cette élévation morale n'appartient qu'à une élite à la fois riche et cultivée.** Et, de surcroît, elle a besoin d'un cadre approprié pour s'épanouir, loin des fureurs de la Ville, une de ces majestueuses propriétés, écrins de paix et de calme, qui parsèment la campagne romaine, principalement à partir du dernier siècle de la République. Un lettré comme Pline le Jeune (sous Trajan) sait nous dire comment il peut s'y ressourcer. Les riches, mais que la grâce de la philosophie n'a pas touchés, se contentent d'user de leurs splendides domaines pour éblouir les autres, y mener le grand train d'une débauche majuscule et activer la digestion de leurs orgies dans de vigoureuses chasses à courre.

Quant aux pauvres – la majorité –, **ils se contentent des seuls plaisirs offerts pour meubler leur désœuvrement** : les bains (et, mieux, les thermes sous l'Empire) et les représentations lors des Jeux publics. Thermes et lieux de spectacles sont l'occasion pour eux de côtoyer les riches, de sortir de leur quotidien souvent sordide, voire de faire entendre leur voix. Courses de chars, combats de gladiateurs, pièces de théâtre ont connu un succès qui ne s'est jamais démenti et ont offert l'image du cosmopolitisme de la capitale du monde. Encore faut-il se dégager du jugement dépréciatif jeté sur ces spectacles par les sectateurs chrétiens, et comprendre que le regard porté sur eux par les Romains était radicalement opposé à celui que nous en laisse, par exemple, un Augustin. **D'un point de vue moral, en effet, le plus condamnable est le théâtre** parce que l'acteur subit une dépersonnalisation et se livre à une sorte de prostitution. À l'inverse, **seul le combat de gladiateurs revêt** aux yeux d'un Cicéron, d'un Sénèque ou d'un Pline le Jeune (peu suspects de cruauté !) **quelques qualités morales.** Ces hommes réprouvés, condamnés à une mort quasi certaine, qui acceptent de combattre avec courage jusqu'au bout, retrouvent, par ce suicide volontaire, leur dignité et offrent l'image de la *virtus*. Sénèque vante le courage de ces combattants devant la mort, leur abnégation stoïcienne (cf. *Lettres à Lucilius*, 70, 22 et 27 ; 82, 10), et Pline (*Panégyrique de Trajan*, 33, 1) note que ces combats « sont propres à enflammer pour les belles blessures et le mépris de la mort en faisant paraître, jusque dans des corps d'esclaves et de criminels, l'amour de la gloire et le désir de la victoire ». Sous l'Empire, le citoyen, devenu spectateur oisif, ne joue plus son rôle politique dans la cité. Il n'a plus l'occasion d'exercer sa *virtus*. **L'arène restitue, pour lui, les conditions de l'honneur et la *virtus* s'exerce par procuration.** Le spectacle des gladiateurs rend au citoyen sa dignité d'homme. Voilà pourquoi il s'enflamme, fasciné par le courage de celui qui le représente, qui venge son humiliation d'être devenu inutile et qui lui fait oublier sa propre désespérance, son dégoût de la vie *(taedium vitae)*. Il n'est donc point étonnant que le banni devienne un héros, que certains Romains rêvent de descendre dans l'arène, que les femmes elles-mêmes s'exercent au dur métier de la gladiature en attendant de tout abandonner pour suivre – un jour peut-être – l'un de ces réprouvés, comme l'Eppia de Juvénal (*Satires*, VI, 82 - 113)… Une bosse au milieu du nez, la figure meurtrie par le lourd casque de fer, une humeur âcre qui coule continuellement d'un de ses yeux… Oui, « mais c'était un gladiateur » !

Ce chapitre passe en revue quelques-uns des **principaux loisirs des Romains** : **les jeux**, publics et privés, la visite quotidienne aux **thermes**, les **voyages** et les joies de la **villégiature**, avec ses distractions (**la chasse et la pêche**), sans oublier **les plaisirs de la table**.

JEUX PUBLICS

Les jeux constituent, dès l'origine, **un acte religieux**, même si, dès la fin de la République et plus encore sous l'Empire, leur caractère cultuel n'est plus véritablement perçu. Néanmoins un rituel rigoureux est toujours scrupuleusement observé, avec des sacrifices, des processions et des cérémonies qui subliment les vainqueurs. Les jeux revêtent donc un caractère sacré.

On peut distinguer les jeux votifs *(ludi votivi)* qui n'ont lieu qu'une fois et sont par exemple destinés à remercier les dieux pour

L'HOMME ROMAIN

215

une victoire (Trajan consacra ainsi 123 jours à la célébration de sa victoire sur les Daces), et les jeux qui reviennent chaque année. Ceux-ci, à la fin de la République, occupent 77 jours répartis sur 8 spectacles. Les principaux en sont : *Ludi Megalenses* (en l'honneur de Cybèle, 7 jours en avril), *Ludi Cereales* (à Cérès, 8 jours en avril), *Ludi Apollinares* (introduits pendant la deuxième guerre punique, 8 jours en juillet), *Ludi Romani* (honorant Jupiter, 16 jours en septembre) et *Ludi Plebeii* (rappelant la victoire remportée par la plèbe en - 494, 14 jours en novembre)…

Sous l'Empire, la longueur de ces jeux annuels ne cesse de croître jusqu'à occuper 175 jours. Les magistrats (édiles, préteurs) chargés de leur organisation au nom de l'État, sur les fonds publics, ajoutent une forte rallonge à la somme allouée par le Trésor. Il peut arriver aussi que des particuliers offrent des jeux au peuple. Les festivités débutent par un grand défilé coloré (la *pompa*, du Champ de Mars au Grand Cirque par le temple de Jupiter Capitolin, avec musiciens, danseurs, artistes, prêtres…) et durent toute la journée ; les spectacles sont souvent complétés par des distributions et des banquets publics. Les représentations se déroulent au cirque, à l'amphithéâtre, au théâtre et, parfois, au stade, sans oublier les bassins creusés pour la présentation de naumachies au cours desquelles sont reconstitués les combats navals qui ont assuré la victoire de Rome.

• LES JEUX DU CIRQUE

Ce sont probablement les plus anciens et ceux dont le succès ne s'est jamais démenti. On y présente des jeux gymniques (course, pugilat) ou des défilés militaires, mais les plus populaires sont les courses de chars qui déchaînent les passions et suscitent les paris dans une atmosphère enfiévrée. Attelés de 2, 4, voire 6 ou 8 chevaux (et parfois de chameaux, tigres ou éléphants), les chars accomplissent généralement 7 tours. Les équipes se répartissent en 4 factions : les verts (la couleur fétiche de la plèbe), les bleus (prisés des aristocrates), les rouges et les blancs. Sous l'Empire, les courses revêtent même **un caractère symbolique et cosmique.** Les 12 loges de départ représentent les 12 mois de l'année et les 12 constellations que traverse le Soleil. Les 4 chars qui s'élancent sont comme les 4 saisons et accomplissent 7 tours (= les 7 planètes du système de Ptolémée et les 7 jours de la semaine) autour des deux bornes, à chaque extrémité de la *spina* centrale (= le lever et le coucher du soleil). Les couleurs des factions symbolisent, chacune, à la fois une saison, une divinité et un élément (vert = printemps, Vénus, la terre ; rouge = été, Mars, le feu ; bleu = l'automne, Saturne ou Neptune, l'eau ; blanc = l'hiver, Jupiter, l'air). Les cochers sont de véritables vedettes et certains empereurs n'ont pas dédaigné de participer à ces courses.

• LES JEUX DE L'AMPHITHÉÂTRE

Ils présentent principalement des combats de gladiateurs *(munera)*, des combats de bêtes et des chasses (celles-ci ont plutôt lieu le matin). Ces *venationes* supposent une lourde infrastructure pour capturer les animaux exotiques sous divers climats et les amener à Rome avec une perte moindre. L'Empire vient à Rome par sa faune, et les Romains découvrent au fil des siècles le crocodile, l'hippopotame, le rhinocéros… la girafe (sous César), le tigre (sous Auguste). 3500 animaux sont tués pendant la totalité du principat d'Auguste, 5000 en un seul jour sous Titus, en 80, pour l'inauguration du Colisée. Mais toutes les bêtes ne sont pas massacrées, et l'on apprécie aussi **les numéros de dressage**, **les parades d'animaux** (bœufs peints en blanc, moutons en rouge, autruches en vermillon ou lions à la crinière d'or…). Toutefois ces spectacles sont plus récents que les courses de chevaux. Les premières chasses ont été présentées en - 186 et **les combats de gladiateurs** ne firent leur apparition qu'au IIIᵉ s. avant notre ère. Encore ne s'agissait-il alors que d'un rite religieux privé, venu d'Étrurie, une sorte de sacrifice humain offert aux Mânes d'un mort. D'ailleurs, la première dénomination de gladiateurs est *bustarii* (les hommes du bûcher funèbre). Six hommes combattirent ainsi en -264 en l'honneur du père de Brutus Pera. Puis 44 hommes aux obsèques de M. Aemilius Lepidus, en -216. (César en offrit 246 en -65, Auguste 10 000 pendant tout son principat, et Trajan le même nombre en quatre mois, en 107). Quant au premier amphithéâtre de bois, il ne date que de -56, et le premier à être construit en pierre le fut en -27. On sait que les équipements de ces gladiateurs varient suivant leur rôle et les types de combats. Parmi les plus connus, le *mirmillo* se bat avec casque, bouclier long et épée, contre le *retiarius*, légèrement vêtu et armé d'un trident et d'un filet dans lequel il doit enfermer son adversaire. Le Samnite est armé d'un casque à visière, d'une épée et d'un bouclier long, tandis que le Thrace utilise un bouclier rond et un cimeterre recourbé. Sous l'Empire, ces hommes (des condamnés, des prisonniers de guerre ou des engagés volontaires) sont considérés comme des héros bien que, par statut, ils soient des réprouvés. Ils sont formés dans des écoles spéciales *(ludi gladiatorii)* et sont conditionnés pour combattre jusqu'à la mort. S'ils en réchappent ils gagnent alors leur liberté.

• LES JEUX SCÉNIQUES

Ils sont introduits à Rome en -264 par les histrions étrusques. Pendant longtemps les spectacles théâtraux se déroulent sur des tréteaux en bois démontés sitôt les jeux terminés. Les censeurs craignent l'effet néfaste du théâtre sur les mœurs romaines. Le premier édifice de pierre est construit par Pompée en -55 seulement. Des pièces sont données de préférence lors de certains jeux notamment aux *Ludi Romani, Apollinares, Plebii* et *Megalenses* (pour les différentes sortes de pièces représentées, cf. littérature, chap. 7). Il s'agit **d'un spectacle total** (danse, chant – la musique tient une grande place) qui s'adresse à tous les sens (le décor tient une place importante, les machineries utilisées étonnent souvent, et l'odorat n'est pas oublié, avec la diffusion de parfums). Sous la République, les *ludi* sont un cadeau des magistrats. Les spectateurs oublient pour un temps la vie politique *(negotium)* pour se laisser aller aux délices de l'*otium*, à une atmosphère de luxe et de passions, un peu irréelle. Le public participe bruyamment. Il exprime son sentiment de *libertas*. Sous l'Empire, les jeux sont plus politiques. L'empereur est l'*editor ludi* et le citoyen n'a plus d'autre moyen d'exprimer son opinion sinon par l'accueil qu'il réserve à son souverain lors des représentations.

• LES JEUX DU STADE

Ils connaissent un succès moindre, et seulement à partir de l'Empire. Course, lutte, saut, disque… étaient plus proches de la mentalité grecque. Rome ne connut guère qu'un stade permanent, construit par Domitien qui fit également édifier un odéon pour les concours musicaux.

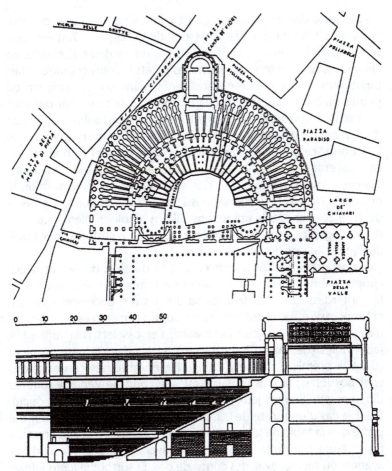

Plan du théâtre de Pompée et coupe de la cavea
et du temple de Vénus Victrix

L'HOMME ROMAIN

JEUX DE SOCIÉTÉ

Durant les premiers siècles de Rome, la vie est dure et les hommes ont peu de loisirs en dehors des jours de fête et des jours de marché où les paysans viennent à la ville (lors des *nundinae*, tous les 9 jours). Avec les conquêtes et l'afflux des richesses, la vie change. Le citoyen ne travaille plus (cf.esclave, chap. 3). Il a besoin de distractions. **Le Romain est un joueur qui conserve, adulte, bien des habitudes de l'enfance.**

Les jeux des enfants nous sont connus par quelques descriptions de poètes et par des représentations figurées. Toupies, cerceaux (parfois ornés de clochettes), petites carrioles attelées à un chien ou à un mouton sont parmi les jouets les plus courants. Mais point n'est besoin d'accessoires pour s'amuser : fabriquer de petites maisons, ou un petit chariot que l'on fait tirer par des souris, prendre un roseau pour monture et jouer au soldat, ou imiter les juges et les magistrats sont des activités divertissantes. Le jeu de la mourre, celui de pair ou impair (= faire deviner le nombre de cailloux enfermés dans la main) ou de pile ou face avec une monnaie où figure d'un côté une tête et de l'autre un bateau (d'où le nom latin *capita et navia*) sont aussi très prisés. Les noix qui servent de billes sont encore si utilisées qu'elles symbolisent l'enfance. Lors du mariage, les amis du marié en jettent sur le cortège pour signifier que le temps des jeux est passé.

Pourtant les adultes conservent la passion du jeu et beaucoup – même l'empereur – parient de fortes sommes bien que la loi l'interdise, sauf pendant les Saturnales (en décembre), mais à cette occasion, les dettes de jeu ne sont pas exigibles. Ce sont les *alea*, c'est-à-dire les jeux de hasard. Les osselets *(tali)* offrent 4 faces utiles (de valeur 1, 3, 4 et 6), et les dés *(tesserae)* 6 faces (dont la première s'appelle *canis*). De nombreuses combinaisons sont possibles ; la plus rentable est « le coup de Vénus » (6 faces différentes). D'autres jeux demandent de la réflexion et du calcul. C'est le cas d'une sorte de tric-trac (*duodecim scripta*, ainsi nommé parce que la table de jeu est divisée en 12 lignes verticales coupées par 1 ligne horizontale) qui se joue avec 15 pions que l'on fait avancer ou reculer avec des coups de dés. Et surtout le *ludus latrunculorum* (= le jeu des soldats, car *latro,* avant de signifier « bandit », désignait le mercenaire) qui semble être un combiné de nos jeu de dames et jeu d'échecs.

Les sports ont longtemps été méprisés par les Romains, du moins dans la seule perspective d'une pratique hygiénique. Les divers entraînements suivis au Champ de Mars (course, lutte, cerceau, activités équestres ou natation dans le Tibre) n'avaient pour but que de s'endurcir pour se préparer à son devoir de soldat. Sous l'Empire, la gymnastique est peu à peu mise à l'honneur, et chaque citoyen pratique différents jeux, aux thermes, avant de s'adonner au plaisir du bain. Notamment **les jeux de balle,** seul ou à plusieurs. Il existait des balles de diverses tailles, généralement de couleur vive : de la petite, assez dure et bourrée de poils, pour jouer à la volée, au gros ballon *(follis)* gonflé d'air ou de duvet, en passant par une balle de cuir bourrée de duvet nommée *pagenica* (sans doute en raison de son origine campagnarde). Un des jeux favoris est le trigon : trois joueurs se placent en triangle, chacun avec une balle ; chacun lance la balle à qui il veut, et peut en recevoir deux d'un coup. Des esclaves ramassent les balles tombées, et comptent les points. Un relief montre aussi un autre jeu dans lequel il s'agit de pousser une balle avec ce qui ressemble à un bâton de hockey.

Faut-il enfin placer parmi les jeux l'indispensable et très prisé loisir qu'est **la promenade**. Elle offre l'occasion de **converser** en bonne et/ou galante compagnie. Rome réserve à ses amoureux nombre de portiques et de jardins (cf. Rome, chap. 2).

BAINS ET THERMES

Il faut distinguer établissements de bains et thermes qui marquent chacun un moment différent de l'évolution de la civilisation romaine. **Les seconds n'apparaissent que sous l'Empire** (exactement en -33, année de l'édilité d'Agrippa). Les premiers, eux, sont antérieurs, mais n'existent pas à Rome avant le IIIᵉ s. avant notre ère. **Dans les premiers siècles de Rome, l'hygiène laisse beaucoup à désirer** et c'est aux Grecs que les Romains empruntent ces nouvelles habitudes de propreté, non sans répugnance au début puisque les « vieux Romains » comme Caton hésitent à se mettre nus en famille. L'entrée de ces petits édifices sombres et souvent austères, uniquement destinés aux ablutions, est payante (mais peu onéreuse). Les gens de la ville s'y rendent généralement aux *nundinae*, de même que les campagnards venus vendre leurs produits au marché, tous les 9 jours. Le reste du temps, le Romain se contente d'une toilette sommaire.

En -33, Agrippa fait recenser les établissements de bains : il en dénombre 170 à Rome qui sont, à cette époque, utilisés quotidiennement par les citoyens. (Il y en aura 856 au IVᵉ s. de notre ère). Les bains ne doivent pas être confondus avec **les thermes**, dus à la libéralité impériale, qu'il faut considérer, vu leurs aménagements, comme **de vastes complexes de loisirs**, voire des centres culturels à la romaine. L'entrée en est gratuite et **chaque citoyen vient y passer deux heures par jour en moyenne**, avant la *cena*. Auguste, Néron, Titus, Trajan… jusqu'à Constantin, les empereurs offrent à leur peuple des édifices dont la magnificence va croissante au cours des siècles. Les plus célèbres sont ceux de Caracalla, inaugurés en 217 (sur 11 ha) et ceux de Dioclétien (14 ha, aujourd'hui le Musée national de Rome). Ces derniers pouvaient accueillir 1500 baigneurs à la fois, et la grande piscine d'eau froide couvrait 2500 m^2. **Le décor est fastueux.** Les immenses voûtes reposent sur d'énormes colonnes. Les murs offrent à l'œil les compositions savantes des marbres les plus rares. Au sol, les mosaïques alternent avec les pavements de marbre. Des vitraux en pâte de verre ou en albâtre filtrent une lumière colorée qui vient éveiller le granit ou le porphyre et fait scintiller les voûtes recouvertes d'or. Partout, des tableaux, des statues des plus grands maîtres donnent l'impression aux plus modestes qu'ils vivent dans un palais et participent à la puissance d'un empire dont ils sont, par ailleurs, les laissés pour compte.

Le centre de l'édifice est occupé par **les différentes parties des bains traditionnels** : vestiaire *(apodyterium)*, salle chaude *(caldarium* – plus souvent équipée de vasques que de baignoires), salle froide *(frigidarium* – avec une piscine), salle tiède *(tepidarium* – pour faire la transition entre les deux), parfois aussi de petites salles très chaudes, bains de vapeur *(sudatorium)* ou étuves sèches *(laconicum* – dont le nom traduit l'origine laconienne, la Laconie étant la région de Sparte). La chaleur des salles chaudes provient **d'un système de chauffage par hypocauste** : le sol repose sur des pilotis ; un couloir de service court en sous-sol le long des murs, ména-

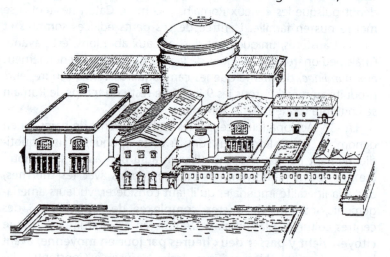

Thermes d'Agrippa (hypothèse de restitution).

Thermes de Caracalla (intérieur). Restitution de la piscine d'eau froide et du nymphée (mur de gauche).

geant des ouvertures à l'entrée desquelles des esclaves entretiennent des foyers alimentés au charbon de bois (l'air chaud se répand sous les carrelages et s'échappe par des tubulures en terre cuite qui se situent dans l'épaisseur des parois). Des fourneaux servent également à chauffer l'eau dans de grands chaudrons en airain qui se remplissent d'eau froide au fur et à mesure que l'eau s'écoule, grâce à un système de réservoir. Pendant les deux premiers siècles de l'Empire, un gong annonçait à midi l'allumage des fourneaux, et l'ouverture des thermes qui ne fermaient qu'au coucher du soleil.

L'originalité des thermes repose dans les activités de loisirs qu'ils offrent en plus des bains : un ou plusieurs gymnases, une bibliothèque, des salles de repos, de conversation, de conférences, des jardins pour la promenade. Ajoutons la présence de divers petits métiers, des artisans aux vendeurs ambulants dont les cris s'ajoutent à ceux des baigneurs et des sportifs. Le tout fait de ces vastes complexes des lieux très animés. **Toutes les couches de la société s'y côtoient** (les plus riches n'ont chez eux, en ville, que des bains privés assez exigus), et l'empereur lui-même se mêle parfois à la foule des baigneurs. Les citoyens y viennent pour pratiquer un sport ou quelque jeu avant le bain, à moins qu'ils ne s'abandonnent au plaisir très romain de longues discussions entre amis. Ils arrivent escortés d'esclaves (pour garder leurs affaires, qu'ils abandonnent au vestiaire) et nantis de toute une panoplie : l'huile pour les exercices sportifs, le strigile pour racler la poussière dans la salle chaude, la soude (qui tient lieu de savon), les serviettes, les parfums (pour le massage final s'ils en ont les moyens). Après l'effort, le baigneur passe dans le *sudatorium*, puis se décrasse dans le *caldarium* avant de se raffermir les chairs en plongeant dans l'eau froide du *frigidarium*. Une foule d'esclaves plus ou moins habiles l'attendent ensuite pour le masser, l'épiler avant qu'il repasse par le vestiaire pour reprendre ses affaires et rentrer chez lui pour le dîner.

Villa du pauvre, temple du corps et du plaisir, les thermes sont aussi un lieu fortement érotisé. Il faut attendre la fin du IIe s. de notre ère pour que les femmes soient définitivement séparées des hommes, des heures de fréquentation différentes étant attribuées à chaque sexe.

VOYAGES

Il est inexact de penser que les habitants de l'empire romain sont des sédentaires. Nombreux sont les commerçants, les fonctionnaires, les pèlerins, les touristes qui arpentent les routes et sillonnent les mers. Mais les voyages ne sont pas rapides. Ils s'effectuent par mer car le bateau est sans doute le moyen le plus commode et le moins lent. Tout dépend des vents et des courants (sans parler des pirates !), qui souvent aussi rendent les voyages aléatoires. On compte environ 3 jours d'Ostie à Narbonne, 7 jours d'Ostie à Gadès, 9 jours minimum de Pouzzoles à Alexandrie (mais, avec les escales, il fallait plutôt tabler sur 20 jours), au moins 30 jours de Marseille à Alexandrie… (cf. marine, chap. 3). Sur terre, seuls les riches qui possèdent chevaux ou voitures peuvent accomplir environ 60 km par jour grâce aux relais. Les autres vont à pied. La poste impériale, réservée à l'administration, peut courir jusqu'à 150 km par jour.

• LES ROUTES

D'abord tracées dans un but militaire, **elles dessinent une véritable toile d'araignée dont le centre est Rome.** Les grandes

L'HOMME ROMAIN

routes, confiées au soin des censeurs sous la République et des curateurs sous l'Empire, sont larges (une dizaine de mètres) et bien entretenues. Elles se composent de quatre couches de matériaux (une fondation de grosses pierres, puis un blocage de pierres concassées prises dans du sable et de la chaux, puis des briques pilées et, enfin, un revêtement de dalles plates et de cailloux) et sont bombées pour permettre l'écoulement des eaux. Elles sont balisées de bornes milliaires qui calculent la distance depuis Rome. Auguste a fait ériger « le milliaire d'or » sur le Forum pour marquer le centre de l'Empire.

La route de pierre la plus ancienne est la Via Appia (voulue par le censeur Appius Claudius en - 312). Au IVe s. de notre ère, on dénombre **29 voies** (d'importance inégale) **au départ de Rome**. Voici les principales :

Via	Orientation	Destination
Via Flaminia	N	Aquilée, Ariminium (Rimini)
Via Salaria	NE	la Sabine (Reate) et le Picenum
Via Nomentana	NE	Nomentum
Via Tiburtina	E	(puis via Valeria) Tibur, l'Adriatique (par Albe)
Via Praenestina	E	Préneste
Via Tusculana	E/SE	Tusculum
Via Latina	SE	Tusculum. Capoue par l'intérieur
Via Appia	SE	Capoue, la Campanie par la côte (Minturnes) puis Tarente et Brindes
Via Ardeatina	S	Ardée et la côte
Via Laurentina	S	Lavinium
Via Ostiensis	SO	Ostie (rive gauche du Tibre)
Via Portuensis	SO	le port (rive droite du Tibre)
Via Campana	SO	le port et les salines (au nord de l'embouchure du Tibre)
Via Aurelia	O/NO	l'Étrurie, Pise et Arles par la côte
Via Claudia	NO	Saturnia et l'Étrurie par l'intérieur. Embranchement de la via Cassia vers Veies, Volsinies, Arretium (Arezzo)

225

• LES MOYENS DE LOCOMOTION

La litière portée par des esclaves (de 2 à 8), les voitures tirées par un ou plusieurs chevaux, à deux roues (avec baldaquins et rideaux) = *carpentum*, ou à quatre roues (*reda*) permettent des voyages assez confortables, avec parfois grand train et équipage, mais ne sont pas rapides. En revanche, les cabriolets de sport, le *cisium* ou l'*essedum*, à deux roues, découverts, à deux places seulement, permettent des déplacements à vive allure. Il arrive que des jeunes gens riches ne résistent pas à la griserie de la vitesse au péril de leur vie ou de celle d'autrui ; mais généralement, ce sont des esclaves qui tiennent les rênes.

• L'HÔTELLERIE

Les auberges, peu onéreuses, sont généralement peu confortables et peu nombreuses. De surcroît, elles sont peu sûres, comme d'ailleurs les routes. Les bandits de grands chemins sont, avec la poussière des routes en terre battue (les plus nombreuses), les deux principaux fléaux des voyageurs. Seuls les gens modestes et les marchands descendent à l'hôtel. Les riches possèdent plusieurs villas et pied-à-terre, et font étape chez eux, ou chez des amis. **L'hospitalité est très développée** et il est rare de ne pas trouver quelque hôte pour accueillir le voyageur (cf. habitations, chap. 10).

VILLÉGIATURE

Les plaisirs de la villégiature supposent **la possession d'une ou plusieurs villas** ; c'est-à-dire **qu'ils sont réservés à une élite fortunée**. En outre, ils n'ont pu se développer qu'à partir du temps où les riches propriétaires, qui laissaient leurs domaines sous le contrôle d'un intendant pour vivre à la ville, décidèrent d'aménager leurs résidences campagnardes en véritables palais à la mode orientale. Aussi grande fût leur demeure romaine, elle ne pouvait s'étendre à volonté ni rivaliser avec les palais et parcs royaux de ceux que Rome dominait depuis le IIe s. avant notre ère. **Aux ori-**

gines de Rome, le campagnard venait à la ville pour le marché ; à la fin de la République, le riche se rend de la ville à la campagne pour s'y livrer aux joies de l'*otium*.

Mais la villa ne répond pas forcément à un goût nouveau pour la nature quand la ville devient invivable (bruit, promiscuité, violence – cf. Rome, chap. 2). Même si les poètes de l'époque augustéenne chantent le bonheur de goûter la paix d'une ombre bienfaisante, sous une yeuse antique, au bord d'un frais ruisseau… Symbole d'une réussite sociale pour une aristocratie en mal de pouvoir, la villa est aussi le reflet d'un rêve, celui du royaume auquel aspire tout Romain puissant au sein d'un peuple qui nourrit depuis sa révolution de -509 la haine des rois. Sénèque le Père fustigeait déjà à l'aube de l'Empire ces « campagnes à l'échelle des

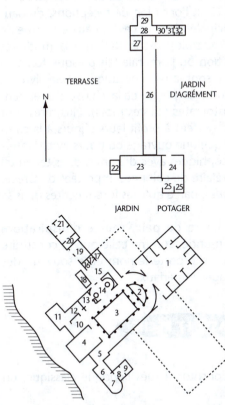

(reconstitution Winnefeld)

1	atrium
2	petite cour en forme de D
3	cour intérieure
4	salle à manger
5	grande chambre à coucher
6	petite chambre à coucher
7	chambre terminée par une courbe en forme d'arc
8	passage surélevé
9	chambre
10	chambre décorée élégamment
11	grande chambre
12	chambre avec antichambre
13	bain froid
14	cabinet de toilette
15	chambre de chauffage
16	étuve du bain
17	deux petites chambres
18	piscine
19	jeu de paume
20	tourelle
21	chambre de rez-de-chaussée de la tourelle
22	autre tourelle
23	magasin
24	salle à manger
25	deux chambres accolées à la tourelle
26	galerie voûtée
27	dans le pavillon : étuve solaire
28	chambre
29	alcôve
30	chambre pour la nuit
31	petite chambre de chauffage
32	chambre avec antichambre

Villa de Pline le Jeune à Laurente

227

villes » où l'on enferme, à l'intérieur des hauts murs, « les eaux et les forêts », avec des « escadrons d'esclaves », pour former « un empire plus grand que les rois » n'en possèdent (*Controverses*, V, 5). On peut lire la description que Pline le Jeune fait de deux de ses propriétés (*Lettres* II, 17 et V, 6) en se souvenant que certaines villas sont encore beaucoup plus grandes et somptueuses que les siennes. En outre, dès le dernier siècle avant notre ère se développe la mode des villas maritimes, construites au bord de l'eau et dont les portiques ombragés s'avancent parfois dans la mer. **Le Golfe de Naples** est, à cet égard, **le plus célèbre site de villégiature** en vue.

Les plaisirs de l'*otium* se déclinent sur tous les tons, mais ont tous pour point commun leur caractère princier. Rares sont ceux qui se contentent des joies simples de la campagne ou de la mer. Passer la saison chaude dans l'une ou l'autre de ses propriétés suppose rarement la solitude. C'est l'occasion de réceptions, de banquets, de parties fines, principalement sur ces bateaux en forme de gondoles. Baïes (près de Pouzzoles) est la station à la mode, et synonyme de lieu de perdition où la morale fait presque toujours naufrage. Les bains privés sont aussi l'occasion de se livrer à quelques exercices physiques. La pêche et la chasse deviennent des loisirs prisés par les aristocrates (cf. ces mots). Plus rares sont ceux qui, comme Cicéron, mettent à profit leurs séjours à la campagne pour lire, composer quelque ouvrage ou poursuivre d'interminables discussions philosophiques avec des amis, dans tel ou tel coin du parc, à l'ombre tutélaire de colonnes importées de Grèce. Ainsi s'intitulent ses *Tusculanes*, parce qu'elles furent écrites dans sa propriété de Tusculum.

La villa devient alors havre de paix, source d'inspiration, voire reflet symbolique du monde, comme celle que fit construire Hadrien, à Tibur, où chaque site porte le nom et le souvenir des lieux visités lors de ses voyages impériaux.

CHASSE ET PÊCHE

La chasse et la pêche constituent, dès l'époque classique, un loisir particulièrement prisé.

La chasse n'est pratiquée par les citoyens qu'à partir du IIe s. avant notre ère. Auparavant, méprisée, elle était réservée aux esclaves qui s'y livraient surtout pour se débarrasser des animaux nuisibles aux cultures ou pour leurs propres besoins. Toutefois, à l'occasion de fêtes religieuses, on attrapait certaines bêtes pour les sacrifier aux divinités afin de protéger les récoltes (ex. le renard aux *Cerialia*). Au IIe s. avant notre ère, les jeunes nobles découvrent, lors de la conquête de la Grèce et de l'Orient, que la chasse est, dans ce pays, un sport, un loisir et un privilège royal. Les rois de Macédoine ou d'Asie Mineure s'y consacrent dans d'immenses parcs aménagés appelés « paradis », et entretiennent un personnel nombreux pour l'exercer. La mode s'implante en Italie et le goût s'en développe peu à peu.

On distingue deux sortes principales de chasses : la *venatio*, chasse aux quadrupèdes de toutes tailles (du lièvre à l'ours en passant par le sanglier ou le loup), et *l'aucupium*, chasse aux oiseaux. La première se pratique à pied ou à cheval et requiert une grande vigueur physique. Les jambes protégées, le chasseur est armé de coutelas, javelot, fronde, voire d'un pieu muni d'un fer pointu. L'exercice est dangereux, même pour les chiens qui l'accompagnent toujours. Des esclaves spécialisés sont chargés de la logistique. Tout le travail peut consister à rabattre le gibier dans de vastes filets *(retia)* qui permettent d'immobiliser l'animal avant de se livrer à un dangereux combat pour l'abattre. *L'aucupium*, au contraire, nécessite plus de ruse et de patience que de force. Le chasseur utilise divers pièges et appâts (lacets, oiseaux captifs aveugles comme appeau), des filets dissimulés qui se referment avec des cordelettes, et même des roseaux enduits de glu qu'il s'agit de faire glisser dans les branches jusqu'à l'endroit où se tient l'oiseau, sans l'effrayer.

Sous l'Empire, la chasse devient un spectacle et se donne dans l'amphithéâtre où l'on a pris soin de reconstituer un paysage exotique. L'idée, née sous la République (en -186 avec Fulvius Nobilior) ne prend vraiment son ampleur que dans ces grands édifices où il est possible de transporter l'imagination du spectateur dans les terres d'Afrique ou d'Asie. Ce sont alors des fauves ou des animaux inhabituels qui sont présentés et chassés dans l'arène, et parfois, *l'editor ludi* offre des combats d'animaux entre eux. Fournir les jeux en animaux exotiques exige alors une gigantesque organisation pour capturer les fauves, les transporter jusqu'en Italie avec le moins de pertes possibles. Parfois même l'empereur descend dans l'arène pour réhausser son prestige ou affirmer sa *virtus*. (Tibère, Néron, Commode…) – cf. jeux publics.

L'HOMME ROMAIN

La pêche est d'abord un métier pour tous ceux qui pourvoient les Romains en poissons, particulièrement appréciés à table. Elle est aussi un loisir qui détend. Certains riches aimaient pêcher depuis la fenêtre de leur villa, en surplomb de la mer ! Cicéron goûtait le calme d'une partie de pêche sur une barque, protégé par un cha-peau à larges bords. Les Romains utilisent une ligne et un hame-çon pour les petites prises, mais aussi le filet muni de flotteurs, qui peut être traîné derrière l'embarcation. Ils se servent encore de nasses, voire de tridents lorsqu'il s'agit de gros poissons comme les thons. Les Anciens étaient également friands de coquillages. Posséder un vivier d'eau douce – ou, mieux, d'eau de mer – dans sa propriété constituait une indéniable marque de richesse ; tout comme élever de petits oiseaux dans les volières de son parc per-mettait de montrer vivants, à ses invités, ceux qu'ils allaient retrou-ver, savamment cuisinés, dans leur assiette.

REPAS

Les Romains prennent **trois repas** qui ponctuent leur journée, mais un seul est important. Dès le lever, avec le soleil, ou juste après avoir sacrifié au rite de la *salutatio* (visite des clients à leur patron), ils absorbent **le *jentaculum*** (un peu de pain trempé dans du vin, quelques olives, quelques fruits secs, parfois du fromage). Après les visites obligées pour les affaires, les devoirs de la politique au Forum, ou la présence au tribunal, vers midi, il est l'heure du *prandium*, un peu plus copieux que le *jentaculum* (poisson, légumes, fruits). Après la sieste et la visite aux bains – car le citoyen ne travaille pas – arrive l'heure **du seul vrai repas**, vers la 9ᵉ ou 10ᵉ heure (= 15 ou 16 heures), c'est-à-dire avant le coucher du soleil : **la *cena***. Dans les premiers temps de Rome, le *prandium* n'existait pas, et la *cena*, prise vers midi, consistait à absorber une nourriture assez pauvre, composée notamment d'une bouillie de céréales. Après la deuxième guerre punique se développe la recherche culi-naire. De célèbres cuisiniers rédigent des livres de recettes, comme Apicius, au début de notre ère. Les riches aiment avoir leur cuisi-nier, leur boulanger, leur pâtissier ; et ceux-ci s'inspirent de la gas-tronomie gréco-orientale. La *cena*, prise dans la salle à manger (le *triclinium* parce qu'y sont disposées trois banquettes où l'on s'al-longe par trois en s'appuyant sur le coude gauche), se compose de plusieurs services avec, d'abord, les hors d'œuvre, puis les plats principaux, puis les desserts (pâtisseries, fruits). Les mets sont présentés en petits morceaux que l'on prend avec ses doigts, de la main droite. Ce repas pouvait être très copieux, et se prolonger dans la nuit par une sorte d'orgie où l'on buvait beaucoup (la *comissatio*). Le maître de maison présentait aussi à ses invités des distractions (musiciens, danseurs, poètes…).

Le goût romain se caractérise par une préférence des consistances molles aux consistances craquantes (une viande est toujours bouillie avant d'être rôtie), par le mélange du sucré (miel) et du salé (pour les plats comme pour les desserts), et par un usage excessif de condiments, sauces et épices (notamment le *garum*, à base d'entrailles de poisson macérées dans la saumure dont il existait plusieurs variétés).

Si jusqu'au IIIe s. avant notre ère, les Romains ne buvaient guère que de l'eau, ils ont ensuite consommé **diverses boissons** (bière, hydromel) **dont la plus prisée était le vin.** Celui-ci ressemble le plus souvent à de la piquette, mais il existe de grands crus (Falerne, Massique). Ce vin est très alcoolisé et nécessite d'être coupé d'eau (de préférence, de l'eau de mer chaude !). Il est aussi fréquemment aromatisé (au miel, au poivre, à la rose…). Ce qui le rend bien différent de celui que nous consommons aujourd'hui.

L'HOMME ROMAIN

X

LA VIE PRIVÉE

Le Romain existe-t-il en tant qu'individu ? À sa naissance, il n'est rien tant que son père ne le reconnaît pas, ne l'admet pas au sein du premier groupe à l'accueillir : sa famille. Il reçoit ainsi un prénom qui, seul, le distinguera des autres membres du clan, tous porteurs du même nom, voire du même surnom. Quelques jours après avoir été reconnu par son père, il est déclaré à la cité, car il sera citoyen, et cela seul compte. Selon la formule consacrée, « la cité s'est augmentée d'un fils ». Deux bras supplémentaires pour la défendre. Devenu homme, c'est-à-dire citoyen, il sera membre de ce cercle élargi et suprême, la cité, à l'autorité de laquelle il devra se plier comme il obéit à son père ; et le censeur, surtout s'il occupe un rang important, saura bien le châtier comme l'aurait fait son père, en cas de faute, par exemple en le rétrogradant dans l'échelle sociale. Devenu majeur, le jeune homme se fait inscrire sur la liste des citoyens lors du recensement. Il officialise son nom, et se voit attribuer une centurie et une tribu au sein desquelles il exercera son devoir de citoyen. Il appartient à une classe sociale, à un ordre (sénatorial, équestre). Il est encore membre d'associations, d'un collège religieux. Il représente à Rome la collectivité de sa « petite patrie » d'origine… En un mot, **il n'existe que parce qu'il est reconnu et intégré par les autres, que parce qu'il est membre de communautés sans lesquelles il n'est rien et ne peut rien faire.**

Paradoxalement, l'homme romain de la République ne considère pas ces liens qui le justifient au sein des différents groupes comme autant de chaînes qui l'asservissent à son devoir. Bien au contraire, il ne s'épanouit que dans ces contraintes, et c'est plongé au cœur de cette agitation relationnelle qu'il trouve et exprime sa *libertas*. Rome est une fourmilière, et en même temps une scène de théâtre permanent. La plupart du temps hors de chez lui, **le citoyen est continûment en représentation**, avec sa « troupe » au sein de laquelle il évolue d'autant plus aisément s'il en est le point de mire. Le patron parade avec ses clients au Forum dès le matin, et les clients, selon leur importance, ne manquent pas de se faire remarquer auprès des puissants. Chacun espère briller au tribunal ou animer une discussion aux bains publics. La vie romaine est d'abord publique, elle se fonde sur la richesse des relations sociales.

C'est pourquoi, chez lui, le Romain ne saurait connaître véritablement une vie privée au sens où nous l'entendons aujourd'hui. Dans sa demeure, le citoyen reste un acteur et la représentation ne cesse pas. **La *domus* offre une vie publique à l'instar de la cité dont elle est un peu le reflet et le prolongement**. Et pas nécessairement dans sa seule topographie. Il existe certes des parties réservées davantage à la réception (l'atrium accueille la *salutatio* des clients le matin ; la salle à manger permet de recevoir ses amis pour festoyer), mais il arrive aussi que le maître, alité, reçoive dans sa chambre à coucher. Et bien des décisions publiques, politiques (voire terroristes comme dans l'affaire Catilina) se sont d'abord prises au cœur des habitations privées. **La *domus* reflète la classe du citoyen qui y vit, et ce *dominus* y reproduit l'exercice du pouvoir qui est le sien dans la cité**. L'architecture, comme la décoration, traduit dans le privé la puissance publique. Elle témoigne même de l'évolution des mœurs. Son austérité peut refléter le caractère vertueux de son maître (souvenons-nous de Caton et de l'état de sa ferme de Sabine !). Une décoration trop riche trahit une *luxuria* dont les satiriques font leur miel. Sous la République, l'atrium constitue un lieu de pouvoir et de prestige dans la maison ; il en représente le *forum*. Sous l'Empire, le cœur de la demeure se déplace vers le péristyle, plus intime, plus favorable à l'épanouissement de l'*otium*. De la même façon que le « centre » de Rome, à partir d'Auguste, glisse du *Forum* au Champ de Mars, symbole d'une nouvelle Rome et de la dépolitisation des citoyens.

De fait, avec le nouveau régime, nous assistons à une sorte de révolution culturelle. Le pouvoir politique est confisqué. Le citoyen ne s'exprime plus. Il ne combat plus pour défendre sa patrie. Il est devenu un sujet oisif. Il peut s'occuper de lui-même parce qu'il n'est plus rien pour la communauté. **L'individualisme**, déjà en germe à la fin de la République sous l'influence orientale, trouve la place de son développement. **Le citoyen n'est plus acteur ; il devient spectateur** et regarde, dans l'arène, le simulacre de son honneur perdu. Alors peut-être cet esseulement est-il favorable à une vie privée, mais nous constatons, à travers nombre de textes, que celle-ci prend ses racines dans une certaine désespérance.

Les rubriques de ce chapitre s'ouvrent sur un rappel de ce qui distingue la personne du citoyen (**son nom**) puis s'intéressent au **cadre de vie**, la maison, et à ceux qui y vivent avec le maître (**famille, femme, enfant**). Puis elles présentent divers aspects de ce que l'on nomme la vie privée : **le costume, l'éducation des enfants, la santé, la sexualité.**

NOMS ROMAINS

Les noms des citoyens comprennent :
– **le prénom** *(praenomen)*
– **le gentilice** *(nomen gentilicium* = nom de la *gens)*
– **le surnom** *(cognomen).*

Il existe dix-huit prénoms :

A = Aulus	M' = Manius
Ap ou App = Appius	N = Numerius
C = Caius	P = Publius
Cn = Cnaeus	Q ou Qu = Quintus
K = Kaeso	S ou Sex = Sextus
D = Decimus	Ser = Servius
L = Lucius	Sp = Spurius
Mam = Mamercus	T = Titus
M = Marcus	Ti ou Tib = Tiberius

L'usage du surnom s'est surtout répandu à partir de Sylla. Il désigne souvent une particularité physique ou morale : *Caecus*, l'aveugle ; *Barbatus*, le barbu ; *Calvus*, le chauve ; *Brutus*, le stupide ; *Cicero*, le pois chiche (sans doute une verrue ou un grain de beauté) ; *Cato*, le finaud ; *Rufus*, le rouquin ; *Nasica*, le long nez ; *Cincinnatus*, le frisé, etc.

Le surnom devenant héréditaire, un second *cognomen* peut s'ajouter au premier, comme pour P. Cornelius Scipion « l'Africain », en raison de sa victoire sur Carthage. Pour les hommes libres adoptés, le deuxième surnom peut indiquer le gentilice naturel : le célèbre P. Cornelius Scipion Émilien (cf. ce nom) fut adopté par P. Cornelius Scipion (le fils de l'Africain) mais était le fils de Paul Émile. Pour les affranchis, le surnom est généralement leur nom d'esclave, qu'ils ajoutent au prénom et au nom du maître qui leur a rendu la liberté. Les femmes ne sont, elles, désignées que par le gentilice de leur père au féminin : la fille de Cornelius Scipion se nomme Cornelia, et celle de M. Tullius Cicero, Tullia.

Sous la République, l'usage courant veut que l'on désigne un citoyen par son prénom et son nom. À l'époque classique, on y adjoint très souvent le surnom. Sous l'Empire, l'usage du surnom l'emporte dans la vie quotidienne et il n'est pas rare qu'on le complète d'un sobriquet. Les Romains sont, en effet, volontiers moqueurs et aiment souligner les travers de leurs contemporains.

HABITATIONS

La maison romaine se conçoit d'abord comme une demeure individuelle **qui revêt un caractère sacré.** Elle renferme l'autel familial et constitue donc une sorte de temple privé. Elle est, véritablement, le foyer où se réunit la famille, autour du *paterfamilias* (cf. culte privé, chap. 6).

• LA *DOMUS*

Cette maison, après avoir eu l'aspect d'une cabane ovale à l'origine (comme le montrent les restes des cabanes dites « de Romulus » sur le Palatin), est rectangulaire. Sans doute influencée par l'architecture étrusque, elle a une origine campagnarde : il s'agissait en fait d'une petite cour de ferme entourée de murs où se situait l'unique pièce qui servait de logement au maître. Cette cour se couvre généralement d'un toit en auvent, à quatre faces, percé d'un trou carré. Puis, ce toit, incliné vers l'intérieur, permet de mieux recueillir les eaux de pluie dans le bassin situé au centre (*impluvium*). Peu à peu, on construit de petites pièces autour de la

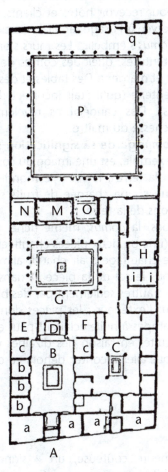

A : entrée
a : boutiques
b : chambres à coucher
B : atrium toscan
c : pièces annexes
D : tablinum
E et F : salles à manger d'automne
et d'hiver
C : atrium tétrastyle
G : péristyle
i : bain
H : cuisine
M : exèdre de la mosaïque
d'Alexandre
N et O : salles à manger d'été
P : grand péristyle
q : entrée secondaire

Plan de la Maison du Faune à Pompéi

cour. La pièce primitive, au fond, face à l'entrée, devient le bureau du maître *(tablinum)*. Cette demeure simple, avec sa petite cour centrale et son bassin s'appelle une maison à *atrium*. Elle ne contient quasiment aucun meuble et reste très sobre.

Avec la conquête d'un empire et l'influence de l'hellénisme, la *domus* va, d'une part, s'agrandir et, d'autre part, s'embellir. À l'imitation des demeures grecques, les Romains conçoivent une maison à péristyle (plus grande, avec un bassin central entouré d'un portique sur lequel s'ouvrent les pièces) qu'ils vont souvent accoler à

L'HOMME ROMAIN

leur *atrium*, créant ainsi une *domus* en deux parties, avec le côté traditionnel, l'*atrium*, qui sert pour recevoir hôtes et clients, et le péristyle, partie plus intime, réservée à l'usage familial où se trouvent les chambres, le bain. La *domus* s'embellit. Les murs s'ornent de peintures, on y installe des tentures, quelques coffres de bois agrémentés de pièces de bronze et d'argent. Des tables et des présentoirs offrent au regard l'argenterie (qu'il était incorrect de ne pas étaler devant ses visiteurs). Des candélabres révèlent les œuvres d'art qui traduisent la richesse du maître.

Malgré son évolution, la *domus* garde sa signification symbolique : la salle à manger, par exemple, est une image du cosmos (le plafond = le ciel ; la table = la terre ; le sol = le monde des morts) et on laissait toujours une coupe chargée de fruits sur la table pour favoriser les productions de la terre.

Mais qu'on ne s'y trompe pas, la *domus*, même riche, n'est guère confortable. Il y fait froid (une ou deux pièces chauffées par hypocauste – i.e. un système de chauffage à air chaud, alimenté par des feux, qui se propage sous le sol de la pièce et dans des tuyaux insérés dans les murs –, les autres seulement par des braseros), sombre (pas de fenêtres sur l'extérieur ; les pièces donnent sur les bassins intérieurs, et les lampes à huile éclairent peu) et on y souffre souvent de la promiscuité, en raison des dizaines d'esclaves, toujours prêts à épier pour aller raconter dehors ce qu'ils ont vu.

• L'*INSULA*

La *domus* devient une demeure coûteuse, un « signe de classe », et ne peut plus être habitée par une population qui, dès les guerres puniques, afflue à Rome en grand nombre. On construit donc des immeubles de trois, quatre, cinq étages, parfois avec des balcons. Si les appartements du premier sont encore vastes et exigent un loyer assez élevé, plus on monte et plus les logements sont modestes, jusqu'aux petites pièces aux cloisons précaires, sous les toits. L'inconfort (l'eau et le four dans la cour ; un baquet pour vider son vase de nuit sous l'escalier !) et la mauvaise qualité de la construction (éboulements et incendies fréquents) sont les deux principaux inconvénients de ces *insulae* qui, de surcroît, ne peuvent revêtir aux yeux de leurs locataires le caractère sacré d'une demeure familiale.

L'HOMME ROMAIN

• LA *VILLA*

À l'origine, le mot désigne la ferme, à la campagne. Avec l'accroissement des richesses et le développement du niveau de vie, il désigne de plus en plus la propriété, souvent somptueuse, que les plus riches se font édifier, pour leurs loisirs, sur leurs domaines (dont, par ailleurs, la fonction agricole ne disparaît pas). On trouve à la campagne la place pour imiter, si l'on peut, les palais des rois orientaux, avec leurs parcs. À Rome, une *domus* occupe rarement plus de 400 ou 500 m². La *villa* peut en faire plusieurs milliers. En outre, **l'espace permet l'aménagement d'un vaste jardin** qui lui sert d'écrin. Il évoque les « paradis » des palais hellénistiques. La nature y est travaillée. C'est l'œuvre du *topiarius*, le paysagiste, qui choisit les essences et taille les arbustes qui prennent diverses formes symboliques. En revanche, il utilise peu de fleurs (roses, lys, violettes), mais connaît l'art du bonzaï. Il crée des espaces géométriques savamment construits, avec des rocailles, des petits pavillons. **L'eau est omniprésente** : bassins, fontaines, canaux (les Euripes) procurent de la fraîcheur. C'est aussi tout un décor théâtral où évolue l'acteur principal, le maître des lieux, dans le calme et le dépaysement de ce monde artificiel. Les aristocrates possèdent souvent plusieurs *villae*, de préférence dans les sites à la mode (par ex. Baïes), pour leur villégiature (Cicéron en avait huit, plus une dizaine de pied-à-terre !). Et, dans leurs déplacements, ils préfèrent faire halte chez eux ou chez des amis plutôt qu'à l'hôtel (cf. voyages et villégiature, chap. 9).

L'HOMME ROMAIN

FAMILLE, FEMME, ENFANT

Le mot latin *familia* ne signifie pas « famille » au sens naturel et biologique du terme. Il désigne plutôt la maisonnée, c'est-à-dire tous ceux qui vivent dans la maison (parents, enfants, affranchis, esclaves…). **Le *pater familias* a autorité sur tous les membres de la *familia***, dont la *domus* constitue le temple privé. C'est à lui que revient d'honorer le *Lar familiaris*, le Génie et les Pénates en sacrifiant sur l'autel familial. Il est l'ancêtre, le maître, et son fils aîné ne lui succédera dans cette position d'autorité qu'à sa mort, quel que soit son âge. Il a pouvoir de justice chez lui, même si son fils, lui-même marié, décide d'aller habiter ailleurs avec sa femme et ses propres enfants. Cette famille se rattache par le nom à une *gens*, une sorte de clan, de communauté élargie ; mais il semble aujourd'hui qu'il ne faille plus pour autant concevoir la Rome archaïque comme une association de *gentes* et de leurs *patres*. Les juristes insistent sur le fait que le « père de famille » (on devrait dire le chef) possède ce titre lorsqu'il a l'autorité dans la maison, même s'il n'a pas d'enfant. De la même façon, son épouse est reconnue comme la *mater familias*.

Cependant, **le statut de la femme est tout différent**. Dans la société romaine, **seul compte l'homme** parce qu'il possède la force de mener les durs travaux des champs et de défendre sa patrie. **La femme n'existe qu'à travers lui** : elle est la fille de quelqu'un, l'épouse ou la mère d'un citoyen. Son père ou son mari sont ses maîtres. Si son père meurt alors qu'elle n'est pas mariée, elle passe sous l'autorité de son frère. Le mariage la fait passer de l'autorité de son père à celle de son époux. Ce qui ne signifie pas qu'elle soit méprisée, ou confinée au gynécée comme en Grèce. Souvent son mari lui a confié les clés de la maison, et c'est elle qui l'administre ; elle commande à un bataillon de servantes et ne se livre qu'à la seule noble tâche ancestrale : filer la laine. Elle sort librement (dûment chaperonnée !) et, si elle est issue d'une noble famille, sera plus considérée qu'un citoyen de modeste origine. **Et si elle n'a pas le droit de participer à la vie politique, elle sait l'influencer**, soit en faisant pression sur son époux, soit en manifestant publiquement avec les autres matrones, comme dans l'affaire de l'abrogation de la loi Oppia, au temps du vieux Caton.

L'amour n'a pas sa place dans le mariage, du moins jusque sous l'Empire. Fiancée dès l'âge de 6 ou 7 ans, mariée à 12 ou 13, la femme est souvent l'enjeu d'un accord d'intérêts entre deux familles. Elle a pour devoir de donner un héritier (donc un garçon) à son mari pour que se perpétue le nom et la fortune. Mais, avec les conquêtes et l'évolution des mœurs, peu à peu, **la femme s'émancipe**. Le changement de régime matrimonial y est pour beaucoup : mariée *sine manu*, elle reste liée à son père (elle est « prêtée » à son mari) qui désigne un intendant pour gérer sa fortune (sur le mariage, cf. rites de passage, chap. 5). Elle devient donc maîtresse de son bien et sait en user pour prendre de l'indépendance, se soucier de sa beauté et, s'enrichir intellectuellement. Dès la fin de la République, la femme est admirée, convoitée, et joue davantage des armes charmeuses de la séduction que de celles, plus austères, de l'antique vertu (la *pudicitia*). Le divorce est de plus en plus courant sous Auguste (qui promulgue d'ailleurs plusieurs lois sur les mœurs). **À partir du IIe s. de notre ère**, les mœurs et la morale évoluent. Après avoir connu la soumission, puis une certaine indépendance, la femme découvre auprès de son mari une union plus sentimentale dans une conception plus équilibrée et plus égalitaire du couple. L'homme, déchu sous l'Empire de son pouvoir de citoyen, exerce chez lui une autorité plus modérée tandis que la femme a acquis et conserve une plus grande liberté. En outre, **la philosophie** (surtout le stoïcisme) **et la médecine conjuguent leur influence pour exalter l'amour conjugal, le respect de l'autre et l'exercice de la vertu**. Certes la femme demeure inférieure (et les chrétiens sauront la rabaisser), mais le couple trouve une harmonie qui s'accompagne d'un sentiment nouveau vis-à-vis des enfants.

L'amour maternel (et paternel) pour les enfants est une notion très récente (notre XVIIIe s.). **Comptait d'abord pour le Romain le besoin d'avoir un héritier**. Le fort taux de mortalité infantile (sans doute voisin de 45 ‰) et la faible espérance de vie (si environ 36 % ont moins de 15 ans, 1/3 seulement dépasse la trentaine, et 10 % la soixantaine) nécessitaient d'avoir rapidement beaucoup d'enfants après un mariage précoce. C'était le cas sous la République (Cornélia, mère des Gracques, eut 12 enfants dont 3 seulement vécurent). Mais le nombre diminua parce que la grossesse et surtout l'accouchement étaient souvent fatals à la femme. **Si le père n'a pas d'héritier, il peut adopter un fils d'une autre famille, pour servir ses intérêts**. Le bébé, à la vie si fragile qu'il n'est déclaré que 8 jours après sa naissance, est abandonné aux soins d'une nourrice. Encore faut-il qu'il ait été reconnu par son père dès ses premiers cris. Sinon, il est noyé, ou exposé, c'est-à-dire abandonné sur le tas de fumier au coin de la rue. Certains sont ainsi récupérés par une pauvre femme sans enfant, ou élevés pour être revendus comme esclaves. **Le destin d'un enfant, même de bonne famille, n'est donc pas fixé à la naissance**, et la conception de la famille romaine est bien peu « naturelle ». Ce qui ne veut pas dire que les parents n'étaient pas capables d'aimer leurs enfants et de veiller avec soin, comme Caton, à leur éducation…

L'HOMME ROMAIN

LA VIE PRIVÉE

SEXUALITÉ

L'HOMME ROMAIN

L'évolution de la morale sexuelle des Romains reflète l'évolution de leur civilisation. **Les premiers siècles se caractérisent par une vie dure, l'homme est tout puissant.** Chef de famille, il est le maître chez soi, acteur dans la cité et défenseur de la patrie. **Il est donc le seul à avoir droit au plaisir que ses partenaires doivent lui procurer.** Si la monogamie est de rigueur, il peut néanmoins rechercher ce plaisir avec qui il veut, garçon ou fille, en dehors de son épouse, à la seule condition qu'il ou elle ne soit pas de naissance libre. Les esclaves (et les prostitué/es) sont donc là pour servir le maître. Rappelons que l'amour est exclu du mariage, qui a lieu très tôt et répond à un arrangement que les parents ont conclu alors que leurs enfants n'avaient pas dix ans. La femme n'a pour rôle que de donner un héritier. Cependant, **l'épouse doit faire preuve de** *pudicitia*, c'est-à-dire qu'elle doit rester fidèle à son mari. En effet, toute liaison adultère entraînerait une souillure de son sang et la pureté de la lignée s'en trouverait compromise. Aux origines, un mari bafoué a droit de châtier jusqu'à la mort une épouse infidèle et son amant. C'est au moins un motif de répudiation.

À partir du IIe s. avant notre ère, avec l'influence gréco-orientale, la morale évolue, même si les principes ancestraux restent en vigueur. **La femme s'émancipe** et, à la fin de la République, gagne en indépendance. Elle apprend à séduire. De leur côté, les jeunes gens n'arrivent plus à faire taire leurs sentiments. Ils commencent à devenir dépendants des charmes des courtisanes, puis, au Ier s. avant notre ère, à avouer leurs amours et leurs peines de cœur (cf. les poètes, à partir de Catulle). **Ils tombent également amoureux de femmes et de jeunes garçons de naissance libre**, ce qui est un crime… Ovide est le premier à dire qu'un homme doit aussi donner du plaisir à une femme. **La vie amoureuse de la fin de la République et du premier siècle de l'Empire est très libre**, très permissive, et laisse se développer un libertinage assez proche de celui que connut notre XVIIIe s. Les tentatives d'Auguste de remoraliser la société avec plusieurs lois (dès -28) pour combattre les unions libres et la dénatalité sont peu suivies d'effets. La passion amoureuse, dégradante, avilissante pour un ancien Romain parce qu'elle asservit celui qui est sous son emprise et lui fait oublier son

242

honneur et sa *dignitas* (son rang), ose se déclarer et se vivre au grand jour. Le citoyen a oublié les devoirs qu'impose la *virtus*.

À partir du second siècle de l'Empire, la situation nouvelle de l'homme et de la femme dans la société (cf. famille, femme, enfants) **crée les conditions d'un rapprochement des époux.** Les sentiments ne sont plus honteux. Mais l'influence des philosophes d'une part, et celles des médecins d'autre part (cf. santé, médecine), ont pour conséquence une nouvelle morale de la vie conjugale. Celle-ci exige **la fidélité réciproque des époux,** condamne l'homosexualité et insiste sur le seul but des rapports sexuels : la procréation. Cette nouvelle morale païenne est celle dont s'inspirent les chrétiens encore plus que des Écritures : elle est en effet plus rigoureuse que celle du Nouveau Testament et sert d'autant mieux la politique dominatrice du clergé. La morale païenne du IIe s. permet aux prêtres d'exercer sur les âmes une emprise durable qu'ils fondent sur la menace du châtiment divin.

En matière de sexualité, les Romains n'ont pas été plus licencieux que d'autres peuples. Ils ont observé des règles différentes, qui correspondaient aux différentes étapes de leur évolution, mais non moins contraignantes.

SANTÉ ET MÉDECINE

Rome ne connut guère les médecins qu'au IIe s. avant notre ère. Ce qui ne signifie pas qu'elle ignorait un certain art de la médecine. Le souci de son corps et, donc, de sa santé, a toujours semblé primordial au Romain. Un corps propre, entretenu, la chevelure et la barbe bien taillées sont une marque *d'urbanitas*, de civilisation, et distingue le citoyen du sauvage, négligé et qui sent mauvais. Cette maîtrise du corps signifie d'ailleurs que l'on sait maîtriser son comportement, sa tenue, en un mot qu'on a le souci de sa *dignitas*. Pendant les premiers siècles de Rome, c'est le *pater familias* qui prend soin de la santé des siens. **Il recourt aux méthodes ancestrales qui allient la sorcellerie à l'usage des simples procurés par la nature.** (Rien n'est meilleur pour sauvegarder la santé d'un bébé que de lui cracher trois fois sur la poitrine en prononçant quelques formules magiques !). Feuilles et racines, graisse animale, huile, vinaigre ou beurre (qui ne s'utilise pas en cuisine) suffisent à guérir ceux que la mort n'a pas emportés. Caton l'Ancien avait même mis au point un appareil pour réduire les fractures. La plante à la vocation quasi universelle est le *laserpicium* (plante de la famille des ombellifères), dont le suc aide à la digestion, fait cicatriser les plaies, annihile l'effet du venin des serpents, guérit les maux de gorge comme la jaunisse… et combat la calvitie, dont les Romains ont une sainte horreur (ceux qui n'ont pas la chance, comme César, de pouvoir porter une couronne en permanence pour masquer la tonsure peuvent appliquer un onguent à base de *laser*, safran, poivre et fiente de rat…).

Le premier représentant de la médecine « scientifique » à Rome dont la tradition ait gardé le souvenir est le Grec **Archagatos**, que l'État installa dans une clinique, sur le Forum, en -219. D'autres suivirent, comme **Asclépiade de Pruse** qui ouvrit une école de médecine au début du Iᵉʳ s. avant notre ère. Mais les médecins eurent du mal à vaincre la méfiance des Romains. **Ils restent des esclaves, le plus souvent attachés au service privé des plus grands**, comme les professeurs ou les poètes. Ce qui n'empêche pas les encyclopédistes de la fin de la République ou du début de l'Empire (Varron, Pline l'Ancien) d'écrire sur l'art médical. **En 14 est fondée une école officielle qui forme des médecins**. Dès l'époque augustéenne, l'armée possède ses propres médecins et chirurgiens, puis les écoles de gladiateurs, les gymnases, les collèges d'artisans… **Galien de Pergame** (129-199), le plus célèbre médecin qui, à la fin du IIᵉ s. soigne Marc-Aurèle et Commode, fidèle aux principes d'Hypocrate, a été attaché à une caserne de gladiateurs. Savant accompli et éclectique, il écrit dans un grec élégant un nombre considérable d'ouvrages sur les sujets les plus variés, notamment la philosophie et la médecine. Il doit sa renommée à son sens de l'observation et du diagnostic, fondé sur une synthèse éclairée des diverses théories médicales en vogue à son époque. Il existe aussi un certain nombre de **spécialistes** (maladies des yeux, des dents, de la gorge, etc.) et de **chirurgiens** (fractures, problèmes osseux, hernies, etc.). Dès l'époque des Antonins, les médecins sont aussi des philosophes qui ne se contentent plus de soigner mais définissent la meilleure hygiène de vie (alimentation, rythmes des activités, etc.) et érigent un certain nombre de règles qui vont influencer la morale.

En outre, **au IIᵉ s. apparaît une médecine d'État**. Ces médecins, rémunérés par le pouvoir, dispensent des soins gratuits aux pauvres. Il sont 14 (un par région). Ce sont les *archiatri populares*, qui doivent faire la preuve de leurs capacités devant un jury de pra-

ticiens reconnus. Des médecins privés, aucune compétence officielle n'était exigée (d'où le nombre de charlatans), mais la loi
punissait les fautes professionnelles.

ÉDUCATION ET ÉCOLE

Dans l'ancienne République, un enfant est nourri puis élevé par
sa mère jusqu'à l'âge de 7 ans environ. À la fin de la République,
on prend l'habitude, dans les grandes familles, d'avoir recours à
une nourrice et à des esclaves pour s'occuper des plus jeunes.
**L'instruction commence vers 7 ans et les plus anciens Romains
considèrent qu'elle relève des obligations du** *paterfamilias*. Lire,
écrire, quelques rudiments d'histoire, de droit, tels sont les premiers enseignements qu'un Caton l'Ancien n'aurait voulu laisser au
soin d'aucun esclave. À partir du IIIe s. avant notre ère, l'instruction
reste une affaire privée chez les riches qui commencent à utiliser
les services de **précepteurs**, mais s'ouvrent aussi des **écoles**, dans
des boutiques donnant sur le *forum* ; un maître (esclave ou affranchi) y apprend à lire aux enfants pour une somme dérisoire. L'élève
est alors conduit à l'école par son esclave-pédagogue qui a la
charge de veiller sur lui. Il emporte ses affaires dans une sorte de
boîte en bois. À l'école, il écrit sur des tablettes enduites de cire à
l'aide d'un stylet ou sur du papyrus avec un calame (roseau taillé)
trempé dans de l'encre (mélange de gomme et de suie).

Le cursus scolaire comprend **trois étapes :**

– **le primaire**, assez généralisé, où le *magister ludi* dispense l'enseignement de base (souvent à coups de baguette !) aux enfants
de 7 à 11 ans.

– **le secondaire**, moins fréquenté car un peu plus onéreux, où
le *grammaticus* enseigne aux adolescents de 12 à 16 ans une
langue étrangère (le grec), l'histoire et la géographie, et surtout
l'étude des textes littéraires (dramaturges, poètes et prosateurs, y
compris les plus contemporains). Les « grands classiques » restè-
rent Cicéron, Salluste, Virgile, Térence en latin, Homère et Ésope
en grec.

– **le supérieur :** vers 16 ans, le jeune suit les cours du rhéteur
sur la pratique de l'éloquence. Sous la République, il suffit aux adolescents de s'attacher aux pas d'un orateur. Sous l'Empire, cet
enseignement se dispense dans des écoles où l'on apprend surtout

L'HOMME ROMAIN

à déclamer (les *suasoria*), et à plaider (les *controversia*). Il existe aussi des écoles supérieures pour des formations spécialisées, notamment en droit, et peu à peu des universités sont fondées dans les provinces. Les jeunes gens vont également parfaire leur instruction en partant suivre les cours des plus célèbres philosophes, surtout en Grèce, en Asie ou dans les îles. Mais ces voyages d'étude sont réservés à une élite. Ainsi Cicéron consacrait-il un budget considérable aux études de son fils à Athènes (qui n'est pas sans évoquer les scolarités dispendieuses dans une *high school* de nos jours).

COSTUME ET PARURE

La pièce de costume emblématique des Romains est **la toge**. Étymologiquement, le mot désigne une couverture de laine rectangulaire servant à la fois pour mettre sur le lit et pour se couvrir à l'extérieur.

Ensuite, la toge adopte la forme d'un presque demi-cercle, mesurant jusqu'à près de 6 m de diamètre sur 2,50 m de rayon. Il faut se faire aider d'un esclave pour la draper et l'élégance se remarque au savant ordonnancement du plissé. À l'époque de Caton l'Ancien, moins ample, elle enveloppait le corps plus étroitement, en recouvrant le bras droit. Seule la main droite sortait du vêtement. C'est Caïus Gracchus qui éprouva le besoin de dégager le bras droit pour mieux appuyer du geste ses discours. Un siècle plus tard, le bras droit est complètement dégagé et le tissu n'est plus retenu que par une fibule qui fixe la toge à la tunique sur l'épaule droite (cf. schéma). La toge reste la marque du citoyen libre et en paix jusqu'à la fin de la République, puis n'est plus portée que lors des cérémonies et pour les actes officiels. On lui préfère alors des manteaux moins encombrants.

La toge du citoyen est blanche. Les enfants (jusqu'à 17 ans) et les sénateurs la portent avec une bande pourpre au symbolisme protecteur (c'est la toge prétexte). Elle peut aussi être brodée ou ornée de bandes de couleur pour les dignitaires lors des solennités (*trabea, picta*…). Sous l'Empire, apparaissent des toges de couleur.

Sous la toge, le citoyen porte une sorte de caleçon (*subligaculum*) et une tunique généralement sans manches qui tombe jusqu'aux genoux. Pour plus de commodité, on lui préfère parfois un

L'évolution dans le port de la toge

1. *à l'époque de Caton l'Ancien*

2. *à l'époque des Gracques*   3. *à l'époque de Cicéron*

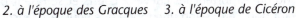
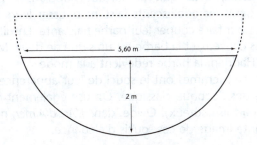

5,60 m

2 m

La toge à l'époque classique

L'HOMME ROMAIN

manteau d'origine grecque *(pallium)* ou gauloise (*lacerna*, sorte de pèlerine à capuchon – *cucullus*). La *paenula* est un manteau de voyage, en laine ou en cuir, sans manches, avec capuchon.

Sur la tête, le Romain porte une petite calotte circulaire *(pileolus)* et, contre le soleil, un chapeau grec à larges bords. **Aux pieds**, il chausse différentes sortes de sandales, mais, avec la toge, il porte le *calceus*, petit bottillon de cuir noir (rouge pour les magistrats curules) retenu par des lanières de cuir. Chez lui, ou chez un hôte, il chausse des sandales *(solea)*, simple semelle retenue par une lanière de cuir. Il possède aussi des chaussons, des bottes et des sabots.

Les femmes de l'époque classique ne portent pas la toge (réservée aux jeunes filles ou aux femmes de mauvaise vie), mais une longue robe (la *stola*) munie, en bas, d'une garniture brodée. Au-dessous, une tunique et un corset. Une bande d'étoffe sert de soutien-gorge. Sur la *stola*, elles mettent un manteau, soit la *palla* (qui ressemble au *pallium*), soit la *paenula*. Point de chapeau (elles jettent un pan de manteau sur leur tête), mais une ombrelle contre le soleil. Aux pieds, le même type de chaussures que les hommes, mais plus fines, et souvent blanches.

– **La parure** : les femmes riches arborent de nombreux bijoux (bagues, colliers, bracelets, pendants d'oreilles) souvent assez volumineux, et se servent d'éventails. Dès la fin de la République, la coiffure plate, avec les cheveux tirés en arrière et tenus par un simple chignon, laisse place à une recherche de plus en plus excentrique sous l'Empire. Après les cheveux frisés, la mode est aux échafaudages savants obtenus à l'aide de postiches. La perruque est d'usage courant. La coiffure redevient plus simple à partir du IIIe s.

Les hommes portent les cheveux courts et se rasent depuis le IIIe s. avant notre ère, selon une mode que voulaient lancer les barbiers de Sicile, mais qui fut surtout popularisée par Scipion l'Africain. Seuls les adolescents laissent pousser leurs cheveux et attendent pour faire couper leur barbe naissante. Ensuite, se laisser pousser les cheveux et la barbe est un signe de deuil. Mais au IIe s., à partir d'Hadrien, la barbe redevient à la mode.

Hommes et femmes ont le souci de leur apparence. L'hygiène est bonne dès l'époque classique. On use également de parfums variés (et parfois coûteux). Ovide, dans *L'Art d'Aimer*, nous a laissé une plaisante image de ces soucis d'élégance.

L'HOMME ROMAIN

REPÈRES BIOGRAPHIQUES

• AGRICOLA (40 / 93)

Caïus Julius Agricola est né à Fréjus (Forum Julii). Il est principalement connu pour la biographie que lui consacra son gendre, l'historien Tacite. Il étudie à Marseille et commence sa carrière comme tribun militaire en Bretagne, à l'époque de la révolte de Boudicca (reine des Icènes), en 60. Questeur en Asie en 64, puis tribun de la plèbe et préteur, il devient ensuite commandant de la XX⁰ légion en Bretagne de 71 à 73. Consul en 78, il revient comme gouverneur de Bretagne où ses talents de pacificateur et son esprit de justice sont appréciés. Il étend la domination romaine jusqu'en Écosse. Rappelé à Rome en 85, il connaît sous Domitien une semi-disgrâce.

• AGRIPPA (-64 / -12)

Marcus Vipsanius Agrippa (d'un an l'aîné d'Auguste) fut l'un des soutiens les plus fermes de l'empereur et la plus importante cheville ouvrière de l'œuvre augustéenne. Auguste lui doit la victoire sur Sextus Pompée en -36 et celle sur Antoine à Actium en -31. Mais Agrippa ne fut pas seulement un excellent général. Rome lui est redevable d'une grande part de sa métamorphose en « ville de marbre ». Il fait édifier le Panthéon et invente les thermes. Il rénove le système d'adduction d'eau et fait construire nombre de fontaines pendant son édilité de -33. Il fait ouvrir des routes et l'on connaît la carte du monde dessinée sur les murs du portique qui porte son nom (Vipsania). Ses talents d'administrateur sont multiples.

Marié d'abord à la fille de Pomponius Atticus (l'ami de Cicéron) qui lui laisse une abondante fortune, il a d'elle une fille, Agrippine, la première femme de Tibère. Il épouse ensuite la nièce d'Auguste, Marcella, puis sa fille Julie, dont il a cinq enfants parmi lesquels les deux jeunes princes dont l'empereur comptait faire ses héritiers, Caïus et Lucius César (morts, hélas, en 2 et en 4), et Agrippine, la femme de Germanicus (la mère de Caligula et d'Agrippine II, la mère de Néron).

• ANTOINE (-82 / -30)

Marc Antoine fait aux côtés de César la campagne de Gaule à partir de -54. Élu tribun de la plèbe en -50, il soutient César contre Pompée et le Sénat. Devant l'échec des tentatives de conciliation, il le rejoint avant qu'il passe le Rubicon et demeure son second jusqu'à la mort du dictateur. En -44, il est son collègue au consulat. Sa force (il prétend descendre d'Hercule) et son éloquence séduisent le peuple auprès de qui il se présente comme l'héritier de César. Mais le jeune et ambitieux Octave obtient le soutien du Sénat contre lui. La guerre civile reprend. Battu par Octave à Modène en -43, Antoine pactise avec lui. Avec Lépide, les deux hommes forment le second triumvirat pour cinq ans. S'ensuivent des proscriptions au cours desquelles Cicéron est assassiné. Antoine ne lui a pas pardonné ses *Philippiques*, écrites contre lui. En -40, à Brindes, les trois hommes se partagent le monde : Antoine choisit l'Orient. Bien qu'amant de Cléopâtre, il épouse Octavie, la sœur d'Octave, pour sceller leur entente. Puis il regagne l'Égypte où la reine lui procure des moyens militaires et des ressources qui peuvent lui permettre d'espérer reprendre l'Occident à Octave. Cléopâtre lui donne trois enfants.

Le triumvirat est renouvelé en -37, mais bientôt Lépide est écarté du pouvoir. La lutte entre les deux hommes s'exacerbe. Antoine a subi un grave échec en -36, lors d'une expédition contre les Parthes. Fin -33, le triumvirat prend fin. Chacun des deux rivaux tente de priver l'autre de son armée, donc de son pouvoir. Octave, par un coup de force, réussit à faire partir de Rome les partisans d'Antoine, puis il déclare la guerre à la reine Cléopâtre. En -31, à Actium, Antoine et Cléopâtre sont battus. La flotte égyptienne prend la fuite et en -30 Octave envahit l'Égypte. En juillet, défait, Antoine se suicide. Cléopâtre le suit de peu dans la mort. Octave est maître de l'Égypte.

Antoine laisse surtout de lui l'image d'un roi à l'orientale dont la « vie inimitable » a choqué les Romains. Octave sut utiliser cette réputation à son profit.

• APPIUS CLAUDIUS CAECUS

Une des grandes figures de la République, issu de la célèbre famille patricienne (un de ses ancêtres, Appius Claudius, fut, en -451, le chef des Decemvirs chargés de rédiger le code de lois des Douze Tables, mais s'est déshonoré deux ans plus tard en convoitant Verginia, fille d'un citoyen romain. Parmi ses descendants, il faut compter la sulfureuse Clodia et le tribun de la plèbe Clodius – cf. ce nom). Il connaît tous les honneurs : consulat (en - 307 et - 296), dictature, et surtout le censorat (en - 312) qui l'a rendu célèbre. Le premier, il agit pour une meilleure participation des classes inférieures aux affaires publiques, faisant entrer des plébéiens et des fils d'affranchis au Sénat. Il fait construire la Via Appia (vers Capoue) et l'Aqua Appia, premier aqueduc à mener à Rome l'eau des collines voisines. La tradition a gardé de lui l'image d'un juriste, d'un orateur et d'un poète. Parmi ses aphorismes composés en vers saturniens : « chacun est l'artisan de sa propre fortune ». Sa cécité, à la fin de sa vie, justifie son surnom.

• ASINIUS POLLION (-76 / +4)

Partisan de César contre Pompée pendant la guerre civile, puis d'Antoine dont il est le légat, il exerce le consulat en -40 et travaille à faire signer le traité de Brindes entre Antoine et Octave. Brouillé ensuite avec Antoine, il refuse cependant de le combattre à Actium, mais se méfie également d'Octave, même s'il soutient l'instauration du principat. Asinius Pollion est aussi un fin lettré qui a connu Catulle et découvert Virgile. Il est lui-même l'auteur de nombreuses œuvres (dramatiques, historiques, oratoires, poétiques…) que nous avons perdues. Il tient un cercle littéraire, fonde la première bibliothèque publique à Rome (en -39), et on lui attribue l'invention des lectures publiques qui vont connaître sous l'Empire un succès grandissant.

• AUGUSTE (Octave) (- 63/ +14)

Octave est le petit neveu de César. Celui-ci l'adopte en - 45 et lui donne le nom de C. Julius Caesar Octavianus. Il poursuit des

ANNEXES

études en Illyrie quand il apprend la mort de César en - 44. Rentré à Rome, il s'oppose à Antoine. Vainqueur de celui-ci à Modène en -43, il se fait élire consul, puis forme le second triumvirat avec Antoine réconcilié et Lépide en -43. En - 40, les trois hommes se partagent l'empire : Octave garde Rome tandis que Lépide prend l'Afrique et Antoine l'Orient. Octave va cependant éliminer Lépide, puis Antoine, à Actium en - 31 et s'instaure comme maître unique du monde romain. En janvier -27 il prend le titre d'Auguste et de Prince. L'empire est né. En s'attribuant le titre de *princeps* que Cicéron utilisait pour désigner les citoyens les plus dignes de conduire l'État, il donne à la monarchie une couleur républicaine car il sait que les Romains haïssent les rois. Mais le peuple lui sait gré d'avoir rétabli la paix après une guerre civile de quatorze ans. Auguste met à profit cette confiscation du pouvoir pour rendre à Rome son éclat. Il tente de restaurer la morale par d'importantes lois sur les mœurs, de réformer la religion, de rétablir la paix civile. Il marque également son époque par une politique extérieure paci- fique, confortant la sécurité de l'Empire par des accords avec des États-clients aux confins des provinces, par ailleurs réorganisées. Il établit aussi des liens avec des pays plus lointains, comme l'Inde, favorisant un commerce bénéfique pour la prospérité romaine. Tous ses « hauts faits » sont consignés dans ses *Res gestae* qui constituent un important témoignage.

L'art d'Auguste fut de savoir s'entourer à la fois de ministres talentueux comme Agrippa ou Mécène, et de poètes pour chanter et justifier son œuvre. Horace, Virgile en sont les plus célèbres. Ils contribuèrent à donner de l'empereur, refondateur des valeurs tra- ditionnelles de Rome, **l'image d'un nouveau Romulus**.

• AURÉLIEN (215 / 275)

Brillant général d'origine humble, il est proclamé empereur par ses soldats en Pannonie en 270. Son règne est principalement remarquable par sa volonté de renforcer l'unité de l'Empire contre les invasions, tant au Nord (Goths, Vandales...) qu'en Orient (Parthes. Il combattit Zénobie. Cf. ce nom). Il fait ériger dès 271 l'enceinte fortifiée qui porte son nom autour de Rome.

• BRUTUS

Il s'agit d'un nom de légende pour les Romains de la République. Deux personnages clés le portent : L. Junius Brutus qui est le symbole de la liberté puisqu'on lui attribue l'assassinat du dernier roi en -509 ; il fut le premier consul de la République. Et M. Junius Brutus, qui, après avoir été le lieutenant de César, fut un des fers de lance de la conjuration qui permit d'assassiner le dictateur le 15 mars -44. Il lutta ensuite contre Antoine et fut tué en -43. Une nouvelle guerre civile commençait qui se conclut par la victoire d'Octave et l'instauration d'un pouvoir monarchique. Ainsi un Brutus a-t-il mis un terme à la République qu'avait initiée un autre Brutus.

• CAMILLE

Le dictateur quasi légendaire de -396, Marcus Furius Camillus, est considéré, 360 ans après la fondation de Rome, comme un sauveur de la patrie et un re-fondateur (cf. Tite-Live, V). Vainqueur de la ville de Veies à l'issue d'un siège de dix ans, il est ensuite exilé sous prétexte de concussions, mais rappelé comme dictateur en -390, lors de l'invasion gauloise. Il est encore l'artisan de beaucoup d'autres victoires (prise de Faléries, contre les Volsques et les Èques…) et se voit à trois autres reprises attribuer le titre de dictateur. Après avoir apaisé la querelle entre patriciens et plébéiens (lois de -367), il consacre un temple à la Concorde au pied du Capitole.

• CARACALLA

Aurelius Antoninus, fils de Septime Sévère et de Julia Domna, empereur de 211 à 217, doit son surnom au manteau gaulois à capuchon dont il met le port à la mode à Rome. Déséquilibré mental, il supprime son frère, Géta. Son règne est resté dans l'histoire pour l'édit de 212 par lequel la citoyenneté est octroyée à tous les habitants libres de l'Empire.

• CATILINA (-108 / -63)

Lieutenant de Sylla et patricien ruiné, Catilina est **célèbre pour la conjuration** qu'il a ourdie contre la République en - 63, que Cicéron a déjouée. Chef du mouvement populaire, il entraîne derrière lui les laissés pour compte de la croissance économique et de la politique ambitieuse de Rome. Il entre dans l'illégalité après avoir été battu, une nouvelle fois, aux élections consulaires. Il est tué au cours d'une bataille qui oppose les conjurés à l'armée, à

Pistoia, en janvier -62. On peut lire l'histoire de cette conjuration dans les *Catilinaires* de Cicéron et dans la *Conjuration de Catilina* de Salluste.

• CATON L'ANCIEN (-234 / -149)

Marcus Porcius Cato est né à Tusculum, dans une famille modeste. Son éducation, son mode de vie sobre, sa morale fondée sur les anciennes valeurs en font un homme des traditions ; mais l'essentiel de sa carrière s'effectue au moment où Rome, vainqueur de Carthage, puis de l'Orient, connaît de profonds bouleversements. Ce sont la lutte contre les dangers de l'hellénisme, les conséquences des conquêtes jugées par lui ambitieuses et parfois inutiles, le combat pour la survivance de la *virtus* ancestrale et la sauvegarde de l'identité romaine qui caractérisent l'engagement de Caton.

Sa carrière politique est exemplaire. Il est soldat (tribun militaire) pendant la deuxième guerre punique (sous Fabius Maximus et Claudius Marcellus), questeur de Scipion l'Africain (en -205), édile en -199, préteur envoyé en Sardaigne en -198, consul en -195 (avec son ami Valerius Flaccus qui l'encourage à poursuivre son combat politique). Gouverneur en Espagne, il y remporte des victoires et obtient le triomphe en -193. Censeur en -184, il exerce sa charge avec sévérité contre le bouleversement des mœurs. Ses combats contre les Scipions ou contre l'abrogation de la loi Oppia (qui limitait le luxe permis aux femmes) sont connus. À la fin de sa vie, il avertit chaque jour les sénateurs du danger que représente Carthage renaissante en répétant son célèbre : « Carthage doit être détruite ». Mais il meurt avant de voir Carthage rasée par Scipion Émilien.

Caton est aussi le premier à avoir écrit un ouvrage historique en latin *(Les Origines)* et plusieurs livres (sur le droit ou l'art militaire) aujourd'hui perdus. Il nous reste son traité *De l'Agriculture* où il milite pour que les Romains ne délaissent pas la terre. Très éloquent, il a prononcé de nombreux discours. Cicéron (qui le met en scène dans son *De la Vieillesse*) en connaissait cent cinquante de lui.

Esprit droit, honnête, soucieux de préserver les institutions romaines, il est resté pendant toute la romanité comme **un défenseur exemplaire de la vertu romaine.**

• CATON D'UTIQUE (-95 / -46)

Caton d'Utique est l'arrière-petit-fils de Caton le censeur, dit Caton l'Ancien. Il est lui aussi **le défenseur de la vertu** et s'oppose, à ce titre, à Pompée puis à César. Lorsque César bat Pompée à Pharsale, il se réfugie en Afrique du Nord où César vient infliger une défaite aux Pompéiens à Thapsus en - 46. Se voyant vaincu, il préfère se suicider à Utique et force par son geste l'admiration de ses contemporains. Au lendemain de sa mort, il devient, à Rome, une légende. Cicéron lui tresse un éloge tandis que César, excédé par l'intransigeance bornée du prétendu stoïcien, écrit un *Anti-Caton*.

• CÉSAR (-102 / -44)

Caïus Julius Caesar (de la gens *Julia*) nous a laissé la paradoxale image d'être reconnu comme le plus célèbre consul et général de la République et d'avoir sonné le glas du pouvoir républicain en ouvrant la voie à la monarchie (cf. Auguste, Empire, au chap. 1). Bien qu'issu d'une famille aristocratique (qui prétendait descendre d'Énée), il est lié au mouvement populaire : sa tante a épousé Marius (cf. ce nom) et lui-même est le gendre de Cinna, successeur de Marius à la tête des *populares*. Dès avant -70, il est lié à Pompée et à Crassus (cf. ces noms) avec qui il conclut une entente (appelée premier triumvirat) à la veille de son consulat. Pontifex Maximus en -63, consul en -59, il part comme proconsul en Gaule et entame en -58 la conquête qu'il décrit dans sa *Guerre des Gaules*. En -56, à Lucques, il renouvelle son entente avec Pompée, également ambitieux, qui devient son rival pour diriger l'État. Avec les troubles politiques qui agitent Rome dans les années -53/-50 et à la suite d'un désaccord avec Pompée, César ne peut obtenir un second consulat en -49. Sommé par le Sénat de déposer son commandement de gouverneur et de renvoyer ses soldats, il décide d'entrer illégalement en Italie avec ses hommes. Le 10 janvier -49, il franchit donc la frontière (que marque la rivière Rubicon. Un gouverneur ne pouvait la franchir sans avoir déposé son commandement.) et déclenche la guerre civile. Maître de l'Italie, il défait Pompée en Grèce à Pharsale, en août -48, puis réduit l'opposition pompéienne en Afrique, à Thapsus (en -46), et en Espagne, à Munda (en -45).

Consul, puis dictateur, enfin dictateur à vie, il est comblé d'honneurs et prépare une grande action militaire en Orient pour avril -44 ; mais une conjuration symboliquement dirigée par Brutus met fin à ses projets. Il meurt assassiné le 15 mars -44. La propagande de ses adversaires lui attribuait le désir d'établir la royauté. Pour être calomnieuse, cette accusation met en évidence l'état de délabrement des institutions républicaines. Nourri de philosophie grecque, César a du pouvoir une conception qui s'est profondément modifiée depuis Caton, et même depuis Sylla. Les grands chefs de ce siècle ont le sentiment que leur pouvoir est prédestiné et voulu par les dieux. César se dit descendant de Vénus à qui il consacre un temple sur le nouveau forum qu'il fait construire à deux pas de l'ancien. César fut aussi un remarquable administrateur, et, en peu de mois, lança de nombreuses réformes institutionnelles et sociales, amorçant ainsi celles d'Octave-Auguste, son héritier (cf. chap. 7).

• CICÉRON (-106 / -43)

Marcus Tullius Cicero demeure la figure archétypale de l'orateur romain de la période républicaine. Avocat, philosophe, il fut aussi un homme d'action, engagé dans les affaires publiques. Issu d'une famille de chevaliers d'Arpinum, *homo novus*, il est le premier de sa famille à parvenir au consulat (en -63) et se rend célèbre en arrêtant la conjuration de Catilina. Ses adversaires, au premier rang desquels se comptent alors César et Clodius (cf. ces noms) provoquent son exil (en -58) dont il demeure longtemps meurtri. Lors de la guerre civile, après de nombreuses hésitations dont témoigne sa correspondance, il rejoint Pompée. Après la mort de César, il se range au côté d'Octave contre Antoine, mais fait les frais de la réconciliation entre les deux hommes et est assassiné fin -43 alors qu'il tente de s'enfuir.

Si la pensée politique se développe à Rome à partir du IIe s. sous l'influence de la philosophie grecque, c'est avec Cicéron que naît une philosophie politique proprement romaine. L'orateur est le premier à confronter les nécessités de l'action politique avec une pensée philosophique et à nourrir parallèlement une réflexion purement théorique. Toutefois, ce n'est pas sur la scène de la vie politique qu'il joue son plus grand rôle, sans doute en raison de sa difficulté à effectuer certains choix (ainsi, il finit par suivre Pompée, en -48, quand César l'emporte). Esprit curieux de tout, il brille surtout par sa remarquable maîtrise de la langue latine, par la limpidité de son style (dont témoignent ses nombreuses plaidoiries) et par ses connaissances très étendues, notamment dans le domaine de la philosophie grecque.

Convaincu que le devenir des sociétés n'est pas un effet du hasard mais répond à un dessein divin, il pense que l'hégémonie de Rome est incrite dans l'ordre des choses ; cependant Rome doit respecter et aider ceux qu'elle protège. À partir de cette analyse, il élabore pour la première fois une philosophie romaine de l'histoire. Discours (comme les *Catalinaires*), traités de rhétorique (par ex. le *Brutus*), de philosophie *(Sur la Nature des Dieux)*, sur la morale *(Les Devoirs)*, et même un peu de poésie, l'œuvre est immense et éclectique, et exercera une influence importante sur tous les penseurs jusqu'à nos jours, aussi bien chez les chrétiens (qui appréciaient les pages sur *l'Amitié* ou sur *la Vieillesse*) que chez les rationalistes du XVIIIe siècle (cf. chap. 7).

• CINCINNATUS

Lucius Quinctius Cincinnatus est une légende et une référence pour les Romains, symbole de la *frugalitas*, et du dévouement désintéressé à la patrie. Face à la menace d'une tribu èque, aux portes de Rome, les sénateurs décident de le nommer dictateur (en -458). Il abandonne alors le mancheron de son araire, part combattre, vainc l'ennemi en seize jours, dépose son pouvoir et retourne à sa terre. Il est encore appelé une seconde fois dans des conditions similaires en -439.

• CINNA

Plusieurs personnages célèbres portent ce surnom, notamment dans la *gens* Cornelia. Il faut distinguer : Lucius Cornelius Cinna, proche de Marius et chef des *populares*, consul de -87 à -84 qui lutta contre Sylla et terrorisa la population romaine après le départ de celui-ci en Orient ; Lucius Cornelius Cinna, fils du précédent, beau-frère de César par alliance, préteur en -44 qui approuva l'assassinat du dictateur et mourut sans doute lors des proscriptions qui suivirent ; Cnaeus Cornelius Cinna, fils de Gaïus Helvius Cinna, poète et ami de Catulle qu'il accompagna en Bithynie en -57 et qui fut lynché par la foule en colère après l'assassinat de César. On l'avait confondu avec L. Cornelius Cinna, le préteur de -44, hostile au dictateur. Comme quoi le peuple romain lui-même pouvait confondre les homonymes.

• CLÉOPÂTRE (-69 / -30)

Cléopâtre, d'origine grecque, descendait de Ptolémée Sôter, général d'Alexandre, qui avait reçu l'Égypte lors du partage de

ANNEXES

l'empire conquis par le roi de Macédoine. La fille de Ptolémée XII devait partager le trône d'Égypte avec son frère, Ptolémée XIII. Celui-ci, mal conseillé, l'avait évincée. César, arrivé à Alexandrie en -48 à la poursuite de Pompée, le rétablit dans ses droits. Son frère meurt. Elle épouse son cadet Ptolémée XIV. Elle est la maîtresse de César à qui elle attribue la paternité de son fils, Césarion, né en -47. Elle suit César à Rome où elle vit jusqu'à la mort de son amant.

Ptolémée XIV meurt à son tour. Cléopâtre règne seule. Elle rencontre Antoine à Tarse en -41. L'année suivante, elle met au monde des jumeaux. Puis elle épouse Antoine qui voit s'accomplir son rêve de devenir roi. Octave se sert de l'ambition de son rival pour montrer combien Cléopâtre est pour Rome un danger. On prétend qu'Antoine souhaite transplanter la capitale de l'Empire à Alexandrie. En -32, Octave déclare la guerre à la reine d'Égypte. Il remporte la victoire d'Actium en -31. Cléopâtre et Antoine s'enfuient à Alexandrie où Octave les poursuit. Défait, Antoine se suicide en juillet -30, suivi de peu dans la mort par Cléopâtre qui n'a pu réussir à séduire le nouveau maître de l'Empire, et refuse d'être amenée prisonnière à Rome. Les conditions de sa mort restent obscures. Il reste que cette reine a dominé la politique de son temps de son intelligence et de sa beauté… quelle que fût la taille de son nez, n'en déplaise à Blaise Pascal. Ses enfants furent mis à mort, y compris Césarion à qui, pourtant, Octave avait promis la vie sauve. Mais après réflexion, il conclut qu'il ne saurait exister « un deuxième César ».

• CLODIUS (-92 / -52)

Frère de Clodia (la Lesbie du poète Catulle) et du consul de -54 Appius Claudius Pulcher. Jeune homme, il fait scandale en participant chez César aux Mystères de la Bonne Déesse où seules les femmes sont admises. Acquitté grâce à l'argent de Crassus, il est l'homme de main de César après le consulat de ce dernier et, élu tribun de la plèbe en -58, il fait voter une loi qui permet de faire exiler Cicéron. Dans le climat de tension politique qui règne à Rome en -53/ -52, il s'oppose avec ses hommes au tribun Milon et est tué (janvier -52). Cet assassinat contribue à en faire **une figure emblématique des troubles de la fin de la République.**

• CONSTANTIN (280 / 337)

Constantin s'est trouvé dès 306 au cœur des rivalités pour le pouvoir consécutives à l'instauration de la tétrarchie par Dioclétien (cf. ce nom, et Empire, au chap. 1). Il doit notamment affronter d'abord Maximin Daia (l'empereur d'Orient), puis Maxence qu'il bat au pont Mulvius le 28 octobre 312. Associé à son beau-frère Licinius, il élimine celui-ci en 324 et devient empereur unique jusqu'à sa mort. Constantin est le premier souverain qui croit devoir sa victoire au dieu des chrétiens. Il est connu pour avoir promulgué en 313 l'édit de Milan qui reconnaît la liberté religieuse dans tout l'Empire. Lui-même adepte d'une religion solaire, il favorise les chrétiens et se fait baptiser sur son lit de mort. En fondant en 324 une nouvelle capitale en Orient, Constantinople, il accomplit un geste qui sera lourd de conséquences dans l'opposition future (notamment religieuse) entre l'Orient et l'Occident.

• CORBULON

Cn. Domitius Corbulo est l'un des plus célèbres généraux romains des débuts de l'Empire. Il est légat de Germanie sous Claude et remporte d'importantes victoires en Orient sous Néron, notamment sur le roi d'Arménie, Tiridate, en 58, et sur celui des Parthes, Vologèse, en 63. Néron, jaloux, ordonne de le supprimer, mais Corbulon préfère se transpercer lui-même de son épée plutôt que de tomber sous les coups des émissaires de l'empereur. Une de ses filles épouse, plus tard, l'empereur Domitien.

• CORIOLAN

Cn. Marcius Coriolanus est une figure légendaire de Rome. Patricien, il s'est illustré en conquérant la ville volsque de Corioli en -493, ce qui lui valut son surnom. Mais son arrogance provoque son exil. Il se réfugie alors chez ses anciens ennemis pour diriger une expédition contre Rome. Les Romains ont l'idée de dépêcher sa femme Volumnie et sa mère Véturie pour le ramener à la raison et l'empêcher d'attaquer sa propre patrie. Il renonce alors à son projet et rentre avec son armée dans la ville volsque d'Antium où il est exécuté (cf. Tite-Live II, 33).

• CRASSUS (-114 / -53)

Homme politique de la fin de la République, Crassus est connu par son immense richesse (on dit à Rome « riche comme Crassus ») acquise grâce aux proscriptions de Sylla dont il fut l'un des partisans. Il s'illustre dans la lutte contre Spartacus. Consul en -70 avec

ANNEXES

Pompée, un moment allié de Catilina, il sait prendre à temps ses distances. En -60, il est avec Pompée et César, membre du premier triumvirat. De nouveau consul en -55, il part comme proconsul en Syrie et trouve la mort à Carrhes en -53, alors qu'il lutte contre les Parthes.

• CURIUS DENTATUS

Manius Curius Dentatus est le symbole de la *frugalitas* romaine et de l'honnêteté. Consul à trois reprises (-290, -275 et -274) il est le vainqueur des Samnites, des Sabins, des Lucaniens et de Pyrrhus (à Bénévent en -275). Il joue donc un rôle majeur dans la conquête de la péninsule italienne. C'est à son triomphe pour célébrer sa victoire sur Pyrrhus que les Romains voient pour la première fois des éléphants (pris à l'ennemi). Il faisait l'admiration de Caton parce que, malgré sa gloire, il sut rester simple, et vivait en Sabine dans une modeste petite ferme. C'est là que des envoyés samnites vinrent le trouver pour le corrompre, mais il les renvoya en disant qu'il valait mieux commander à ceux qui ont de l'or plutôt que d'en posséder soi-même.

• DIOCLÉTIEN

Dioclétien régna de 284 à 305. Il fut un bon exemple de ces officiers obscurs proclamés empereur par leurs troupes et se montra **un important réformateur ainsi qu'un administrateur de génie.** Soucieux de préserver l'unité de l'Empire, il renoue avec la tradition antonine de l'adoption (qui consiste, pour l'empereur, à choisir et à adopter son successeur) et instaure la tétrarchie (2 Augustes auxquels sont adjoints 2 Césars – cf. Empire, chap. 1). Il accentue la divinisation du pouvoir voulue par Aurélien (270 ; 275) et œuvre pour un retour à l'ancienne religion. Les Romains lui doivent de nombreuses réformes : réorganisation de l'impôt, réforme de la monnaie, extension du droit romain à l'ensemble de l'Empire, séparation des autorités civile et militaire, division de l'Empire en 12 diocèses gouvernés par des vicaires qui dépendent de l'empereur, augmentation des effectifs militaires pour mieux lutter contre les invasions… Il abdique en 305 et assiste à l'échec total de la tétrarchie (sur les persécutions des chrétiens, cf. le chap. 6).

• DOLABELLA

Publius Cornelius Dolabella est l'illustration de l'aristocrate endetté et sans moralité. Il vécut dans la première moitié du dernier siècle avant notre ère. Proche de César (dont il fut le légat pendant la guerre civile de -49/-48), il est choisi comme gendre par Cicéron pour des raisons d'intérêt personnel, mais il délaisse sa femme. Nommé consul par César en -44 pour le remplacer pendant la campagne de Parthie, il préfère rejoindre les assassins du dictateur après les Ides de Mars. Puis il se ravise et est finalement enfermé par Cassius dans Laodicée (en Syrie) où il se suicide.

• DRUSUS

Plusieurs personnages célèbres portent ce nom.

Sous la République : Marcus Livius Drusus le père, tribun de la plèbe en -122, qui s'oppose, avec les aristocrates, à C. Gracchus, et Marcus Livius Drusus, son fils, tribun de la plèbe de -91 qui propose d'accorder le droit de citoyenneté aux alliés italiens et provoque une vive opposition. Son assassinat est à l'origine de la guerre Sociale. Il est aussi le grand-père de Livie, la femme d'Auguste.

Sous l'Empire : Nero Claudius Drusus, frère cadet de Tibère et second fils de Livie et de Tibérius Claudius Nero. Il naquit après le remariage de Livie avec Auguste. Il se distingue notamment en Germanie entre -12 et -9 où il meurt de ses blessures. Marié à Antonia (fille de Marc Antoine et d'Octavie) il est le père de Germanicus (cf. ce nom) et de Claude, le futur empereur.

Et Drusus Julius Caesar (né vers -13, mort en 23 de notre ère), dit Drusus le Jeune, fils de Tibère et de sa première femme, Agrippine Vipsania (la fille d'Agrippa). Son père pense à en faire son successeur. Il mate notamment la révolte des légions de Pannonie. Mais il meurt, probablement empoisonné par l'ambitieux Séjan (cf. ce nom) qui a séduit sa femme.

• ÉLAGABAL (ou Héliogabale) (204 / 222)

Sextus Varius Avitius Bassianus est empereur de 218 à 222. Prêtre du Soleil (Baal) à Émèse, en Syrie, il a pris le nom de son dieu. Cousin de Caracalla, il est proclamé empereur à quatorze ans par l'armée de Syrie. Il vainc Macrin, le préfet du prétoire sous Caracalla qui avait fait assassiner l'empereur pour prendre sa place en 217 et qui avait acheté une paix honteuse aux Parthes. Élagabal se voue à l'organisation du culte solaire. Il fait transporter à Rome et installer dans un temple sur le Palatin la pierre noire qui représente symboliquement son dieu. La réalité du pouvoir est exercée par sa mère et sa grand-mère (Julia Moesa), et son règne est entaché d'une telle suite de désordres et d'obscénités qu'il est assassiné, ainsi que sa mère, par la garde prétorienne. Les corps sont jetés dans le Tibre. Son nom reste synonyme de l'extravagance et de l'immoralité dans un empire en crise.

• FABIUS MAXIMUS (-275 / -203)

Q. Fabius Maximus Cunctator appartient à la célèbre *gens* Fabia. Son arrière-grand-père, le censeur de -315, cinq fois consul (dont en -295 avec Decius Mus), remporta plusieurs victoires sur les Samnites et les Gaulois. Lui-même est consul en -233 et -228 avant d'être nommé dictateur après le désastre de Trasimène (juin -217), au début de la deuxième guerre punique. S'opposant aux partisans d'une politique offensive (notamment les Scipions), il rétablit la situation par une politique de temporisation qui lui vaut son surnom (*Cunctator* : le temporisateur). Six mois plus tard, les tenants de l'action reprennent en mains le pouvoir, avec comme effet le désastre de Cannes (août -216). On fait alors à nouveau appel à lui. Il est consul en -215, -214, puis en -209. Il aide efficacement Rome à récupérer les régions du sud de l'Italie, notamment Tarente, en -209. Il meurt un an avant la bataille de Zama qui donne la victoire finale aux Romains.

• FLAMINIUS

Qu'il ne faut pas confondre avec un autre général, **FLAMININUS**, consul de -198 et vainqueur de Philippe V de Macédoine à Cynoscéphales en -197 avant de proclamer la libération de la Grèce aux Jeux Isthmiques de -196.

C. Flaminius, promoteur du cirque qui porte son nom sur le Champ de Mars (où l'on célébrait les Jeux Plébéiens) et de la Via Flaminia (en direction de l'Adriatique), est tribun de la plèbe en -232, auteur de lois agraires. Il passe pour le fondateur du mouvement des *populares*. Consul en -217, il est vaincu par Hannibal sur les bords du lac Trasimène, où il trouve la mort avec 15 000 soldats romains.

• GERMANICUS (-15 / +19)

Petit-fils d'Antoine et d'Octavie (la sœur d'Octave-Auguste) par sa mère, et marié à la petite-fille d'Auguste (Agrippine), il apparaît aux yeux de beaucoup de Romains comme l'héritier légitime du trône. Tibère l'adopte. Il est consul en 12. Son autorité rayonnante évoque l'image d'Alexandre le Grand et le rend très populaire. Cette rivalité nourrit la haine de Tibère dont on dit (sans doute à tort) qu'il commandita sa mort. De plus, il est un brillant général contre les Germains, aimé de ses hommes ; il est envoyé ensuite en Asie où il meurt mystérieusement en +19. Parmi ses enfants, Caligula devient empereur et sa fille Agrippine II réussit à mettre son propre fils Néron à la tête de l'Empire.

• GRACQUES

La famille est issue de la noblesse. Scipion l'Africain fut le grand-père des deux tribuns qui laissèrent leur nom dans l'histoire : Tibérius et Caïus Gracchus. Tibérius (-162 ; -133) tribun de la plèbe influencé par ses maîtres philosophes grecs, fait voter **la loi Sempronia en -133** pour lutter contre l'accaparement du domaine public par les gros propriétaires au détriment des plus pauvres. Très contesté par la classe possédante, il est assassiné. Dix ans plus tard son frère Caïus (- 154 ; -121) reprend la loi agraire de son frère et l'inclut dans un vaste programme politique destiné, en outre, à lutter contre la misère de la plèbe. En quelques années l'œuvre des Gracques est réduite à néant par la volonté des riches au pouvoir (cf. *ager publicus*, chap. 4) mais leur nom reste associé à **l'idéal de justice** et à la défense des victimes des profonds bouleversements qui touchèrent l'économie au IIe s. avant notre ère.

• HADRIEN (76 / 138)

Né en Espagne d'une famille italienne, Hadrien règne de 117 à 138 et est considéré comme le plus « intellectuel » des empereurs romains. Il combat sous Trajan (dont il a épousé la nièce, Sabine) contre les Daces et en 114 contre les Parthes. Grand voyageur, il cherche à unifier l'empire administrativement. Empereur éclairé, il favorise les arts et les lettres, et rassemble dans sa propriété de Tivoli (la villa Hadriana) des exemples de l'art de tous les pays qu'il a visités. À Rome, il fait notamment édifier le Panthéon et un imposant mausolée (aujourd'hui le château de Saint-Ange).

• HANNIBAL (-247 / -183)

Hannibal a laissé l'image de celui qui fit trembler Rome. Grand chef carthaginois, élevé par son père Hamilcar Barca dans la haine de Rome, il étend la domination punique en Espagne et traverse le sud de la Gaule pour envahir l'Italie lors de la deuxième guerre punique (qu'il a provoquée en violant le traité de -226 par le siège de la ville de Sagonte dont il s'empare en -218). Il est notamment vainqueur au lac Trasimène en -217 et à Cannes en -216. Cependant il ne marche pas sur Rome, voulant probablement d'abord rallier à lui les peuples du sud de l'Italie. Les Romains vont reprendre le dessus notamment grâce à Scipion qui le bat à Zama en -202. Par la suite, forcé par les Carthaginois de s'exiler, il se réfugie auprès d'Antiochius de Syrie, puis de Prusias de Bithynie qui est contraint de le livrer à Rome. Hannibal décide alors de se suicider (par le poison). Hannibal était aussi grand diplomate que grand stratège et il fut même admiré à Rome par ses adversaires (sur les transformations causées par la deuxième guerre punique cf. République, au chap. 1).

• JUGURTHA

Petit-fils du roi de Numidie, Massinissa, l'ami de Scipion l'Africain, il est adopté par son oncle Micipsa, successeur de Massinissa, qui apprécie ses qualités. Mais à la mort de celui-ci, poussé par l'ambition, il réussit à éliminer ses deux cousins, Adherbal et Hiempsal et à s'emparer du trône en défiant Rome. Malgré la corruption, les Romains finissent par réagir et font la guerre à Jugurtha (de -111 à -105), sous la direction de Métellus, puis de Marius qui, aidé de Sylla, capture le rebelle (livré par son beau-père, le roi des Maures, Bocchus). Jugurtha est exécuté le 1er janvier -104, au soir du triomphe de Marius. On retiendra que ce personnage dont Salluste fait le héros de sa *Guerre de Jugurtha* mit en évidence la corruption qui régnait à Rome, et que cette guerre révéla les deux plus puissants antagonistes du début du Ier s. avant notre ère, Marius et Sylla.

• JULIEN

Empereur philosophe, Flavius Claudius Julianus, dont le règne s'étend de 360 à 363, fut souvent décrié par les chrétiens et surnommé « l'Apostat » pour avoir renoncé à la croyance chrétienne et essayé de rétablir la tolérance de la religion païenne. Cousin de Constance II, le fils de Constantin, il échappe avec son frère au massacre auquel se livre l'empereur dans la famille impériale pour éviter toute ambition rivale. Élevé en captivité selon une éducation chrétienne, il se prend cependant de passion pour les classiques et les dieux païens. Il suit avec intérêt les leçons des philosophes, notamment le néo-platonicien Maxime. Il doit renoncer aux études lorsque Constance, qui n'a pas d'héritier, le nomme César et l'envoie en Gaule et en Bretagne où il est très apprécié de ses soldats. Ce sont eux qui le proclament Auguste et, à la mort de Constance, en 360, il reste le seul empereur. Julien proclame alors la tolérance religieuse et rétablit les cultes païens interdits par les chrétiens. Il est l'auteur de plusieurs ouvrages en grec dont sept livres *Contre les Chrétiens*. En 363, il part en campagne contre la Perse et meurt au combat.

• LAELIUS

Gaïus Laelius, ami intime de Scipion Émilien, est resté dans la mémoire collective des Romains comme un être d'exception, alliant de remarquables qualités politiques et militaires (il fut le légat de Scipion pendant la troisième guerre punique et mena l'ultime assaut contre Carthage en -146 ; il fut consul en -140) à une riche culture littéraire et philosophique (on le surnommait « le sage »). Cicéron, qui le met en scène dans plusieurs de ses dialogues (*De Amicitia, De Senectute, De República...*) le présente comme l'un des meilleurs orateurs de son temps.

• LÉPIDE (-89 / -12)

Très riche, Marcus Aemilius Lépidus fait une carrière politique dans le sillage de César qu'il soutient avec détermination pendant sa préture (en -49). César le choisit comme collègue au consulat en -46, puis comme maître de cavalerie de -46 à -44. Après les Ides de Mars, il appuie Marc Antoine et, en -43, est membre du second triumvirat, aux côtés d'Antoine et d'Octave. Accusé par Octave, en -36, de lui disputer le pouvoir, il perd ses troupes qui passent au nouveau maître de l'Occident, et est dépossédé de son titre de triumvir. Toutefois, Octave lui laisse, jusqu'à sa mort, son titre de Grand Pontife. Sa femme, Junia, est une sœur de Marcus Brutus.

• LUCULLUS (vers -115 / -56)

Lucius Licinius Lucullus est d'origine noble mais de fortune modeste. Il s'illustre pendant la guerre Sociale sous les ordres de Sylla à qui il marque une indéfectible loyauté, notamment quand le consul de -88 doit reprendre Rome aux *populares*. Propréteur en Afrique en -77, il est consul en -74 et obtient de combattre Mithridate en Orient. Il y mène des campagnes victorieuses jusqu'à ce qu'il doive laisser son commandement à Pompée, en vertu de la loi Manilia (-66). Rentré à Rome, il attend son triomphe jusqu'en -63. Après quelques tentatives pour s'opposer à Pompée, il abandonne la politique en -59, à la fin du consulat de César, et se retire dans sa villa de Tusculum où, grâce à l'immense fortune acquise en Orient, il s'adonne à une vie fastueuse et cultivée. Fin lettré, il garde chez lui la bibliothèque de Mithridate. Fin gastronome, il a fait acclimater en Italie le cerisier, rapporté du Pont. Au crépuscule de sa vie, il sombre dans la folie.

• MARC-AURÈLE

Avant-dernier des Antonins, prince philosophe, Marc-Aurèle (né en 121 en Espagne) règne de 161 à 180. Imprégné de philosophie stoïcienne dont il fut le dernier grand représentant (il nous a laissé un important livre que l'on intitule généralement *Pensées*, mais dont le titre exact signifie *Notes pour mon usage personnel*), il n'est ni enclin ni préparé à la guerre. Il passe pourtant dix-sept ans sur différents fronts car l'Empire subit les premières pressions des barbares (notamment au nord, sur le Danube) et l'invasion des Parthes en Arménie et en Syrie. La victoire sur ces ennemis « ancestraux » en 165 est suivie d'un autre fléau rapporté d'Orient : une « peste » (probablement la petite vérole) qui fait sans doute près d'un million de morts. Le « siècle d'or » n'est pas achevé que déjà s'annoncent les premières difficultés qui vont, en s'amplifiant, mettre à mal l'unité de l'Empire.

• MARCELLUS

Les Claudii Marcelli forment l'une des plus importantes *familiae* au sein de la *gens* Claudia. Le plus illustre d'entre eux est Marcus Claudius Marcellus, talentueux général, cinq fois consul, au IIIe s. avant notre ère, surnommé « l'épée de Rome ». Il remporte les dépouilles opimes (armes prises par un général sur la dépouille d'un chef ennemi tué en combat singulier) pour avoir vaincu, en -222, le Gaulois Viridomar, roi des Insubres (en Gaule Cisalpine). Il brille encore en luttant contre Hannibal après le désastre de Cannes, en -216 et en -215, et en prenant Syracuse, en -211, après trois ans de siège. C'est au cours de ce combat que mourut

Archimède. Le triomphe de Marcellus, où furent montrées tant de « beautés de la Grèce », fut, pour les Romains en général et pour les jeunes en particulier, une des premières occasions de convoiter l'art gréco-oriental qui devint à la mode au siècle suivant. Marcellus meurt en -208 dans une embuscade tendue par les Carthaginois.

À ne pas confondre avec un autre Marcus Claudius Marcellus, né en -42 de Caïus Claudius Marcellus et d'Octavie, la sœur d'Auguste. Il épouse en -25 la fille de l'empereur, Julie et, l'année suivante, Auguste favorise son ascension dans l'échelle du *cursus honorum*, signe de la faveur qu'il lui porte. Mais il meurt l'année suivante (peut-être empoisonné par Livie qui voulait préserver la carrière de son fils, a-t-on dit) après avoir donné des jeux mémorables. Ce Marcellus est celui que célèbre Virgile dans l'*Énéide* (VI, 861 - 887).

• MARIUS (- 157 / - 86)

Né à Arpinum (comme Cicéron) Marius est avant tout un soldat. *Homo novus*, il gravit peu à peu les échelons de la carrière des honneurs (en -119, tribun de la plèbe ; en -116, préteur) et accède au consulat en -107. Après sa victoire sur Jugurtha, il est de nouveau consul de -104 à -100 et libère les peuples du sud de la Gaule des Cimbres et des Teutons. Membre du mouvement populaire, dont il fut le chef le plus célèbre, il s'oppose à Sylla et aux aristocrates. Après un exil en Afrique en - 88, l'année où Sylla est consul, il revient à Rome en l'absence de Sylla (parti sur le front d'Orient) et se fait élire pour la septième fois consul. Marius reste surtout l'homme d'une grande réforme militaire qui transforme l'armée romaine en armée de métier.

• MÉCÈNE

Caïus Maecenas, chevalier romain dont la famille est originaire d'Étrurie est, avec Agrippa, le plus célèbre conseiller d'Auguste. Il n'exerça jamais aucune magistrature même s'il réussit quelques missions auprès d'Antoine dès -40. L'empereur lui confie volontiers l'administration des affaires quand il s'absente de Rome. Il est surtout connu comme protecteur des arts et des lettres. Très cultivé lui-même (il a rencontré Octave quand celui-ci étudiait en Grèce), il anime un cercle littéraire et sait valoriser les talents de ceux qui, par leur art, peuvent servir le nouveau régime, bien qu'il n'ait jamais exercé de pression sur les poètes qui l'entourent : Virgile, Horace, Varius, Properce... Lui même se pique d'écrire, mais il a le bon goût de juger son œuvre pour ce qu'elle vaut.

En -23, une sombre affaire de conspiration contre Auguste dont son beau-frère aurait été l'un des acteurs, distend les liens entre l'empereur et son ministre. Mécène se retire dans ses jardins (sur l'Esquilin) pour y poursuivre l'existence raffinée qui est la sienne. Il meurt en -8.

• MITHRIDATE

Mithridate VI Eupator, règne sur le Pont (au sud de la mer Noire) de -120 à -63. Redoutable et féroce souverain d'origine perse, il fut pour Rome un ennemi tenace et dangereux. Son ambition hégémonique le pousse à déposséder Nicomède de Bithynie dès -91, à attaquer l'Asie en -89 pour en chasser les Romains, et à viser l'occupation de la Grèce. En -88, il fait massacrer les Italiens installés en Asie Mineure (au moins 80 000 morts). Sylla l'oblige à se replier dans son royaume (paix de -85), mais il résiste aux attaques de Muréna, proconsul d'Asie, en -83 et -82. En -74, il reprend la Bithynie (devenue romaine depuis un an). Battu par Lucullus, puis par Pompée, il se réfugie en Crimée. Quand il veut se donner la mort, en -63, il s'aperçoit qu'à force de prendre des antidotes, le poison n'opère plus sur lui (il était mithridatisé !), et il demande à un esclave de le poignarder.

• NÉRON (37 / 68)

Fils d'Agrippine, Néron est adopté par l'empereur Claude, dont il épouse la fille en 53, et règne de 54 à 68. Conseillé par Sénèque et par Burrhus, il est d'abord un prince aimé de son peuple. Mais ces années restent assombries par les meurtres de Britannicus (en 55) et d'Agrippine (en 59). Son règne tourne alors à la terreur. Accusé de l'incendie de Rome en 64 et des persécutions des premiers chrétiens, il se laisse fortement influencer par les religions orientales (surtout celles de Mazda et de Mithra). Il fait exécuter beaucoup d'hommes du régime (lors de la découverte de la conjuration de Pison, en 65, Sénèque et son neveu Lucain sont, entre autres, condamnés à se donner la mort) et la fin de son règne est marquée par de nombreuses révoltes dans les provinces (celle de Julius Vindex en Gaule, celles des généraux Galba, Othon...). Las de toutes ses exactions, le Sénat le déclare « ennemi public » en juin 68 et il se suicide le 9 juin 68. Malgré son impopularité dans les dernières années, l'image symbolique de prince fou qu'il laisse à la postérité ne se justifie sans doute pas.

• PAULLUS

La branche de la *gens Aemilia* qui porte ce nom peut s'enorgueillir d'au moins deux généraux célèbres : Lucius Aemilius Paullus, le consul de -216, qui s'oppose à son collègue Varron et meurt lors de la bataille de Cannes, et son fils, Lucius Aemilius Paullus Macedonius, philhellène, consul de -182 et de -168, dont le fils cadet, adopté par le fils de Scipion l'Africain devient le célèbre Scipion Émilien. Paul Émile (comme on le nomme communément) est le vainqueur de Persée (le roi de Macédoine) à Pydna (en -168). Il est aussi connu pour sa probité. Il est peut-être le seul général à reverser la quasi-totalité du butin au trésor romain, et à mourir dans la pauvreté, en -160, après avoir exercé la censure, en -164. Une de ses filles épousa le fils de Caton.

• PLINE LE JEUNE (62 / vers 113)

Pline le Jeune est un irremplaçable « grand témoin » de son temps. Il est le neveu de l'érudit Pline (dit l'Ancien) qui mourut en 79 lors de l'éruption du Vésuve. Homme de lettres et homme politique, il fait une brillante carrière. Il est l'ami de l'empereur Trajan dont il fit l'éloge dans le *Panégyrique de Trajan*. Les nombreuses lettres qui nous restent de lui nous font apparaître un homme cultivé et brossent un précieux tableau de la société sous les premiers Antonins. Il fut aussi consul (en 100) et gouverneur de la Bithynie (en 111) (cf. chap. 7).

• POMPÉE (-106 / -48)

Pompée connut un destin hors du commun : issu d'une famille noble, il s'illustre très tôt dans la guerre Sociale, puis contre les partisans de Marius en Afrique. Sylla lui décerne alors le surnom de Grand *(Magnus)*. Il mène également des campagnes en Espagne, notamment contre Sertorius de -77 à -72. Consul en -70, il est chargé en -67 de la lutte contre les pirates en Méditerranée, où il excelle, puis de la guerre contre Mithridate. Il pacifie l'Orient et crée la province de Syrie. Avec Crassus et César, il forme le 1er triumvirat et épouse la fille de César, Julia. Maître de Rome tandis que César est en Gaule, de nouveau consul en -55, il s'éloigne peu à peu de César et se rapproche des sénateurs qui le chargent de rétablir l'ordre en Italie. Resté en Italie malgré sa nomination de proconsul en Espagne en -54, il devient consul unique en -52, après l'assassinat de Clodius par Milon. En -49, il s'oppose à un nouveau consulat de César, qui franchit le Rubicon (le Rubicon marquait la frontière de l'Italie. Par ce geste, César entre dans l'illégalité). Pompée a du mal à résister à César pendant la guerre civile et gagne la Grèce où César le bat à Pharsale, en août -48. En fuite, il se réfugie en Égypte où il est assassiné sur l'ordre de Ptolémée XIV. Grand rival de César, général charismatique, ce grand condottière illustre parfaitement la lutte que se livrent, à la fin de la République, d'ambitieux chefs de guerre pour assouvir leur soif de pouvoir personnel au mépris des institutions.

• PYRRHUS

Le roi de l'Épire, cousin d'Alexandre le Grand, nourrit des rêves hégémoniques. Il accepte l'invitation de Tarente de prendre la tête des Grecs de Grande-Grèce contre Rome. Dès -280, il l'emporte grâce à ses éléphants de combat : les Romains n'en avaient jamais vu et furent saisis d'une indicible frayeur. Mais dès -279, sa victoire à Asculum lui coûte cher. C'est « une victoire à la Pyrrhus ». Après un semi-échec à Bénévent en -275, il se retire en Épire, laissant Rome prendre Tarente en -272. Il meurt la même année en tentant de prendre Argos, dans le Péloponnèse.

• RÉGULUS

Marcus Atilius Regulus est une des figures les plus emblématiques de la République, symbole de la *fides*. Consul en -265 et -256, il conduit une expédition en Afrique contre les Carthaginois pendant la première guerre punique. Fait prisonnier en -255, il est envoyé à Rome pour négocier la paix et proposer l'échange des prisonniers, avec la promesse de revenir à Carthage s'il échoue dans sa mission. Or Régulus, au vu des événements, conseille plutôt aux Romains de ne pas céder. Puis, fidèle à son serment, revient à Carthage où, évidemment, la mort l'attend, avec, de surcroît, d'horribles supplices. Sa loyauté et son héroïsme sont restés un exemple dans toutes les mémoires.

• SCIPION L'AFRICAIN (-235 / -183)

Scipion l'Africain est un des grands hommes de la deuxième guerre punique et le premier d'une nouvelle race de chefs influencés par l'hellénisme. Il acquiert sa gloire en luttant contre les Carthaginois en Espagne (prise de Carthagène en -209). En -205, il est nommé consul, fonction que lui valent ses hauts faits militaires. À la fin de la guerre, il obtient de se rendre en Afrique (d'où son surnom) où il bat Hannibal à Zama en -202. Il termine ainsi une guerre douloureuse pour Rome. Cependant sa carrière est entravée par le Sénat. Il doit se contenter d'être le lieutenant de son frère (Scipion l'Asiatique) en Orient, et remporte à ses côtés la victoire contre Antiochus à Magnésie du Sipyle en -189. À son retour, il est l'objet de certaines accusations qui le poussent à se retirer de la vie politique pour vivre dans sa villa de Campanie. Cet homme influent appartient à une famille illustre qui occupa une quinzaine de fois le consulat.

• SCIPION ÉMILIEN (-184 / -129)

Scipion Émilien fut adopté par un fils de Scipion l'Africain, et il doit l'appellation d'Émilien à son propre père, le célèbre général Paul Émile. Encore adolescent, il accompagne son père pendant sa campagne de Grèce (victoire sur Persée à Pydna en -168), et découvre les beautés du pays. Il est élu consul en -147 avant d'avoir atteint l'âge légal pour cette magistrature et sans avoir gravi tous les échelons du *cursus honorum*. Il est le vainqueur, en -146, de la troisième guerre punique, et s'illustre aussi, par la suite, en Espagne. De nouveau consul en -142, il occupe la charge de censeur en -134. En -133, il est vainqueur de Numance, en Espagne. Outre ses faits guerriers, **Scipion reste le symbole d'un siècle qui s'est ouvert à l'hellénisme** et lui-même est très influencé par la pensée grecque. L'historien Polybe et le stoïcien Panétius de Rhodes sont ses amis intimes. Par cette attitude prohellénique, il s'oppose aux tenants de la tradition romaine, comme Caton. Il désapprouve également les réformes voulues par son cousin, Tibérius Gracchus.

• SÉJAN

Lucius Aelius Sejanus est une des personnalités les plus sombres des débuts de l'Empire. Préfet du prétoire dès 14, il est soupçonné d'avoir empoisonné le fils de Tibère pour briguer la succession impériale (en 23). Très influent, il persuade l'empereur de se retirer à Capri pour mieux gouverner à sa place (dès 27). Il fait déporter Agrippine la Jeune et son fils Néron. Mais accusé de complot contre Tibère, Séjan est étranglé sur ordre de l'empereur. Son corps est livré au peuple qui traduit sa haine en le dépeçant et en jetant les morceaux dans le Tibre.

• SÉNÈQUE (- 2 ? / 65)

Originaire d'Espagne et fils d'un illustre rhéteur, Sénèque reste pour nous **le plus célèbre philosophe stoïcien de la Rome antique**. Il commence sa carrière comme avocat et homme politique, mais est exilé en Corse pour des raisons peu connues par la redoutée Messaline, épouse de l'empereur Claude. Agrippine le rappelle en 49, pour lui confier l'éducation de son fils Néron. L'influence de ce maître continuera à s'exercer sur le jeune Néron devenu empereur pendant cinq ans encore, jusqu'en 59 (Néron a 22 ans). Le jeune prince trouve ensuite ce moraliste bien gênant et, en 65, compromis dans la conjuration de Pison, Sénèque doit se suicider (sur l'œuvre littéraire et philosophique de Sénèque, cf. chap. 7).

• SERTORIUS (vers -121 / -72)

Quintus Sertorius est un membre des *populares*, partisan de Marius ; mais il condamne les excès auxquels se livre Cinna en -87. Il part en Espagne dont il reçoit le gouvernement en -83. En -80, il prend la tête de la rébellion des Lusitaniens contre Rome et met en échec plusieurs généraux romains envoyés pour le combattre, dont Pompée. Mais il est assassiné par son lieutenant Perpenna en -72.

• SPARTACUS

Originaire de Thrace, Spartacus est l'un des esclaves d'une école de gladiateurs de Capoue. Il est devenu célèbre en fomentant une révolte en -73 et a laissé l'image du prisonnier de guerre qui lutte jusqu'au bout pour recouvrer sa liberté. Il réussit à entraîner 60 000 esclaves dans son combat, en Cisalpine, puis fait demi-tour et revient vers le centre de l'Italie. Ses hommes mettent en échec l'armée romaine et Rome confie à Crassus (cf. ce nom) un *imperium* exceptionnel. Spartacus est vaincu par Crassus en -71 et

6 000 esclaves sont crucifiés le long de la *via Appia*. Pompée, arrivé juste à la fin des opérations militaires, se glorifiera également de cette victoire.

• SYLLA (-138 / -78)

Patricien ruiné, Sylla s'illustre dans la guerre contre Jugurtha, et dans la guerre Sociale. Consul en -88, il est opposé au parti populaire auquel appartient Marius. Parti en guerre contre Mithridate, roi du Pont, il ne peut empêcher Marius de reprendre Rome, mais à son retour, en -83, il doit reconquérir la capitale par la force. Nommé dictateur, il est l'auteur de nombreuses réformes constitutionnelles, qu'il impose par la force, au milieu de proscriptions qui font de nombreuses victimes. À Sylla (et à Marius) s'attache le souvenir de la première des trois terribles guerres civiles qui ensanglantèrent l'Italie. Cependant ses réformes eurent le mérite de restaurer les institutions républicaines. Il se les appliqua à lui-même, déposant sa dictature pour devenir consul en -80, avant de se retirer l'année suivante. On ne sait pourquoi cet homme dur abdique en -79 alors que son pouvoir ne semble pas menacé. Il meurt l'année suivante. Son épitaphe note ironiquement : « Personne ne fit plus de bien à ses amis, personne ne fit plus de mal à ses ennemis ».

• THÉODOSE

D'origine espagnole, Théodose reçoit l'Empire d'Orient de Gatien en 379, à l'âge de trente-quatre ans. En battant Maxime en 388, il devient également l'empereur d'Occident ; puis sa victoire sur Eugène lui permet de rétablir l'unité de l'Empire que ses fils, à sa mort en 395, se partageront. Défenseur du christianisme, il est baptisé en 380 et, à partir de 381, prend plusieurs édits, sous l'influence de l'Église (et principalement de l'évêque de Milan, Ambroise), pour interdire les sacrifices païens et punir de mort quiconque le pratiquerait, ou même entrerait dans un temple païen. En 394, après avoir été le bras armé de l'Église et avoir interdit par décret tout autre croyance, il peut proclamer le christianisme seule religion officielle. C'est ce qui lui vaut son surnom : « le Grand ».

• TIBÈRE (-42 / +37)

Héritier d'Auguste, Tibère inaugure une suite de règnes qui commencent généralement dans l'euphorie mais se terminent tragiquement. Il est le fils que Livie, épouse d'Auguste, avait eu d'un premier mariage. Il fait preuve de réelles qualités militaires au cours de nombreuses campagnes auxquelles il participe à travers l'Empire. Après avoir épousé la fille d'Auguste et avoir été deux fois consul, il s'exile volontairement à Rhodes pour des raisons mal connues. En 4, Auguste l'adopte et en 14, à la mort de l'empereur, le Sénat lui confie l'Empire qu'il gère efficacement jusqu'en 23. Dès cette date, l'influence du préfet du prétoire Séjan s'avère néfaste et Tibère se retire à Capri, laissant Séjan assurer le gouvernement. Celui-ci fait régner la terreur. Désabusé Tibère fait exécuter Séjan en 31, mais la fin de son règne reste marquée du sceau de la terreur.

• TRAJAN (53 / 117)

Originaire d'une noble famille espagnole, Trajan gravit les échelons du *cursus honorum* et est consul en 91. L'empereur Nerva l'adopte en 96 et il prend sa succession en 98. **C'est sous son règne que l'Empire romain connaît sa plus grande expansion territoriale.** Il mène notamment une guerre victorieuse contre les Daces de 101 à 107 et contre les Parthes de 113 à 117. Grâce à ces conquêtes, **il rend à Rome sa prospérité** et son règne est marqué par la réalisation de grandes œuvres comme le *forum* de Trajan, le marché ou la réalisation d'un nouveau port, à Ostie. Très apprécié des Romains tant pour ses qualités de général que pour celles d'administrateur soucieux de la prospérité de l'empire, il reçoit le titre d'Optimus en 114. Pline le Jeune nous a laissé le Panégyrique qu'il prononça en l'honneur de ce grand empereur.

• VERCINGÉTORIX

Fils de l'Arverne Celtillos, ami de César, né au plus tôt vers -82, Vercingetos (à peu près « chef des grands guerriers ») joue un rôle dans les soubresauts politiques que connaît son peuple : les Arvernes adoptent la royauté, et le jeune homme devient leur « rix ». Jeune, le visage glabre, les cheveux bouclés, ce nouvel Alexandre réussit à mettre César en échec devant Gergovie, et à réunir contre l'envahisseur la coalition des rois de la Gaule chevelue (= couverte de forêts). On sait qu'il est finalement vaincu à Alésia en -52 et qu'il attend dans un cachot du Tullianum (la prison située au nord du Forum) d'être exhibé au triomphe que César ne peut célébrer avant -46. Le soir même, il est exécuté (étranglé) dès son retour à la prison.

• VÉRRÈS

Caïus Licinius Vérrès est la figure même du magistrat corrompu qui use de la liberté laissée par le Sénat dans la collecte des impôts pour outrepasser de façon éhontée la marge que la coutume autorise le gouverneur d'une province à prélever pour ses « frais » personnels. Vérrès pille ainsi la Sicile pendant son proprétorat (-73 à -71). Accusé de concussion par Cicéron (les célèbres *Verrines*), mal défendu par Hortensius, il préfère s'exiler à Marseille dès le début du procès. Proscrit par Marc Antoine, il meurt assassiné en -43.

• VESPASIEN

Titus Flavius Sabinus Vespasianus, excellent général, fils de publicain, proclamé empereur par ses troupes l'année des « quatre empereurs », prend le pouvoir en 69, inaugurant la dynastie flavienne. Bon administrateur, il rétablit les finances de l'Empire et fait édifier le Colisée (achevé en 80), le temple de la Paix, et reconstruire le temple de Jupiter sur le Capitole. Il dirige aussi la guerre contre les Juifs. Son fils Titus prend Jérusalem en 70. Titus lui succède, à sa mort, en 79.

• ZÉNOBIE

Veuve d'Odenath, Zénobie règne à partir de 267 sur Palmyre (ville de Syrie qui jouit d'un statut d'autonomie sous protectorat romain). Elle profite de la faiblesse momentanée de Rome en Orient pour occuper l'Égypte, en 269, et l'Asie Mineure, en 270. Aurélien intervient et bat ses troupes près d'Antioche. Par défi, Zénobie proclame alors son fils Auguste, revendiquant pour lui tout l'Empire romain, et pour elle le titre de « Mère de l'Empereur » (Augusta). Aurélien marche sur Palmyre qui capitule en août 272. Zénobie et son fils, ramenés à Rome, défilent, chargés de chaînes en or, au triomphe de l'empereur. Ensuite, selon les sources, Zénobie est décapitée, ou bien, mariée à un sénateur, finit ses jours dans une luxueuse villa de Tibur.

ANNEXES

ORIENTATION BIBLIOGRAPHIQUE

Cette bibliographie propose un choix d'ouvrages en langue française et, pour l'essentiel, édités ou réédités dans les dix dernières années.

Sources

Les textes sont édités dans différentes collections bilingues :

– C.U.F. (Paris, Les Belles Lettres – dite Collection Budé).
– Loeb Classical (Londres).
– Classiques Garnier (Paris).
– Sources chrétiennes (Paris, Le Cerf).

La collection « Classiques en poche » (Les Belles Lettres) reprend les textes et traductions de la C.U.F. avec une introduction, des notes d'explication et des commentaires nouveaux. Une quarantaine de titres est déjà parue.

Certains auteurs bénéficient d'une traduction seule dans la collection La Pléiade (Paris, Gallimard) : à noter Plaute et Térence, les historiens romains, Tacite, certains stoïciens, les romans grecs et latins etc.

D'autres, souvent moins connus, sont traduits dans la collection La Roue à Livres (Paris, Les Belles Lettres).

Consulter aussi : *Sources d'Histoire romaine* (du Ier s. avant J.-C. au Ve s. ap. J.-C.), Paris, Larousse, 1993.

BIBLIOGRAPHIE

Histoire et civilisation

Ouvrages généraux

M. Bordet, *Précis d'histoire romaine*, 3ᵉ éd. Paris, 1975 (A. Colin, coll. U) – synthèse claire et précise, indispensable.

I. Cornell et J. Matthews, *Atlas du monde romain*, Paris, 1984 – pour ne pas oublier que l'Empire ne se limite pas à Rome.

C. Daremberg, E. Saglio et E. Pottier, *Dictionnaire des antiquités grecques et romaines*, 5 vol., Paris, 1877-1919 – une mine de renseignements, avec des références aux textes.

P. Grimal, *La civilisation romaine*, Paris, 1960. Ed. coll. Poche Champs Flammarion, 1981 – la référence en matière de synthèse grand public.

M. Meslin, *L'homme romain,* 2ᵉ éd. Bruxelles, 1985 – une intéressante et concise approche anthropologique.

A. Giardina (ouvrage collectif sous la dir. de), *L'homme romain*, Paris, 1992.

J. Rougé, *Les institutions romaines*, 2ᵉ éd. Paris, 1993 – A. Colin, coll. U2.

E. Cizek, *Mentalités et institutions politiques romaines*, Paris, 1990.

H. Inglebert (éd.), *Histoire de la civilisation romaine*, Paris, 2005 (coll. Nouv. Clio) – Avec une abondante bibliographie.

Les origines de Rome et la royauté

J. Heurgon, *Rome et la Méditerranée occidentale jusqu'aux guerres puniques,* Paris, 1969 (coll. Nouv. Clio 7) – avec une importante bibliographie.

M. Pallottino, *Histoire de la primitive Italie* (trad. E. Frézouls) Strasbourg, 1993.

A. Hus, *Les Étrusques et leur destin*, Paris, 1980 – la meilleure synthèse actuelle sur la civilisation étrusque.

J.-N. Robert, *Les Étrusques*, Paris, 2004 (Guide Belles Lettres des Civilisations).

J. Poucet, *Les origines de Rome, tradition et histoire*, Bruxelles, 1985.

R. Bloch, *Les origines de Rome*, Paris, 1967 (Que sais-je ? 216)

A. Grandazzi, *La fondation de Rome*, Paris, 1991 – le dernier point sur la question.

La République

C. Nicolet, *Rome et la conquête du monde méditerranéen*, 2 vol., 4ᵉ éd. Paris, 1994 – ouvrage fondamental, qui traite le sujet par thèmes, avec une abondante bibliographie, coll. Nouv. Clio 8 et 8 bis.

A. Piganiol, *La conquête romaine*, nouv. éd. Paris, 1995 – un classique.

M. Le Glay, *Rome, la République*, Paris, 1990 – une synthèse importante et facile à lire.

O. de Cazanove et Cl. Moatti, *L'Italie romaine d'Hannibal à César*, Paris, 1994 (A. Colin coll. U) – des textes et des documents.

B. Combet-Farnoux, *Les guerres puniques*, Paris, 4ᵉ éd. 1973 (Que sais-je ? 888).

J-M. David, *La romanisation de l'Italie*, Paris, 1994.

P. Grimal, *Le cercle des Scipions*, 2ᵉ éd. Paris, 1975 – synthèse capitale pour comprendre l'hellénisme à Rome.

R. Adam, *Institutions et citoyenneté de la Rome républicaine* (Les Fondamentaux, Hachette), Paris, 1996.

C. Nicolet, *Le métier de citoyen dans la Rome républicaine*, 2ᵉ éd. Paris, 1979 – ouvrage majeur sur le rôle politique et économique du citoyen.

Trois ouvrages récents destinés aux agrégatifs font le point des questions sur la période -218 / -31 avant notre ère. Ils sont clairs et utiles :

D. et Y. Roman, *Sociétés et structures sociales de la péninsule italienne (-218 / -31)*, Paris, 1993 (SEDES CDU 92).

– *Rome, l'identité romaine et la culture hellénistique (-218 / -31)*, Paris, 1994 (SEDES CDU 94).

N. Belayche, *Rome, la péninsule italienne et la Sicile (-218 / -31)* Paris 1994 (SEDES CDU 96).

L'Empire

F. Jacques et J. Scheid, *Rome et l'intégration de l'Empire*, Paris, 1990 (coll. Nouv. Clio 9) – sujet traité par thèmes, avec une abondante bibliographie.

J. Le Gall et M. Le Glay, *L'Empire romain* (tome 1), Paris, 1987 (coll. Peuples et Civilisations).

P. Petit, *Histoire générale de l'Empire romain*, 3 vol. Paris, 1974 (Points-Seuil) – un classique.

– *La paix romaine*, Paris, 1971 (coll. Nouv. Clio 11).

ANNEXES

BIBLIOGRAPHIE

R. Rémondon, *La crise de l'Empire romain, de Marc-Aurèle à Anastase*, Paris, 1980 (coll. Nouv. Clio) – avec une abondante bibliographie.

M. Le Glay, *Rome, grandeur et chute de l'Empire*, Paris, 1992 – la plus récente synthèse sur l'Empire et la plus facile à lire.

En complément de ces manuels de base, on peut noter quelques petits ouvrages faciles d'accès et présentant parfois des textes (pour ceux de la coll. U2) :

P. Grimal, *L'Empire romain*, Le Livre de Poche, coll. Références, Paris, 1993.

R. Etienne, *Le siècle d'Auguste,* Paris, 1970 (A. Colin U2).

J-R. Palanque, *Le Bas-Empire*, Paris, 1971 (Que sais-je ?).

A. Chastagnol, *Le Bas-Empire*, Paris, 1969 (A. Colin, coll. U2).

H.I. Marrou, *Décadence romaine ou Antiquité tardive*, Paris, 1977 (coll. Points-Seuil).

À noter encore quatre études importantes :

R. Syme, *La révolution romaine,* Paris, 1967 – sur la formation du principat.

P. Veyne, *Le pain et le cirque*, Paris, 1976 – sur l'évergétisme.

– *L'Empire Gréco-romain*, Paris, 2005.

G. Walter, *Le sac de Rome*, Paris, 1964 – avec des documents.

R. Mac Mullen, *Le déclin de Rome et la corruption du pouvoir*, Paris, 1991.

Les grands hommes

Il existe de nombreuses biographies, parmi lesquelles on lira avec profit :

C. Nicolet, *Les Gracques*, Paris, 1967 (coll. Archives-Julliard) – avec des textes.

P. Grimal, *Cicéron*, Paris, 1986.

– *Sénèque*, Paris, 1991 (1re éd. 1978).

– *Tacite*, Paris 1993.

J.-N. Robert, *Caton ou le citoyen*, Paris, 2002.

F. Chamoux, *Marc Antoine*, Paris, 1986.

P-M. Martin, *Antoine et Cléopâtre*, Paris, 1990.

M. Rambaud, *César*, Paris, 1963 (Que sais-je ? 1049).

R. Etienne, *César*, Paris, 1997.

J.-P. Néraudau, *Auguste*, Paris, 1996.

E. Cizek, *Néron*, Paris, 1982.

L. Jerphagon, *Julien, dit l'Apostat*, Paris, 1986.

Et bien d'autres…

BIBLIOGRAPHIE

Vie quotidienne – Mœurs – Mentalités

J. Carcopino, *La vie quotidienne à Rome à l'apogée de l'Empire*, Paris, 1939 (rééd. livre de poche) (La référence).

F. Dupont, *La vie quotidienne du citoyen romain*, Paris, 1989 – pour l'époque républicaine.

B. Lançon, *Rome dans l'Antiquité tardive*, Paris, 1995.

P. Veyne, *Histoire de la vie privée* (tome 1) Paris, 1986 (Le Seuil) – sur l'Empire.

J.-N. Robert, *Les plaisirs à Rome*, 3ᵉ éd. Paris, 2005 (éd. poche Payot, 2ᵉ éd. 2001).
– *Les modes à Rome*, Paris, 1988.
– *Eros romain*, Paris, 1997 (éd. poche Hachette 1998).

C. Salles, *Les bas-fonds de l'Antiquité*, Paris, 1982.

A. Malissard, *Les Romains et l'eau*, Paris, 1994.

H.I. Marrou, *Histoire de l'éducation dans l'Antiquité*, 7ᵉ éd. 1975 (coll. Points-Seuil) – fondamental.

P. Grimal, *L'amour à Rome*, rééd. poche Payot, Paris, 1995.

J. P. Néraudau, *Être enfant à Rome*, Paris, 1984.

J-M. André, *L'otium dans la vie morale et intellectuelle romaine*, Paris, 1966 – des origines à Auguste ; une thèse capitale pour comprendre l'évolution des mentalités à Rome.

C. Moatti, *La raison de Rome*, Paris, 1997.

Et aussi 3 Que sais-je ? À retenir pour leur clarté :

P. Grimal, *La vie à Rome dans l'Antiquité*, Paris, 1972 (596).

J-M. André, *La villégiature romaine*, Paris, 1993 (2728).

G. Achard, *La femme romaine*, Paris, 1995 (2950).

Religion

Y. Lehmann, *La religion romaine*, Paris, 1981 (Que sais-je ? 1890) – À lire d'abord, pour sa clarté et sa concision.
– (éd.), *Religions de l'Antiquité*, Paris, 1999 – Importantes synthèses

M. Le Glay, *La religion romaine* Paris, 1971 (A. Colin, coll. U2) – avec des textes.

M. Meslin, *Le christianisme dans l'Empire romain*, Paris, 1970 – courte synthèse importante.

G. Dumézil, *La religion romaine archaïque*, Paris, 1966 – capital ; et utile pour comprendre les travaux célèbres de ce savant sur Rome.

BIBLIOGRAPHIE

J. Bayet, *Histoire politique et psychologique de la religion romaine*, 2ᵉ éd. Paris, 1969 (indispensable).

H.I. Marrou, *Nouvelle histoire de l'Église*, Paris, 1983 (coll. Points-Seuil).

J. Scheid, *Religion et piété à Rome*, Paris, 1985.

– *Quand faire, c'est croire*, Paris, 2005.

D. Porte, *Les donneurs de sacré. Le prêtre à Rome*, Paris, 1989.

M.L. et G. Freyburger, J-C Tautil, *Sectes religieuses en Grèce et à Rome*, Paris, 1986 – le lien entre la philosophie et le sacré, de la Grèce à Rome.

R. Turcan, *Les cultes orientaux dans le monde romain*, Paris, 1989.

– *Rome et ses dieux*, Paris, 1998.

Économie – Société

G. Charles-Picard et J. Rougé, *Vie économique et sociale dans l'Empire romain*, Paris, 1969 (SEDES CDU) – avec textes et documents.

C. Nicolet, *Rendre à César*, Paris, 1988 – quatre études importantes sur l'économie et la société de la République et de l'Empire.

J-N. Robert, *La vie à la campagne dans l'Antiquité romaine*, Paris, 1985.

J. Gagé, *Les classes sociales dans l'Empire romain*, Paris, 1971 – une référence.

G. Alföldy, *Histoire sociale de Rome*, Paris, 1991.

Littérature et philosophie

J. Bayet, *Littérature latine*, 9ᵉ éd. Paris, 1996 (coll. U) – fondamental.

P. Grimal, *La littérature latine*, Paris, 1965 (Que sais-je ? 327).

J. Gaillard, *Approche de la littérature latine (des origines à Apulée)* Paris, 1992 (coll. 128-Nathan) – une claire mise au point, concise, comme l'ouvrage suivant.

R. Martin, *Approche de la littérature latine tardive et protomédiévale*, Paris, 1981 – une approche différente et séduisante de la littérature latine.

J-M. André, *La philosophie à Rome*, Paris, 1977 – une utile synthèse.

L. Jerphagon, *Vivre et philosopher sous les Césars*, Privat, 1983.

H. Bardon, *La littérature latine inconnue*, 2 vol. Paris, 1956 – une étonnante étude qui montre la face à nous cachée de la littérature latine.

Rome

F. Coarelli, *Guide archéologique de Rome*, Paris, 1994 – une mine de renseignements, enfin traduit en français.

L. Duret et J-P. Néraudau, *Urbanisme et métamorphoses de la Rome antique*, Paris, 1983.

P. Grimal, *Les villes romaines*, Paris, 1977 (Que sais-je ? 657)

Art

B. Andreae, *L'art de l'ancienne Rome*, Paris, 1977 (2ᵉ éd. ; Mazenod).

J-P. Néraudau, *L'art romain*, Paris, 1978 (Que sais-je ? 1714) – une utile synthèse.

R. Turcan, *L'art romain*, Paris, 1995 – étude importante, surtout pour la période impériale.

R. Chevallier, *L'artiste, le collectionneur et le faussaire*, Paris, 1991 – pour une sociologie de l'art romain.

INDEX GÉNÉRAL

– les entrées de l'index regroupent les occurrences tant du mot lui-même que des mots de la même famille (ex.: Carthaginois cf. Carthage).
– pour les noms de divinités et de fêtes, cf. aussi chap. 6 (rubriques dieux et fêtes).
– pour les noms de lieux, cf. aussi chap. 2 (rubriques Rome et provinces).
– pour les monuments de Rome, cf. chap. 2 (rubrique Rome) et chap. 8 (chronologie des principaux monuments de Rome).

Les mots en caractère gras bénéficient d'une rubrique - cf. sommaire.

INDEX GÉNÉRAL

INDEX DES NOMS DE PERSONNES

NB : les noms en caractères gras bénéficient d'une notice en fin de volume ou au chap. 7 pour les écrivains.

ANNEXES

ANNEXES